环境科学与工程系列教材

水质分析实验

施召才　宋小飞　编

科学出版社

北京

内 容 简 介

本书涵盖水质分析实验中各类常用的方法,从样品采集到现代分析仪器的使用,从常规滴定分析到复杂环境样品中微量污染物分析。本书共59个实验,力求囊括水质分析实验涉及的常见实验仪器和实验方法,由基础分析操作练习到较复杂现代仪器分析技术,以便循序渐进地学习。附录部分还为读者提供样品采集与处理,仪器使用说明,现行部分水质标准及实验室基本知识等内容。

本书可作为高等院校给水排水工程及相关专业的实验教材,为实践教学提供较为系统的教学参考,也可供相关领域技术人员参考。

图书在版编目（CIP）数据

水质分析实验/施召才,宋小飞编.—北京：科学出版社,2016.3
(环境科学与工程系列教材)
ISBN 978-7-03-047912-9

I.①水… II.①施… ②宋… III.①水质分析–实验–高等学校–教材
IV.①O661.1-33

中国版本图书馆 CIP 数据核字(2016)第 058827 号

责任编辑：朱 丽　杨新改 / 责任校对：张小霞
责任印制：吴兆东 / 封面设计：耕者设计工作室

科 学 出 版 社 出版
北京东黄城根北街 16 号
邮政编码：100717
http://www.sciencep.com

北京九州迅驰传媒文化有限公司印刷
科学出版社发行　各地新华书店经销
*
2016 年 3 月第 一 版　开本：B5 (720×1000)
2024 年 7 月第七次印刷　印张：18
字数：343 000
定价：56.00 元
(如有印装质量问题,我社负责调换)

《环境科学与工程系列教材》丛书编委会

主　编　叶代启
副主编　朱能武　银玉容
编　委　（按姓氏汉语拼音排序）
　　　　党　志　郭楚玲　刘　利　卢桂宁
　　　　马伟文　牛晓君　秦玉洁　施召才
　　　　石振清　史　伟　宋小飞　杨　琛
　　　　易筱筠　银玉容　张太平　张小平
　　　　朱能武　邹定辉

丛 书 序

环境教育的兴起是 20 世纪以来人们对环境问题的严重性、资源的有限性以及生态环境破坏的难以恢复性的体验与认知的结果。1948 年托马斯·普里查德（Thomas Pritchard）提出了"环境教育"一词，但真正现代意义上的"环境教育"起源和发展于 20 世纪 60 年代西方发达国家的"生态复兴运动"。环境教育的历史演进，从 20 世纪 60 年代出现在学校教育后，便常被视为是自然研习（nature study）、户外教育（outdoor education）、环境修复教育（environmental conservation education）的传承者。然而环境教育的特质与内涵，在社会、科学、技术三者的交互作用中，特别重视有关环境危机的问题，所以环境教育虽然继承于自然研习、户外教育及环境修复教育，但也有别于它们。而今进入 21 世纪，环境教育又蜕变为永续发展教育（sustainable development education）。

环境教育是国际环境界的新事物，是历史的产物，是随着公众社会的发展，为解决新出现的环境问题而产生的。随着经济社会的发展，公众的生产能力不断提高，规模不断扩大，致使许多自然资源被过度利用，生态环境日益恶化。面对全球日益严重的环境问题，国际社会达成了共识：通过宣传和教育，提高人们的环境意识，是保护和改善环境的重要治本措施。但是对环境教育的定义、性质、目标该当如何确定，由于个人的学术背景不同、观点兴趣各异，而产生了不同的见解。通过对环境教育定义的界定，能帮助我们进一步认识环境教育的本质。

环境教育的未来发展趋势，一是公众的环境教育，包括中小学的环境教育，旨在使广大人民群众养成自觉保护环境的道德风尚，提高全民族的环境与发展意识。通过环境通识教育，能够使人们更好地理解地球上的生命都是相互依赖的，提升公众的经济、政治、社会、文化及科技认识水平，加深人们对环境问题影响社会可持续发展的理解，使得公众能够更加有效地参与地方、国家和国际层面上有关环境可持续发展活动，推动整个社会向着更为公正和可持续发展的未来前进。二是专业性的环境教育，主要目的是培养和造就消除环境污染和防治生态破坏，改善和创造高质量的生产和生活环境所需的各种专门人才，培养和造就具有环境保护与持续发展综合决策和管理能力的各层次管理人才。

《环境科学与工程系列教材》丛书是华南理工大学环境学科多年从事环境科学与工程类课程的教学和实践经验的总结。这套丛书涵盖了目前较为缺乏的《环境物理学》《环境生态学》《环境统计学》《城市水工程概论》《固体废物处理与处置工程》等专业理论课程教材，《水质分析实验》《环境科学综合实验》实验类教材，以及《环境通识教育教程》《环境科学与工程通识教程》环境通识类教材。

　　该丛书的内容丰富翔实，是作者们多年教学实践和相关科研成果的结晶，是环境科学与工程类教材的有益补充和丰富，必将从全局上有力推动环境教育的发展，值得同行重视和参考。

　　该丛书结构严谨、语言通俗、内容科学、案例经典，推荐环境科学与工程及相关领域的教师、学生、环保人员阅读使用。

2016 年 2 月

前 言

"水分析化学"课程是给水排水工程专业的一门重要的专业课程,而"水质分析实验"是这门课程的重要实践环节。由于给水排水工程专业取消"分析化学实验",所以"水质分析实验"变得尤为重要。因为一方面这是一门专业实验课程,另一方面是该专业学生的基础课程,对其后续的实验课程是培养学生实验研究能力和动手能力的重要手段。

本书内容包括水质分析实验基本操作、常规分析、仪器分析,同时介绍了样品采集、保存、处理等相关内容。本书共六章,第 1 章介绍实验室基本知识,第 2 章介绍水质分析实验操作规范,第 3 章介绍水质分析基础操作训练,第 4 章介绍水样的采集和保存管理,第 5 章介绍水质分析中化学分析和微生物实验,第 6 章介绍水质分析中仪器分析实验。附录部分介绍水样取样记录、分析报告样式,水质分析实验中常见实验仪器使用说明,以及现行部分水质标准和实验室基本知识等内容。

参加本教材编写工作的还有马伟文、银玉容、朱能武、史伟等,在此表示感谢。

由于编者水平有限,本书中难免存在缺点和错误,恳请广大读者批评指正。

编　者

2015 年 10 月

目 录

丛书序
前言
第1章 实验室基本知识 ... 1
1.1 基本要求 ... 1
1.2 实验室安全知识 ... 1
1.3 水质分析实验用水规格及制备方法 ... 2
1.3.1 实验用水规格 ... 2
1.3.2 纯水的检验方法 ... 3
1.3.3 特殊用水的制备方法 ... 4
1.4 常用试剂的规格及试剂的使用和保存 ... 5
1.4.1 化学试剂的分类 ... 5
1.4.2 使用试剂注意事项 ... 6
1.4.3 试剂的保存 ... 7
1.5 玻璃器皿的洗涤和干燥 ... 8
1.5.1 容器的洗涤 ... 8
1.5.2 容器的干燥 ... 9
第2章 水质分析实验操作规范 ... 10
2.1 水质分析的常见器皿 ... 10
2.2 分析天平 ... 11
2.2.1 称量原理及特点 ... 11
2.2.2 外形及基本部件 ... 11
2.2.3 操作方法 ... 12
2.2.4 分析天平的使用规则 ... 12
2.3 称量方法 ... 13
2.3.1 称量瓶和干燥器 ... 13
2.3.2 称量方法 ... 13
2.4 重量分析操作 ... 15
2.4.1 样品的溶解 ... 15

2.4.2 沉淀 ·· 16
2.4.3 过滤和洗涤 ·· 16
2.4.4 沉淀的烘干与灼烧 ··· 20
2.5 滴定分析法基本操作 ·· 21
2.5.1 移液管 ·· 21
2.5.2 滴定管 ·· 22
2.5.3 容量瓶 ·· 25
2.5.4 滴定分析仪器使用注意事项 ··· 26
2.6 滴定分析量具的校正 ·· 27
2.6.1 滴定管的校正 ·· 28
2.6.2 移液管的校正 ·· 28
2.6.3 容量瓶的校正 ·· 29
2.6.4 移液管与容量瓶的相对校正 ··· 29
2.7 标准溶液的配制和标定 ·· 29
2.7.1 标准溶液的配制 ··· 29
2.7.2 标准溶液浓度的标定 ·· 30

第3章 水质分析基础操作 ·· 31
实验1 电子天平的操作及称量练习 ·· 31
实验2 滴定分析量器的使用及滴定操作练习 ··· 33
实验3 Zn^{2+}标准溶液的配制 ·· 35
实验4 Ca^{2+}标准溶液的配制 ·· 36
实验5 $K_2Cr_2O_7$ 标准溶液的配制 ·· 37
实验6 NaOH 标准溶液的配制和标定 ·· 38
实验7 HCl 标准溶液的配制和标定 ··· 39
实验8 $AgNO_3$ 标准溶液的配制和标定 ·· 42
实验9 NH_4SCN 标准溶液的配制和标定 ··· 44
实验10 EDTA 标准溶液的标定 ··· 45
实验11 $KMnO_4$ 标准溶液的配制和标定 ·· 47
实验12 NaS_2O_3 标准溶液的配制和标定 ··· 50
实验13 I_2 标准滴定溶液的配制和标定 ·· 52

第4章 水样的采集和保存 ·· 55
4.1 水样的采集 ·· 55
4.1.1 环境水样的采集(地表水) ··· 55

4.1.2　废水水样的采集 ········· 58
4.2　水样运输和保存 ········· 60
4.2.1　水样的运输 ········· 61
4.2.2　水样的保存 ········· 61
4.3　样品的管理 ········· 63

第5章　化学分析、微生物实验 ········· 65

实验14　水中pH、电导率、透明度和浊度的测定 ········· 65
实验15　水中游离二氧化碳的测定 ········· 71
实验16　水中色度的测定 ········· 73
实验17　水中臭阈值的测定 ········· 75
实验18　水中总不可滤残渣(SS)的测定 ········· 77
实验19　水中溶解性固体的测定(重量法) ········· 79
实验20　水质矿化度的测定(重量法) ········· 81
实验21　水中硫酸盐的测定(重量法) ········· 82
实验22　水中碱度的测定(酸碱滴定法) ········· 85
实验23　钙硬度和总硬度的测定(络合滴定法) ········· 88
实验24　水中Cl^-的测定(沉淀滴定法) ········· 91
实验25　水中余氯的测定 ········· 94
实验26　水中高锰酸盐指数的测定 ········· 97
实验27　水中溶解氧的测定(碘量法) ········· 99
实验28　五日生化需氧量(BOD_5)的测定 ········· 103
实验29　硫化物的测定(碘量法) ········· 107
实验30　水中COD的测定(重铬酸钾法) ········· 111
实验31　显微镜的使用及微生物基本形态的观察 ········· 114
实验32　水中细菌菌落数和大肠菌群数的测定 ········· 122

第6章　仪器分析实验 ········· 130

实验33　水中铁测定条件的选择 ········· 130
实验34　水中铁的测定(邻二氮菲吸收光谱法) ········· 134
实验35　自来水中锰的测定(甲醛肟光度法) ········· 137
实验36　水中氨氮的测定(纳氏试剂光度法) ········· 140
实验37　水中凯氏氮的测定 ········· 144

实验 38	水中亚硝酸盐氮的测定[N-(1-萘基)-乙二胺光度法]	146
实验 39	水中硝酸盐氮的测定(酚二磺酸光度法)	150
实验 40	总氮的测定(过硫酸钾氧化-紫外分光光度法)	154
实验 41	水中氰化物的测定(异烟酸-吡唑啉酮光度法)	156
实验 42	水中六价铬及总铬的测定	160
实验 43	水中磷的测定(钼锑抗分光光度法)	164
实验 44	水中二氧化硅的测定(硅钼蓝光度法)	167
实验 45	水中甲醛的测定(乙酰丙酮分光光度法)	170
实验 46	水中挥发酚的测定(4-氨基安替比林光度法)	174
实验 47	水中阴离子洗涤剂的测定(亚甲蓝分光光度法)	180
实验 48	富营养化湖泊中藻类的检测(叶绿素 a 法)	183
实验 49	水中钠的测定(静态法)	186
实验 50	氟离子的测定(离子选择电极法)	189
实验 51	水中矿物油的测定	194
实验 52	水中镍的测定(火焰原子吸收分光光度法)	197
实验 53	钒的测定(石墨炉原子吸收分光光度法)	199
实验 54	ICP-AES 法同时测定水中铝、镉、铜、铁、锰、铅、锌的含量	201
实验 55	高效液相色谱法测定环境样品中的多环芳烃	204
实验 56	水中的氟离子、氯离子、溴离子、亚硝酸根、硝酸根、磷酸根、硫酸根离子的测定(离子色谱法)	208
实验 57	氯苯类化合物的测定(气相色谱法)	212
实验 58	水中多氯联苯的测定(气相色谱-质谱法)	216
实验 59	水中总有机碳的测定(非色散红外吸收法)	218

附录 1 水样取样记录、分析报告样式 222

附录 2 仪器使用说明 225

附录 3 水质标准及实验室基本知识表 243

    附表一 常用环境标准 243

    附表二 生活饮用水卫生标准(GB 5749—2006) 245

    附表三 欧盟饮用水水质指令 249

    附表四 美国饮用水水质标准 251

    附表五 常用试剂的配制 256

附表六	常用酸、碱溶液的密度和浓度	261
附表七	常见金属及其化合物的溶解方法	261
附表八	常用熔剂和坩埚	263
附表九	常用基准物质及其干燥条件和应用	263
附表十	常用滤器及其使用	264
附表十一	元素相对原子质量表(2005年)	265
附表十二	常用化合物的相对分子质量表	267
附表十三	基本单位换算表	270

参考文献 271

第1章 实验室基本知识

1.1 基本要求

为培养学生的科学实验能力，养成良好的实验习惯和严谨细致、实事求是的科学态度，使实验达到预期的目的，取得较好的实验结果。实验基本要求如下：

(1) 实验前认真预习。实验前要做好充分的预习，做到心中有数。理解实验原理和方法，熟悉实验步骤、操作方法及注意事项，将实验步骤提炼简化，写出实验提纲，使自己一目了然，避免机械地履行操作步骤，看一句做一步。

(2) 实验时认真操作和记录。实验时应正确操作，仔细观察，善于思考，合理安排时间，保持实验仪器整齐清洁，将各种测量数据及相关现象及时准确地记录在记录本上。实验数据当场交由主讲老师签字确认。记录实验数据要实事求是，切忌带有主观因素，更不能为了追求得到某一结果，擅自更改数据。不得将实验数据随意记在纸片上或其他任意地方。

(3) 实验后认真写实验报告。实验完毕要清洗仪器，将有关仪器和试剂放回原处，打扫卫生，关好水、电及门窗。实验结束后，根据实验记录对实验现象和数据进行归纳、计算和总结，写出实验报告。实验报告的具体内容及格式因实验类型而异，一般包括以下内容：

实验编号，实验名称，实验目的，简要实验原理，主要试剂和仪器，简要实验步骤流程，实验数据及其处理、误差及误差分析。

对于实验数据及其处理，应用文字、表格、图形将数据表示出来。按实验要求及计算公式，计算出分析结果，并进行有关数据和误差处理，尽可能地使记录表格化。

1.2 实验室安全知识

水质分析实验中，经常使用水、电、大量易破损的玻璃仪器和一些具有腐蚀性甚至易燃易爆或有毒的化学试剂。为确保人身和实验室的安全且不污染环境，实验中需严格遵守实验室的安全规则。主要包括如下规则。

(1) 禁止将食物和饮料带进实验室，实验中注意不要用手摸脸、眼等部位。一切化学药品严禁入口，实验完毕后必须洗手。

(2) 使用浓酸、浓碱以及其他腐蚀性试剂时，切勿溅在皮肤和衣物上。涉及浓硝酸、盐酸、硫酸、高氯酸、氨水等的操作，均应在通风橱内进行。实验中强酸、强碱、刺激性液体等不慎溅到、流到皮肤、眼睛、衣物上时，应首先用大量的清水冲洗，再视情况进行处理(如强酸入眼可用稀氨水清洗，强碱可用稀硼酸清洗)。需要时送医院治疗。夏天开启浓氨水、盐酸时一定先用自来水将其冷却，再打开瓶盖。使用汞、汞盐、镉盐、六价铬、砷化物、氰化物等剧毒药品时，要实行登记制度，取用时要特别小心，切勿泼洒在实验台面和地面上，用过的废物、废液切不可乱扔，应分别回收，集中处理。实验中的其他废物、废液也要按照环保的要求妥善处理。

(3) 注意防火。实验室严禁吸烟。万一发生火灾，要保持镇静，立即切断电源和燃气源，并采取针对性的灭火措施。一般的小火用湿布、防火布或沙子覆盖燃烧物灭火。不溶于水的有机溶剂以及能与水起反应的物质，如金属钠，一旦着火，绝不能用水浇，应用二氧化碳灭火器灭火。如电器起火，不可用水冲，应当立即切断电源，用 121(二氟一氯一溴甲烷)灭火器灭火。情况紧急应立即报警。

(4) 使用各种仪器时，要在教师讲解或自己仔细阅读并理解操作规程后，方可动手操作。

(5) 安全使用水、电。离开实验室时，应仔细检查水、电、气、门、窗是否关好。

(6) 如发生烫伤和割伤应及时处理，严重者应立即送医院治疗。

1.3 水质分析实验用水规格及制备方法

1.3.1 实验用水规格

水质分析实验应使用纯水，一般是蒸馏水或去离子水。有的实验要求二级蒸馏水或更高规格的纯水，如液相色谱、离子色谱等实验。纯水并非绝对不含杂质，只是杂质含量极微而已。水质分析实验用水的级别及主要技术指标见表1-1。

(1) 蒸馏水：通过蒸馏方法除去水中非挥发性杂质而得到的纯水称为蒸馏水。同是蒸馏所得纯水，其中含有的杂质种类和含量并不相同。用玻璃蒸馏器蒸馏所得的水含有 Na^+ 和 SiO_3^{2-} 等；而用铜蒸馏器所制得的纯水则可能含有 Cu^{2+}。

(2) 去离子水：利用离子交换剂去除水中阳离子和阴离子杂质所得的纯水，称为离子交换水或去离子水。未进行处理的去离子水可能含有微生物和有机物杂质，使用时应注意。

表 1-1　水质分析实验用水的级别及主要技术指标(引自 GB/T 6682—2008)

指标名称	一级	二级	三级
pH 范围(25℃)	—	—	5.0~7.5
电导率(25℃)(mS/cm)	≤0.01	≤0.10	≤0.50
可氧化物质含量(以 O 计)(mg/L)	—	≤0.08	≤0.4
吸光度(254nm，1cm 光程)	≤0.001	≤0.01	—
蒸发残渣(105℃±2℃)含量(mg/L)	—	≤1.0	≤2.0
可溶性硅(以 SiO_2 计)含量(mg/L)	≤0.01	≤0.02	—

注 1：由于在一级水、二级水的纯度下，难于测定其真实的 pH，因此，对一级水、二级水的 pH 范围不做规定。

注 2：由于在一级水的纯度下，难于测定可氧化物质和蒸发残渣，对其限量不做规定。可用其他条件和制备方法来保证一级水的质量。

1.3.2　纯水的检验方法

纯水质量的检验——纯水的质量检验指标很多，分析化学实验室主要对实验用水的电导率、酸碱度、钙镁离子、氯离子的含量等进行检测。

(1) 电导率。选用适合测定纯水的电导率仪(最小量程为 0.02μS/cm)测定(见表 1-1)。水的电导率越低，表示水中的离子越少，水的纯度越高。25℃时，电导率为 0.1~5.0μS/cm 的水称为纯水，电导率小于 0.1μS/cm 的水称为超纯水。超纯水应储存于石英或聚乙烯塑料容器中。

(2) 酸碱度。要求 pH 为 6~7。检验方法如下：

简易法：取 2 支试管，各加待测水样 10mL，其中 1 支加入 2 滴甲基红指示剂应不显红色；另 1 支试管加 5 滴 0.1%溴麝香草酚蓝(或溴百里香酚蓝)不显蓝色为合格。

仪器法：用酸度计测量与大气相平衡的纯水的 pH，在 6~7 为合格。

(3) 硅酸盐。取 20mL 待测水于试管中，用(1+3)硝酸 5mL、5%钼酸铵溶液 5mL 室温下放置 5min 后，加入 10%亚硫酸钠溶液 5mL，观察是否出现蓝色。如呈现蓝色，则水不合格。

(4) 硫酸根。取 2~3mL 待测水于试管中，加入 2mol/L 盐酸溶液 2~3 滴酸化，再加入 0.1%氯化钡溶液 1 滴，放置 15h，如有沉淀析出，则水不合格。

(5) 钙镁离子。取 50mL 待测水样，加入 pH=10 的氨水–氯化铵缓冲溶液 1mL 和少许铬黑 T(EBT)指示剂，不显红色(应显纯蓝色)。

(6) 氯离子。取 10mL 待测水样，用 2 滴 1mol/L HNO_3 酸化，然后加入 2 滴 10g/L $AgNO_3$ 溶液，摇匀后不浑浊为合格。

(7) 铵离子。取 2~3mL 待测水，加 1~2 滴纳氏试剂，如呈黄色则有铵离子，则水不合格。

(8) 游离二氧化碳。取 100mL 待测水注入锥形瓶中，加 3～4 滴 0.1%酚酞溶液，如呈淡红色，表示无游离二氧化碳；如为无色，可加 0.1000mol/L 氢氧化钠溶液至淡红色，1min 内不消失，即为终点。计算出游离二氧化碳的含量。注意，氢氧化钠溶液用量不能超过 0.1mL。

化学分析法中，除络合滴定必须用去离子水外，其他方法均可采用蒸馏水。分析实验用的纯水必须注意保持纯净，避免污染。通常采用以聚乙烯为材料制成的容器盛装实验用纯水。

1.3.3 特殊用水的制备方法

1) 不含氯的水

加入亚硫酸钠等还原剂将自来水中的余氯还原为氯离子，用附有缓冲球的全玻璃蒸馏器(以下各项中的蒸馏均同此)进行蒸馏制取。

取实验用水 10mL 于试管中，加入 2～3 滴(1+1)硝酸、2～3 滴 0.1mol/L 硝酸银溶液，混匀，不得有白色沉淀出现。

2) 无氨水

(1) 蒸馏法：向水中加入硫酸至 pH 小于 2，使水中各种形态的氨或者胺最终都转变成不挥发的盐类，收集馏出液即得。(注意：避免实验室内空气中含有氨而重新污染，应在无氨气的实验室进行蒸馏)

(2) 离子交换法：向蒸馏制得的纯水中加入数毫升再生好的阳离子交换树脂振摇数分钟，即可除氨，或者通过交换树脂柱也能除氨。

3) 不含二氧化碳的水

(1) 煮沸法：将蒸馏水或去离子水煮沸至少 10min(水多时)，或使水量蒸发 10%以上(水少时)，加盖放冷即可。

(2) 曝气法：将惰性气体(如高纯氮)通入蒸馏水或去离子水中至饱和即可。

制得的无二氧化碳水应储存在一个附有碱石灰管的橡皮塞盖严的瓶中。

4) 无酚水

(1) 加碱蒸馏法：加入氢氧化钠至水的 pH 大于 11(可同时加入少量高锰酸钾溶液使水呈紫红色)，使水中酚生成不挥发的酚钠后进行蒸馏制得。

(2) 活性炭吸附法：将粒状活性炭加热至 150～170℃烘烤 2h 以上进行活化，放入干燥器内冷却至室温后，装入预先盛有少量水(避免碳粒间存留气泡)的层析柱中，使蒸馏水或去离子水缓慢通过柱床，按柱容量大小调节其流速，一般以每分钟不超过 100mL 为宜。开始流出的水(略多于装柱时预先加入的水量)必须再次返回柱中，然后正式收集，此柱所能净化的水量，一般约为所用碳粒表观容积的

1000 倍。

5) 不含砷的水

通常使用的普通蒸馏水或去离子水基本不含砷，对所用蒸馏器、树脂管和储水容器要求不得用软质玻璃(钠钙玻璃)制品。进行痕量砷测定时，则应使用石英蒸馏器或聚乙烯树脂管及储水容器来制备和盛放不含砷的水。

6) 不含铅(重金属)的水

用氢型强酸性阳离子交换树脂制备不含铅(重金属)的水，储水容器应做无铅处理方可使用(将储水容器用 6mol/L 硝酸浸洗后用无铅水充分洗净)。

7) 不含有机物的水

将碱性高锰酸钾溶液加入水中再蒸馏，在再蒸馏过程中应始终保持水中高锰酸钾的紫红色不得消退，否则应及时补加高锰酸钾。

1.4 常用试剂的规格及试剂的使用和保存

水质分析实验中所用试剂的质量直接影响分析结果的准确性，因此，应根据所做实验的具体情况，如分析方法的灵敏度与选择性、分析对象的含量及对分析结果准确度的要求等，合理选择相应级别的试剂，在既能保证实验正常进行的同时，又能避免不必要的浪费。另外试剂应合理保存，避免沾污和变质。

1.4.1 化学试剂的分类

化学试剂产品有数千种，而且随着科学技术和生产的发展，新的试剂种类还将不断产生。现在对化学试剂还没有统一的分类标准，本书按化学试剂的用途，简单介绍标准试剂、一般试剂、高纯试剂和专用试剂。

(1) 标准试剂。标准试剂是用于衡量其他(欲测)物质化学量的标准物质，习惯称为基准试剂，其特点是主要成分含量高，使用可靠。我国规定滴定分析第一基准和滴定分析工作基准的试剂，其主要成分含量分别为(100±0.02)%和(100±0.05)%。主要国产标准试剂的规格与用途见表 1-2。

(2) 一般试剂。一般试剂是实验室最普遍使用的试剂，其规格以其中所含杂质的多少来划分，包括通用的一至四级试剂和生化试剂等。一般试剂的分级、标志、标签颜色和使用范围见表 1-3。

此外，还有高纯试剂、色谱纯试剂、光谱纯试剂。

高纯试剂(E.P.)：包括超纯、特纯、高纯、光谱纯，用于配制标准溶液。高纯试剂最大的特点是其杂质含量比优级或基准试剂都低，用于微量或痕量分析中试样的分解和试液的制备，可最大限度地减少空白值带来的干扰，提高测定结果的可靠性。同时，高纯试剂的技术指标中，其主体成分与优级纯或基准试剂相当，但标明杂质含量的项目则多1~2倍。

表1-2 主要国产标准试剂的规格与用途

类别	主要用途
滴定分析第一基准试剂	滴定分析工作基准试剂
滴定分析工作基准试剂	滴定分析标准溶液的定值
滴定分析标准溶液	滴定分析法测定物质的含量
杂质分析标准溶液	仪器及化学分析中作为微量杂质分析的标准
一级pH基准试剂	pH基准试剂的定值和高精密度pH计的校准
pH基准试剂	pH计的校准(定位)
热值分析试剂	热值分析仪的校准
气相色谱分析的标准试剂	气相色谱法进行定位和定量分析的标准
临床分析标准溶液	临床化验
农药分析标准试剂	农药分析
有机元素分析标准试剂	有机物元素分析

注：不同国家生产的试剂，其分类可能不同，在使用时要特别注意。

表1-3 化学试剂规格

级别	中文名称	英文符号	英文全称	使用范围	标签颜色
基准	基准试剂	P.T.	primary reagent	作为基准物质，标定标准溶液	绿色
一级	优级纯试剂	G.R.	guaranteed reagent	精密分析实验	绿色
二级	分析纯试剂	A.R.	analytical reagent	一般分析实验	红色
三级	化学纯试剂	C.P.	chemically pure	一般化学实验	蓝色
四级	实验试剂	L.R.	laboratory reagent	一般化学实验辅助试剂	黄色
生化试剂	生化试剂	B.R.	biochemical reagent	生物化学和生化合成	咖啡色

色谱纯试剂(L.C.)：液相色谱分析用标准物质。质量指标注重干扰液相色谱峰的杂质。主成分含量高。

光谱纯试剂(S.P.)：用于光谱分析。分别适用于分光光度计、原子吸收光谱标准品、原子发射光谱标准品。

1.4.2 使用试剂注意事项

实验室中一般只储存固体试剂和液体试剂，气体物质都是需用时临时制备。在取用和使用任何化学试剂时，首先要做到"三不"，即不用手拿、不直接闻气味、不尝味道。此外还应注意试剂瓶塞或瓶盖打开后要倒放在桌上，取用试剂后立即还原塞紧。否则会污染试剂，使之变质而不能使用，甚至可能引起意外事故。

1) 固体试剂的取用

粉末状试剂或粒状试剂一般用药匙取用。药匙有动物角匙也有塑料药匙，且有大小之分。用量较多且容器口径又大者，可选大号药匙；用量较少或容器口径又小者，可选用小号药匙，并尽量送入容器底部。特别是粉状试剂容易散落，或沾在容器口和壁上。可将其倒在折成的槽形纸条上，再将容器平置，使纸槽沿器壁伸入底部，竖起容器并轻抖纸槽，试剂便落入器底。

块状固体用镊子，送入容器时，务必先使容器倾斜，使之沿器壁慢慢滑入器底。

若实验中无规定剂量时，所取试剂量以刚能盖满试管底部为宜。取多了的试剂不能放回原瓶，也不能丢弃，应放在指定容器中供他人或下次使用。

取用试剂的镊子或药匙务必擦拭干净，更不能一匙多用。用后也应擦拭干净，不留残物。

2) 液体试剂的取用

用少量液体试剂时，常使用胶头滴管吸取。用量较多时则采用倾泻法。从细口瓶中将液体倾入容器时，把试剂瓶上贴有标签的一面握在手心，另一手将容器斜持，并使瓶口与容器口相接触，逐渐倾斜试剂瓶，倒出试剂。试剂应该沿着容器壁流入容器，或沿着洁净的玻璃棒将液体试剂引流入细口或平底容器内。取出所需量后，逐渐竖起试剂瓶，把瓶口剩余的液滴碰入容器中去，以免液滴沿着试剂瓶外壁流下。

若实验中无规定剂量时，一般取用 1~2mL。定量使用时，则可根据要求选用量筒、滴定管或移液管。取多的试剂也不能倒回原瓶，更不能随意废弃。应倒入指定容器内供他人使用。

若取用有毒试剂时，必须在教师指导下进行，或严格遵照规则取用。

1.4.3 试剂的保存

试剂放置不当可能引起质量和组成的变化，因此，正确保存试剂非常重要。一般化学试剂保存在通风良好、干净的房子里，避免水分、灰尘及其他物质的沾污，并根据试剂的性质采取相应的保存方式和措施。

(1) 容易腐蚀玻璃而影响试剂纯度的试剂，应保存在塑料或涂有石蜡的玻璃瓶中。如氢氟酸、氟化物(氟化钠、氟化钾、氟化铵)、苛性碱(氢氧化钾、氢氧化钠)等。

(2) 见光易分解、遇空气易被氧化或易挥发的试剂应保存在棕色瓶里，放置在冷暗处。如过氧化氢(双氧水)、硝酸银、焦性没食子酸、高锰酸钾。草酸、铋酸钠等属见光易分解物质；氧化亚锡、硫酸亚铁、亚硫酸钠等属易被空气逐渐氧化的物质；溴、氨水等大多有机溶剂属易挥发的物质。

(3) 吸水性强的试剂应严格密封保存。如无水碳酸钠、苛性钠、过氧化物等。

(4) 易相互作用、易燃、易爆炸的试剂，应分开储存在阴凉通风的地方。如酸与氨水、氧化剂与还原剂属易相互作用物质；有机溶剂属易燃试剂；氯酸、过氧化氢、硝基化合物属易爆炸试剂等。

(5) 剧毒试剂应专门保管，严格取用手续，以免发生中毒事故。如氰化物(氰化钾、氰化钠)、氢氟酸、二氯化汞、三氧化二砷(砒霜)等属剧毒试剂。

1.5 玻璃器皿的洗涤和干燥

1.5.1 容器的洗涤

水质分析实验中使用玻璃容器和瓷器应洁净，其内壁应能被水均匀地润湿，且不挂水珠。水质分析实验样品中的污染物质含量大多属于微量或痕量，故玻璃器皿的清洁与否直接影响实验结果的准确性和精密性，因此，必须十分重视玻璃器皿的清洁工作。洗涤实验用的玻璃器皿，一般要先洗去污物，用自来水冲净洗涤液，至内壁不挂水珠后，再用纯水(蒸馏水或去离子水)淋洗三次。不同的玻璃器皿洗涤方法不同，同时也要根据器皿被污染的情况选择适当的洗涤剂。一般来说，附着在仪器上的污物有尘土和其他不溶性物质、可溶性物质、有机物质及油污等。针对这些情况，可采用下列方法：

(1) 用水刷洗：用自来水和毛刷刷洗容器上附着的尘土和水溶物。

(2) 用去污粉(或洗涤剂)和毛刷刷洗容器上附着的油污和有机物质。若仍洗不干净，可用热碱液洗。容量仪器不能用去污粉和毛刷刷洗，以免磨损器壁，使体积发生变化。

(3) 用还原剂洗去氧化剂如二氧化锰。

(4) 进行定量分析实验时，即使少量杂质也会影响实验的准确性。这时可用洗液清洗容量仪器。洗液是重铬酸钾在浓硫酸中的饱和溶液(5g 粗重铬酸钾溶于10mL 热水中，稍冷，在搅拌下慢慢加入 100mL 浓硫酸中就得到铬酸洗液，简称洗液)。

洗液具有很强的去污能力，洗涤时往容器内加入洗液，其用量为容器总容积的 1/3，然后将容器倾斜，慢慢转动容器，使容器的内壁全部为洗液润湿，然后将洗液倒入原来瓶内，再用水将洗液洗去。如果用洗液将容器浸泡一段时间或者将其加热使用，则效果更好。

使用洗液时要注意以下几点：

① 使用洗液前最好先用水或去污粉将容器洗一下；

② 使用洗液前应尽量把容器内的水去掉，以免将洗液稀释；
③ 洗液用后应倒入原瓶内，可重复使用；
④ 不要用洗液去洗涤具有还原性的污物(如某些有机物)，这些物质能把洗液中的重铬酸钾还原为硫酸铬(洗液的颜色则由原来的深棕色变为绿色)，已变为绿色的洗液不能继续使用；
⑤ 洗液具有很强的腐蚀性，会灼伤皮肤和破坏衣物，如果不慎将洗液洒在皮肤、衣物和实验桌上，应立即用水冲洗；
⑥ 因重铬酸钾严重污染环境，应尽量少用洗液。

用上述方法洗涤后的容器还要用水洗去洗涤剂。并用蒸馏水再洗涤三次。

洗涤容器时应符合少量(每次用少量的洗涤剂)多次的原则，既节约，又提高了效率。用布或纸擦拭已洗净的容器非但不能使容器变得干净，反而会将纤维留在器壁上，沾污了容器。已洗净的容器壁上，不应附着不溶物或油污。这样的器壁可以被水完全润湿。检查是否洗净时，将容器倒转过来，水即顺着器壁流下，器壁上只留下一层既薄又均匀的水膜，而不应有水珠。

1.5.2 容器的干燥

可以用加热的方法来干燥容器：

(1) 烘干：一般洗净的容器可以放入恒温箱内烘干，放置容器时应注意平放或使容器口朝下。

(2) 烤干：烧杯或蒸发皿可置于石棉网上用火烤干。

也可在不加热的情况下干燥容器：

(1) 晾干：洗净的容器可倒置于干净的实验柜内或容器架上晾干(倒置后不稳定的容器如量筒则不宜这样做)。

(2) 吹干：可用吹风机将容器吹干。

(3) 用有机溶剂干燥：有些有机溶剂可以和水相溶，最常用的是酒精，在容器内加入少量酒精，将容器倾斜转动，器壁上的水即与酒精混合，然后倾出酒精和水。留在容器内的酒精挥发，而使容器干燥。往仪器内吹入空气可以使酒精挥发得快一些。

带有刻度的量器不能用加热方法进行干燥，加热会影响这些容器的精密度，也可能造成破裂。

第 2 章　水质分析实验操作规范

2.1　水质分析的常见器皿

在水质定量分析(尤其是滴定分析)中常用的仪器大部分属玻璃制品，按玻璃材质的性能，有的玻璃仪器如烧杯、烧瓶、锥形瓶和试管可加热，而有的玻璃仪器如试剂瓶、量筒、容量瓶、滴定管等各类仪器都不能用于加热。另外，还有特殊用途的玻璃仪器，如干燥器、漏斗、称量瓶等，如图 2-1 所示。在实验中，根据具体要求来选用仪器。

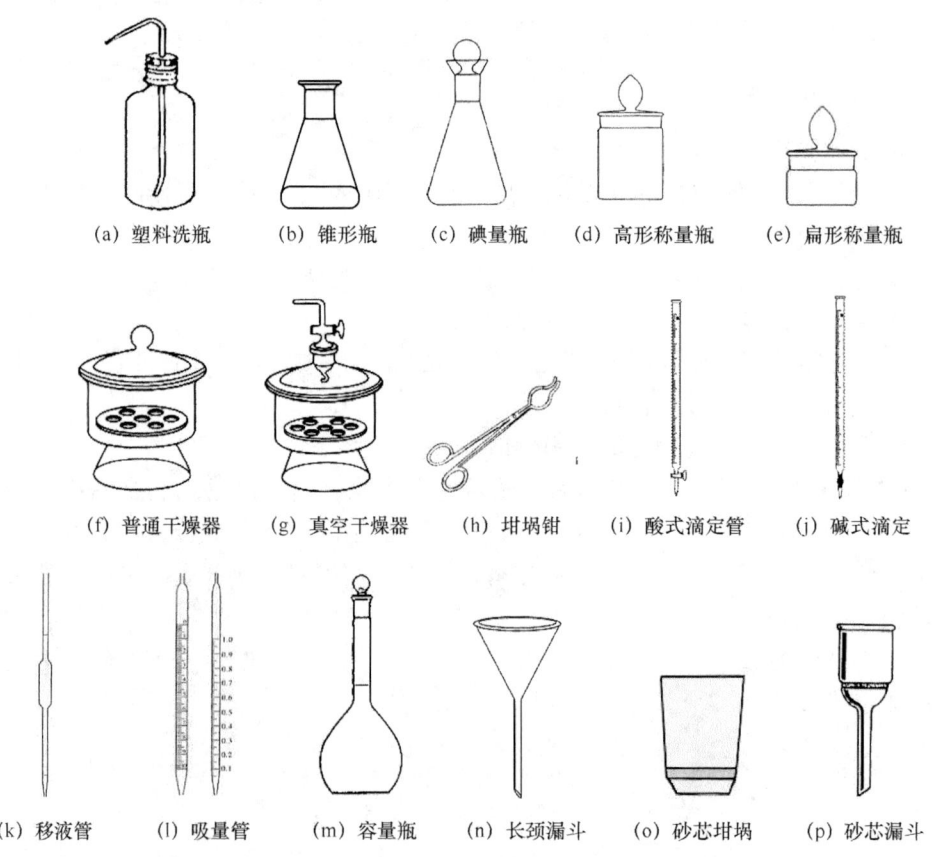

(a) 塑料洗瓶　　(b) 锥形瓶　　(c) 碘量瓶　　(d) 高形称量瓶　　(e) 扁形称量瓶

(f) 普通干燥器　　(g) 真空干燥器　　(h) 坩埚钳　　(i) 酸式滴定管　　(j) 碱式滴定

(k) 移液管　　(l) 吸量管　　(m) 容量瓶　　(n) 长颈漏斗　　(o) 砂芯坩埚　　(p) 砂芯漏斗

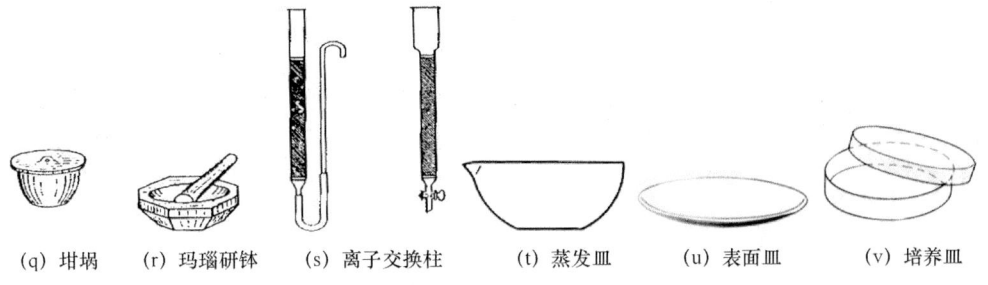

(q) 坩埚　　(r) 玛瑙研钵　　(s) 离子交换柱　　(t) 蒸发皿　　(u) 表面皿　　(v) 培养皿

图 2-1　化学分析法常用的玻璃仪器及器皿

2.2　分析天平

分析天平是定量分析中重要而又常用的精密仪器之一。实验室常用的分析天平是电子天平。

2.2.1　称量原理及特点

电子天平是目前最新一代的天平，有顶部承载式(吊挂单盘)和底部承载式(上皿式)两种。它根据电磁力补偿工作原理，使物体在重力场中实现力的平衡；当秤盘上加载后，即接通了补偿线圈的电流，计算器就开始计算冲击脉冲，达到平衡后，显示屏上即自动显示出载荷的质量值。

电子天平的特点：通过操作者触摸按键可自动调零、自动校准、扣除皮重、数字显示、输出打印等，同时其质量轻、体积小，操作十分简便，称量速度也很快。

2.2.2　外形及基本部件

以 Sartorius BS124S 电子天平(德国赛多利斯公司)为例，其外形如图 2-2 所示。

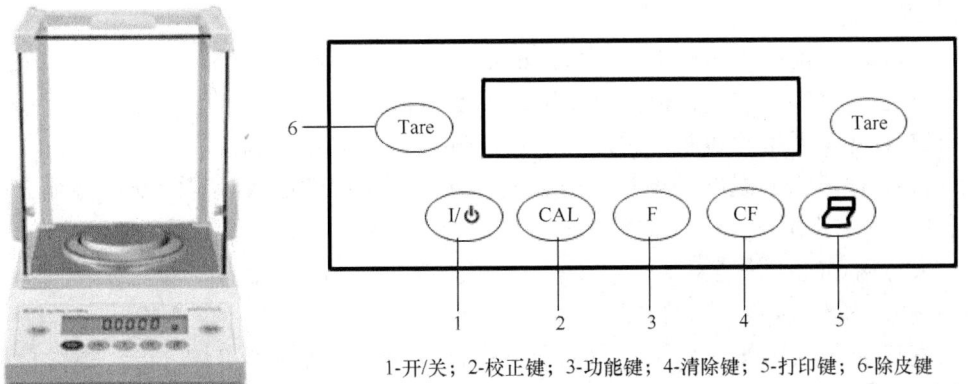

1-开/关；2-校正键；3-功能键；4-清除键；5-打印键；6-除皮键

图 2-2　Sartorius BS124S 电子天平的外形及面板简图

2.2.3 操作方法

(1) 调水平。调整地脚螺旋高度,使水平仪内空气泡位于圆环中央,如图 2-3 所示。无论哪一种天平,在开始称量前,都必须使天平处于水平状态才可以进行称量,调节水平的方法基本相同。

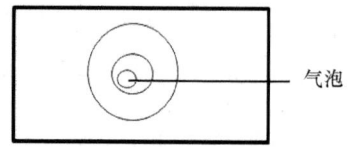

图 2-3　电子天平水平仪示意图

(2) 接通电源,预热 0.5h。
(3) 按开关键(ON/OFF 键),直至全屏自检。
(4) 校准。按校正键(CAL 键),天平将显示所需矫正砝码质量(100g)。放上 100g 标准砝码,直至显示 100.0g,校正完毕,取下标准砝码。
(5) 零点显示(0.0000g)稳定后即可称量。
(6) 称量。使用除皮键(Tare 键),可消去不必记录的数字如承载瓶的质量等。根据实验要求,选用一定的称量方法进行称量。
(7) 关机。称量完毕,记下数据后将重物取出,天平自动回零。天平应一直保持通电状态(24h),不使用时将开关键关至待机状态,使天平保持保温状态,可延长天平使用寿命。

2.2.4 分析天平的使用规则

分析天平的使用应遵守"分析天平的使用规则"。以电子天平为例,其主要的使用规则如下。

(1) 称量前检查天平是否水平,框罩内外是否清洁。
(2) 天平的上门仅在检修时使用,不得随意打开。
(3) 开关天平两边侧门时,动作要轻缓(不发出碰击声响)。
(4) 称量物的温度必须与天平温度相同,有腐蚀性或者吸湿的物质必须放在密闭容器中称量。
(5) 不得超载称量。
(6) 读数时必须关好侧门。
(7) 如发现天平工作不正常,及时报告教师或者实验室工作人员,不得自行处理。

(8) 称量完毕，天平复位后，应清洁框罩内外，盖上天平罩，并做使用记录，长时间不使用时，应切断天平电源。

2.3 称量方法

通常在分析测试工作中使用的玻璃或陶瓷器皿，它的表面积都会吸附大气中的水分，粉末固体试样或试剂尤其会吸附更多的水分，这种吸附着的水分含量会随大气温度而改变。为了避免水分含量对测量结果的影响，在称取所用器皿或试样的质量时，必须保持它们处于完全干燥状态。为此，在称量一个物体或称取试样时，必须采取合适的天平、器皿，并注意规范操作。

2.3.1 称量瓶和干燥器

固体试剂或试样一般都装入称量瓶再进行称量，称量瓶[图 2-1(d)和(e)]具有磨口玻璃盖以保持密封，为保持其干燥，再将称量瓶置于干燥器[图 2-1(f)和(g)]中。干燥器内常放入无水氯化钙、变色硅胶或浓硫酸作为干燥剂。

干燥器是一种具有磨口盖子的容器，其中部有一块带孔瓷板以便放置重量分析使用的坩埚。磨口盖的磨口面涂一层凡士林，当盖子盖上时，可以保持隔绝空气。在打开或盖回盖子时，要使盖子向平面滑动而不是向上拔或向下压，如图 2-4(b)所示。在搬动干燥器时要用双手扶好盖子以免滑下打破，如图 2-4(c)所示。灼热的物体不要放入干燥器，因为灼热的东西会使干燥器内的空气膨胀和凡士林融化，致使盖子滑下。同时，如果将太热的物体放入干燥器，冷却后，会造成干燥器内形成真空而难以打开。

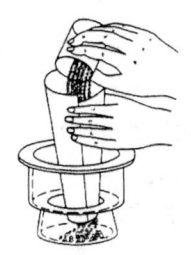  

(a) 装干燥剂的方法　　(b) 干燥器的开启方法　　(c) 干燥器的搬动方法

图 2-4　干燥器的使用方法

2.3.2 称量方法

使用分析天平进行称量的方法有直接称量法、指定准确质量称量法(也称为加重称量法)、指定一定质量范围称量法(也称为减重法或递减法)三种。下面分别进行介绍。

(1) 直接称量法。欲知某一物体的质量，则将此物体直接放在天平上称量，从而获得该物体准确质量的方法，称为直接称量法。

(2) 指定准确质量称量法，也称加重称量法，如图 2-5 所示。在分析实验中，有时要求称取某特定质量的试样或基准物，而这些试剂是吸湿性不大的粉末状物质时，可采用此称量法称取。

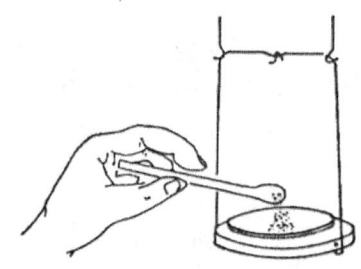

图 2-5　指定准确质量称量法(加重称量法)

基本操作方法：使用一干燥的器皿(小烧杯、表面皿)或一张称量纸(将其叠成小铲)放在天平盘上并称取其质量，然后用药匙先加入比所需质量略少的试样，再慢慢加入试样，直至加入的试样质量与所指定的质量数值相等。

药匙加入试样或者基准物的具体操作：将药匙柄端顶在掌心，用拇指和中指拿稳药匙后并将其伸向承接试样的器皿或称量纸小铲的中心部位上方 1~2cm 处，将药匙微微倾斜，并用食指轻轻弹动药匙柄使试样慢慢落下，直至天平显示所需的数字。所加入试样的质量即为指定称取的质量。

(3) 指定一定质量范围称量法，也称为减重法或递减法，如图 2-6 所示。其基本操作方法：用一纸条套住称量瓶(内盛有所需试样)并将其从干燥器中取出，放在天平盘中直接称取其质量，记为 $m_总$。用同样的方法将称量瓶取出并移至试样接收器上方，用纸片夹着瓶盖柄轻轻敲击瓶口外缘，使试样缓慢逐量地落入接收器内。当倾出的试样接近所需称取的质量时，一边轻轻敲击瓶口边缘，一边慢慢将瓶身竖直，使沾在瓶口的试剂落回称量瓶内。盖好称量瓶盖，称取倾出试样后称量瓶的质量。若倾出的量与所需试样质量相差较远，则重复上述操作直至倾出的试样量接近所需的量时，准确称出称量瓶的质量，记为 m_1。

$$m_总 - m_1 = m_{试样}$$

同样的操作，可以连续称取第二份、第三份、第四份试样等。所以，当需称取多份在一定质量范围的试样，而且试样又较易吸湿、易氧化或挥发时，即可采用此称量法进行称量。

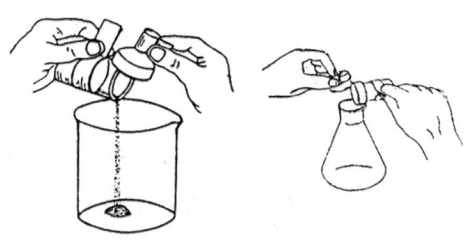

(a) 取称量瓶的方法　　　　(b) 将试样从称量瓶转移入接收器的操作

图 2-6　指定一定质量范围称量法(减重法或递减法)

2.4　重量分析操作

重量分析法：通过称量被测组分的质量来确定被测组分百分含量的分析方法。一般是先将被测组分从试样中分离出来，并转化为一定的称量形式后进行称量，由称得的物质的质量计算被测成分的含量。按照分类，主要有沉淀法、气化法和电解法三种。

1) 沉淀法

沉淀法是重量分析的重要方法，这种方法是利用试剂与待测组分生成溶解度很小的沉淀，经过过滤、洗涤、烘干或灼烧成为组分一定的物质，然后称其质量，再计算待测组分的含量。

2) 气化法

利用物质的挥发性质，通过加热或其他方法使实验中的待测组分挥发逸出，然后根据试样质量的减少计算该组分的含量；或者用吸收剂吸收逸出的组分，根据吸收剂质量的增加计算该组分的含量。

3) 电解法

利用电解的方法，使待测金属离子在电极上还原析出，然后称量，根据电极增加的质量求得其含量。

本节主要讨论沉淀重量分析法的操作。沉淀重量分析基本操作包括样品溶解、沉淀、过滤、洗涤、烘干、灼烧、称量和恒重等步骤。下面主要介绍溶解、过滤、洗涤、烘干、灼烧、称重和恒重的基本操作。

2.4.1　样品的溶解

(1) 准备好洁净的烧杯，合适的玻璃棒(玻璃棒的长度应高出烧杯 4~6cm)和表面皿(表面皿的大小应稍大于烧杯口)。烧杯内壁和底不应有划痕。

(2) 称取样品后，用表面皿盖好烧杯。

(3) 溶样时应注意：

① 溶样时若无气体产生，可取下表面皿，将溶剂沿杯壁或沿着下端紧靠杯壁的玻璃棒加入烧杯。搅拌，直至样品完全溶解。然后盖上表面皿。

② 溶样时若有其他气体产生(如碳酸钠加盐酸)，应先加少量水湿润样品，盖好表面皿，由烧杯嘴与表面皿的间隙处滴加溶剂。样品溶解后，用烧瓶吹洗表面皿的凸面，留下来的水应沿杯壁流入烧杯，并吹洗烧杯壁。

③ 溶解样品时，若需要加热，应盖好表面皿。停止加热时，应吹洗表面皿和烧杯壁。

(4) 若样品溶解后必须加热蒸发，可在杯口放上玻璃三角或在杯沿上挂三个玻璃钩，再放表面皿。

2.4.2 沉淀

重量分析对沉淀的要求是尽可能地完全和纯净，为了达到这个要求，应按照沉淀不同类型选择不同的沉淀条件，如沉淀时溶液的体积、温度、加入沉淀剂的浓度、数量、加入速度、搅拌速度、放置时间等，因此必须按照规定的操作手续进行。

应根据沉淀性质采取不同的操作方法。

1) 晶形沉淀

(1) 在热溶液中进行沉淀，必要时将溶液稀释。

(2) 操作时，左手拿滴管滴加沉淀剂溶液。滴管口接近液面，勿使溶液溅出。滴加速度要慢，接近沉淀完全时可以稍快。与此同时，右手持玻璃棒充分搅拌，但需注意不要碰到烧杯的壁或底。

(3) 应检查沉淀是否完全，方法是：静置，待沉淀下沉后，于上层清液液面滴加少量沉淀剂，观察是否出现浑浊。

(4) 沉淀完全后，盖上表面皿，放置过夜或在水浴上加热1h左右，使沉淀陈化。

2) 非晶形沉淀

沉淀时宜用较浓的沉淀剂溶液，加沉淀剂的速度可快些，沉淀完全后要用热蒸馏水稀释，充分搅拌，不必放置陈化。

2.4.3 过滤和洗涤

1) 滤纸

滤纸是最常用的过滤介质，分为定性滤纸和定量滤纸两种，定量分析常用定量滤纸进行过滤。定量滤纸又称为"无灰"滤纸，在制造时已用盐酸和氢氟酸除去其中的杂质。一般在灼烧后，每张滤纸(质量约为 1g)的灰分不超过 0.1mg。各种定量滤纸在滤纸盒上用白带(快速)、蓝带(中速)、红带(慢速)作为分类标志。滤纸外形有圆形和方形两种。常用的圆形滤纸有 ϕ7cm、 ϕ9cm 和 ϕ11cm 等规格；方形滤纸有 60cm×60cm、30cm×30cm 等规格(参见附表十)。

按过滤速度(或分离性能)不同，滤纸可分为快速、中速和慢速三种，可根据沉淀的性质和漏斗的规格大小来选用。例如，结晶型沉淀($BaSO_4$、CaC_2O_4 等)，可选用直径 9~11cm、慢速的定量滤纸；对于胶状沉淀($Fe_2O_3 \cdot xH_2O$ 等)，可选用直径为 11~12.5cm、快速的定量滤纸；而对于粗晶型沉淀($MgNH_4PO_4$)，则可选"中速"滤纸过滤。此外，由于滤纸具有强的吸水性，不能将沉淀经滤纸过滤后直接进行干燥再称重。一般总是沉淀过滤后，将滤纸灰化。

2) 滤器

在使用滤纸时，常需要和适合的滤器配合使用，常用的滤器有普通的玻璃漏斗、布氏漏斗和玻璃坩埚漏斗(图 2-7)。

 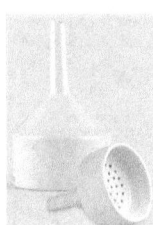  

(a) 普通漏斗　　(b) 布氏漏斗　　(c) 砂芯坩埚　　(d) 砂芯漏斗

图 2-7　常见的几种滤器

坩埚漏斗(图 2-8)无需用滤纸而可将沉淀或需分离的物质直接过滤在烧结玻璃片上，再在一定温度下烘至恒重即可。根据烧结玻璃片的孔径大小不同分为不同的规格，一般为牌号数字越大，孔径越小，可视沉淀或分离对象的实际情况而选定。

(a) 坩埚式玻璃滤器　(b) 漏斗式玻璃滤器　(c) 玻璃坩埚及其配套抽滤

图 2-8　玻璃坩埚漏斗及其配套抽滤装置

砂芯漏斗的砂芯滤板是由烧结玻璃料制成的，可以过滤酸液和用酸类处理，又称耐酸漏斗。根据其孔径大小，分成 G1 到 G6 六种规格(参见附表十)。

3) 滤纸的折叠与安放

(1) 滤纸的折叠。一般将滤纸对折，然后再对折(暂不要折固定)成四分之一圆，放入清洁干燥的漏斗中，如滤纸边缘与漏斗不十分密合，可稍稍改变折叠角度，直至与漏斗密合。再轻按使滤纸第二次的折边折固定，取出成圆锥体的滤纸，把三层厚的外层撕下一角，以便使滤纸紧贴漏斗壁。撕下的纸角保留备用(图 2-9)。

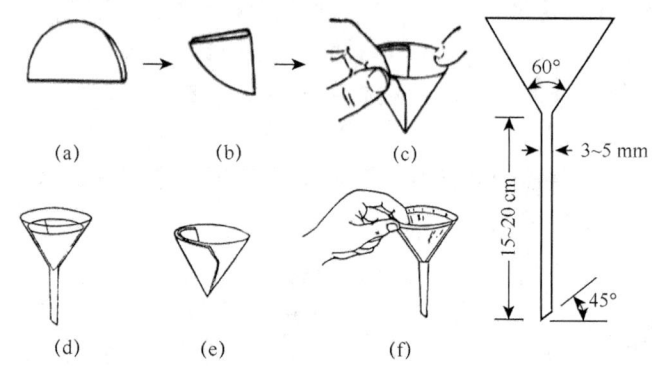

图 2-9 滤纸的折叠和安放

若用布氏漏斗，则要选择与漏斗直径相适合的滤纸，而不需折叠。

(2) 滤纸的安放。把折好的滤纸放入漏斗，三层的一边应对应漏斗出口短的一边。用食指按紧，用洗瓶吹入水流将滤纸湿润，轻按压滤纸边缘使锥体上部与漏斗密合，但下部留有缝隙，加水至滤纸边缘，此时空隙应全部被水充满，形成水柱，放在漏斗架上备用。

为加快过滤速度，也可采用下面的方法折叠滤纸，其配套漏斗如图 2-10 所示。如图 2-10 从(a)折到(c)，将已折成半圆形的滤纸分成八等份，再如(d)将每份的中线处来回对折(注意折痕不要集中在顶端的一个点上，以免将滤纸折破)。

4) 过滤

一般采用"倾注法"过滤(图 2-11)，即先把沉淀上层的清液(注意不要搅动沉淀)沿玻璃棒倾入漏斗，令沉淀尽量留在烧杯内。注意：玻璃棒应垂直立于滤纸三层部分的上方，尽量接近而不接触滤纸，倾入的溶液面应不超过滤纸边缘下 5～6mm 处，漏斗颈下端不应接触溶液。当暂停倾注时，应将烧杯沿玻璃棒慢慢上提同时缓缓扶正烧杯，待玻璃棒上的溶液流完后，把玻璃棒放回烧杯中但不可靠在烧杯嘴处。清液倾注完毕后，加适量洗涤液于烧杯中，待沉淀下沉后再倾注，洗涤液应少量多次加入，每次待滤纸内洗液流尽，再倾入下一次的洗涤液。

过滤时应观察滤液是否澄清，若发现浑浊，应将已过滤的部分重新过滤。因此，用于承接滤液的器皿必须是干净的。

第 2 章　水质分析实验操作规范

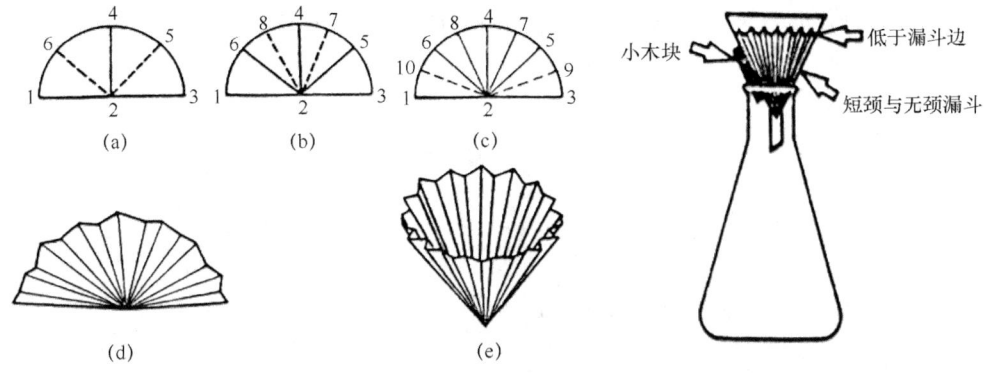

图 2-10　快速过滤滤纸折叠与配套漏斗

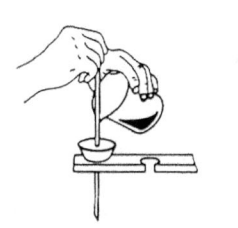
(a) 倾注法过滤

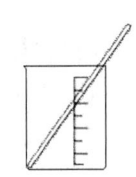
(b) 冲洗转移沉淀的方法　　(c) 玻璃棒的放置

图 2-11　倾注法过滤的操作方法

5) 沉淀的转移

经多次倾注洗涤后，再加入少量洗涤液于烧杯中，搅起沉淀，按图 2-11(a) 的操作，使沉淀连洗涤液沿玻璃棒转移入漏斗的滤纸上。沾在烧杯壁的沉淀可按图 2-11(b) 操作，用洗瓶吹洗并移入漏斗中。最后，用在准备滤纸所撕下的滤纸角擦净杯嘴、玻璃棒，纸角一并置入漏斗。

6) 沉淀的洗涤

沉淀全部转移后，继续用洗涤液洗涤沉淀，并使用适当检验方法检验沉淀是否洗涤干净(图 2-12)。

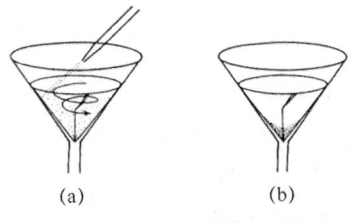

图 2-12　沉淀的洗涤

7) 沉淀的包裹

沉淀的包裹如图 2-13 和图 2-14 所示。

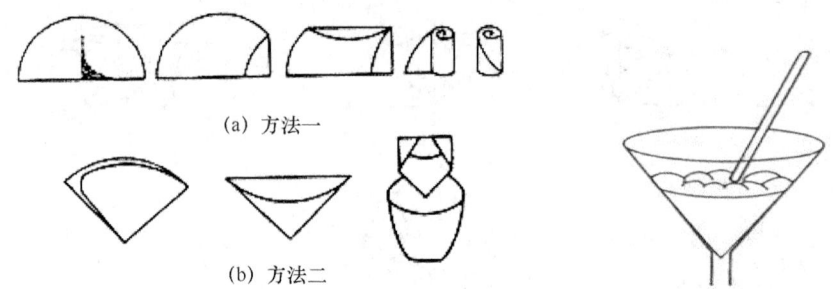

图 2-13 包裹晶形沉淀的两种方法　　图 2-14 胶体沉淀滤纸的包裹方法

2.4.4 沉淀的烘干与灼烧

1) 坩埚的准备

选择适当的坩埚，洗净、晾干并在灼烧沉淀的温度条件下经灼烧至恒重(即反复灼烧至前后两次称量结果之差小于 0.2mg)。一般第一次灼烧 30min(新坩埚需灼烧 1h)。第二次灼烧 15～20min。

2) 将沉淀包转移入坩埚

当沉淀洗净、洗涤液已流干后，用玻璃棒将滤纸从三重厚的边缘开始将滤纸向内折卷，使滤纸圆锥体的敞口封上，成沉淀包，轻轻转动一下，把沉淀包取出，再将它倒置过来使尖端向下并放入坨埚中(图 2-13)，这时，大部分的沉淀与坩埚底部接触，以便沉淀的干燥和灼烧。

3) 沉淀的烘干和灼烧

将上述坩埚斜放在泥三角上，坩埚盖半掩地倚在坩埚口(图 2-15)，利用火焰将滤纸干燥、炭化。在这个过程中要适当调节火焰温度，当滤纸未干时，温度不宜过高以免坩埚破裂，在中间阶段将火焰放在坩埚盖之中心下方以便热空气反射入坩埚内部以加速滤纸干燥，随后将火焰移至坩埚底部提高火焰温度使滤纸焦化，最后适当转动坩埚位置，继续加热使滤纸灰化，灰化完全时沉淀应不带黑色。

图 2-15 沉淀的烘干及灼烧

沉淀灼烧完全后，放至室温，转入干燥器，平衡约30min后称重，直至恒重。灼烧沉淀的过程可以在高温电热马弗炉中完成。此时，一般先将沉淀包的滤纸炭化(加热至黑烟冒尽)，再置入高温电热马弗炉中灰化。

微孔玻璃坩埚(或砂芯漏斗)只需烘干即可称量，一般将微孔玻璃坩埚(或砂芯漏斗)连同沉淀放在表面皿上，放入烘箱烘至恒重，一般第一次需要2h左右，第二次约45min到1h，直至恒重。

2.5 滴定分析法基本操作

在滴定分析中常常要使用多种玻璃量器，其中用于准确量度体积的有移液管、滴定管、容量瓶，通常称的滴定分析实验的量具就是指这三种玻璃仪器。对体积量度的精密度要求不高时，则可使用量筒和量杯等器皿。

在水质分析实验中，要求准确量度体积时一般使用移液管、滴定管和容量瓶。这些仪器在制造时都要先进行校正再标上刻度，但校正时所标的刻度有两种不同的涵义，一种是指"排出"(to deliver，简写为TD)，另一种指"盛装"(to contain，简写为 TC)。盛装体积和排出体积是不一样的。校正时还要表明校正时的温度。通常，容量瓶是指 TC 体积，滴定管和移液管是指 TD 体积。还有，从移液管放出溶液至完毕时，末端留下一滴溶液，通常不要吹下。但也有一些仪器厂在校正时说明要吹的，则应该按要求规范操作。

以上三种量具在使用前都必须合理选择，嘴、口有破损的不能使用。

2.5.1 移液管

(1) 单标移液管用以准确移取固定体积的溶液[见图 2-1(k)和(l)]，有各种不同的规格，如 50mL、25 mL、20 mL、15 mL、10 mL、5 mL、2 mL、1 mL等，可根据实验的要求进行选用。这种移液管一般使用的较多，习惯称为单标移液管。

(2) 移液管的使用操作。

① 洗涤。使用前必须用洗涤剂溶液或铬酸洗液洗涤。用洗耳球吸入洗涤剂至移液管膨体部分的一半，将之放平再旋转几周使内部玻壁均与之接触，随后放出洗涤剂(若用铬酸洗液，则应放回原装洗液瓶内)，先用自来水冲洗数次后再用蒸馏水洗(三遍)干净。

② 移取溶液。移取溶液前，先移取少量该溶液润洗移液管，润洗与洗涤方法相同。然后插入溶液 2/3 深度中，用洗耳球吸取溶液至刻度以上[见图 2-16(a)]，立即用食指按紧移液管口然后取出，轻微减轻食指压力并转动移液管使溶液慢慢

流出，同时观察液面，当液面达到与刻度相切时，立即按紧食指，用滤纸片将沾在移液管下端的溶液擦去(注意滤纸片不可贴在移液管嘴，以免吸取溶液)后，将其垂直插入接收器，使移液管下端与接收器内壁接触并将接收器稍倾斜[见图 2-16(b)]。全放开食指让溶液自由流下，待溶液完全流出后，稍候 15s 再取出移液管。

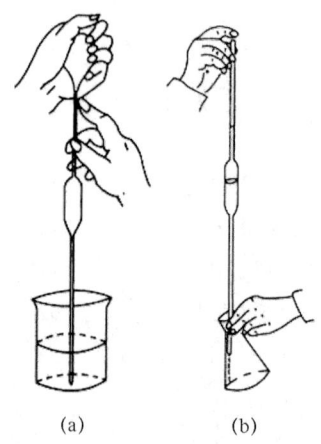

图 2-16 移液管的操作方法

③ 移液管使用完毕后用自来水和蒸馏水洗净，放回仪器架上。

(3) 吸量管。带有刻度的移液管称为吸量管[见图 2-1(l)]，一般用于 10mL 以下体积溶液的移取。可以根据需要移取吸量管刻度上的任何体积。吸量管规格常用的有 0.1~10mL。吸量管的基本操作与移液管相同。

2.5.2 滴定管

滴定管[见图 2-1(i)和(j)]是一根具有均匀刻度的玻璃管，在滴定分析法中用以盛装操作液。在制造时按等分距离刻制刻度，由于玻璃管直径不可能绝对均匀，同一数值的刻度也会有误差，所以使用前要进行校正。

1) 分类

滴定管按盛装溶液性质不同，有用以盛装酸液而具有玻璃活塞的酸式滴定管，还有用以盛装碱液而具有胶管玻璃珠活塞的碱式滴定管。酸式滴定管下端有活塞以便控制滴定速度，且其只能用来盛装酸性溶液或氧化性溶液，不能盛碱性溶液，其原因是碱与玻璃作用会使磨口旋塞粘连而不能转动。碱式滴定管下端连有一段橡皮管，管内有玻璃珠，用以控制液体的流出。橡皮管下端连一尖嘴玻璃管。碱式滴定管不能用来盛与胶管起作用的溶液，如 $AgNO_3$、$KMnO_4$、I_2 溶液。近来，已有采用聚四氟乙烯材质制作的滴定管活塞，可用于盛装酸液或碱液的滴定管。

2) 规格

滴定管有各种不同的规格，如 5mL、10 mL、25 mL、50 mL、100 mL 等，可根据不同的要求进行选用。

3) 滴定管的使用操作

(1) 用前处理。

酸式滴定管：当滴定管装满溶液后，不应滴液或渗液，若发现滴液或渗液情况，一般是由活塞不配套或活塞涂油不正确引起的。若是活塞不配套，属产品质量问题，无法处理，换用一支合格的即可。若滴定管产品合格，则滴液或渗液一般是由活塞涂油不当引起的。正确的涂油方法如下。

① 清理。将酸式滴定管平放在实验台上，取下活塞小头上的小胶圈，轻轻拔出玻璃活塞，用滤纸将沾在活塞和活塞窝的油和水彻底擦干净。

② 涂油。在旋塞的两头上均匀涂上薄薄的一层凡士林(如图 2-17 所示。注意：旋塞孔的同一圆周的一圈不能涂油，否则当旋塞转动时，凡士林油将会把孔堵塞)，然后将其插入旋塞窝内(同时，在玻璃活塞的小头套上一小橡皮圈固定，以免活塞脱落)。然后，沿同一方向旋转数次，此时，旋塞部位应呈现透明，说明涂油均匀，若有条纹样出现，则说明涂油不均匀，应重启处理。涂油合格的滴定管旋塞，在操作时感觉润滑，且装满溶液时不漏液或渗液。

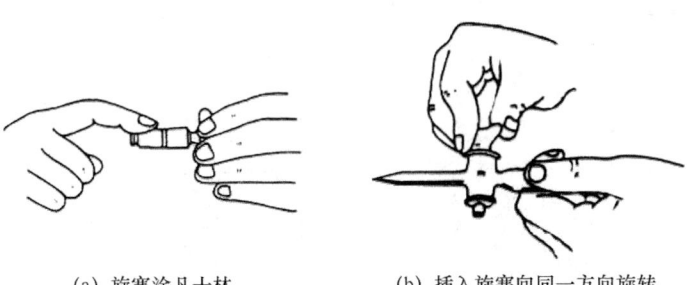

(a) 旋塞涂凡士林　　　　(b) 插入旋塞向同一方向旋转

图 2-17　酸式滴定管旋塞涂油

③ 检漏。将涂好油的酸式滴定管装满水，夹在滴定管架上，10min 后观察是否渗液；将旋塞转动 180°，10min 后再观察，若渗液或漏液就必须重新涂油，直至不渗液、漏液为止。

④ 洗涤。将酸式滴定管的活塞关紧，注入 15～20mL 的洗涤液，慢慢将滴定管放平，并转动滴定管，使洗涤液与滴定管的内壁充分接触。将洗涤液从滴定管口倒出，也可从滴定管嘴放出。先用自来水再用蒸馏水洗涤滴定管后，将其倒挂在滴定管架上。

碱式滴定管：同理，碱式滴定管装满溶液后也应不滴液或渗液，若发现滴液或渗液情况，可能是因为胶管老化无弹性，换一条胶管即可；或可能是玻璃珠的大小与胶管不配套，可换一颗合适的玻璃珠。

若碱式滴定管的内壁挂水珠，且用一般的洗涤剂仍不能清洗干净时，可按下面方法进行处理：将碱式滴定管胶管以下的部分小心取下，用一小胶头套上，加入铬酸洗液 20~30mL，一边转动一边将滴定管放平，使管内表面与铬酸洗液完全接触。边转动边从滴定管口放出洗液，用自来水冲洗数次，再用蒸馏水洗涤 2~3 次，将其倒挂在滴定管架上。

(2) 装入操作液及读数方法。倾入少量(15~20mL)操作液，倾满至刻度"0"以上。对于酸式滴定管，可以迅速打开活塞以排去滴定管下部的空气泡；对于碱式滴定管排出气泡的操作方法则可将橡皮管弯曲向上，然后挤压玻璃珠，气泡即可被溶液排除，如图 2-18 所示。最后调节体积读数至"0"或"0"以下(0.5mL 内)的位置，稍停片刻再读取并记录滴定前滴定管读数。

滴定管读数时，手持滴定管上端使其自由地垂直读取刻度，读数时还应该注意眼睛的位置与液面处在同一水平面上，否则将会引起误差。

读取滴定管内溶液的体积数据时，视线应与溶液弯月面最低线平行(相切)，如图 2-19、图 2-20 和图 2-21 所示。但遇滴定液颜色太深，不能观察下缘时，可以读液面两侧最高点，"初读"与"终读"应用同一标准。

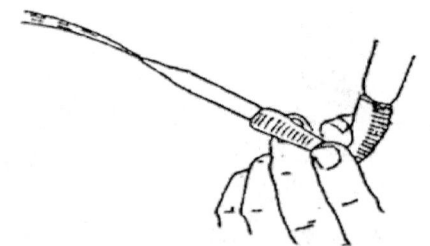

图 2-18　碱式滴定管排气泡

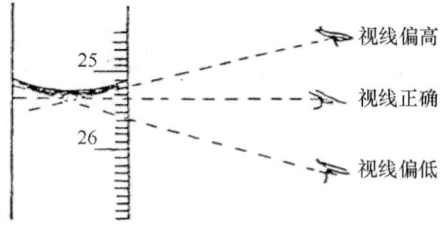

图 2-19　普通滴定管读数方法

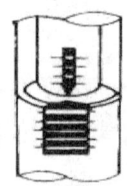

图 2-20　蓝线滴定管读数方法

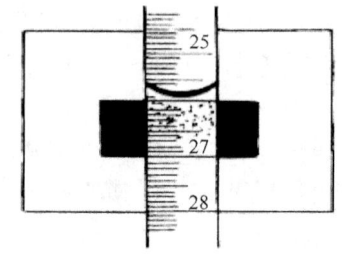

图 2-21　读卡片读数法

读卡片读数法：在滴定管后面衬一"读数卡"(涂有一黑长方形的约 4cm×1.5cm 白纸)或用一张黑纸绕滴定管一圈，拉紧，置液面下刻度 1 分格(0.1mL)处使纸的上缘前后在同一水平上；此时，由于反射完全消失，弯月面的液面呈黑色，明显地露出来，读此黑色弯月面下缘最低点。滴定液颜色深而需读两侧最高点时，就可用白纸为"读数卡"。

蓝线滴定管读数方法：若所用白背蓝线滴定管，其弯月面能使色条变形而成两个相遇一点的尖点，可直接读取尖头所在处的刻度。

(3) 滴定。滴定的操作手势如图 2-22 所示。在教师指导下练习，直至能熟练操作，做到：两手配合得当，操作自如，熟练连续滴加、只加一滴和只加半滴(即使溶液悬而未落)的操作。在这个过程中要注意下面几点。

① 摇动锥形瓶时要向同一方向旋转，使溶液既均匀又不会溅出。

② 滴定管不能离开瓶口过高，也不能接触瓶口。即在未开始滴定时，锥形瓶可以方便地移开；滴定操作时，滴定管嘴伸入锥形瓶但不超过瓶颈。

③ 滴定过程中，左手不能离开活塞任操作液自流。

④ 只加半滴的操作：小心放出(酸式滴定管)或挤出(碱式滴定管)操作液半滴，提起锥形瓶，令其内壁轻轻与滴定管嘴接触，使挂在滴定管嘴的半滴操作液沾在锥形瓶内壁，再用洗瓶将其洗下。

⑤ 注意观察滴落点附近溶液颜色的变化。滴定开始时，速度可以稍快，但应是"滴加"而不是流成"水线"，临近终点时滴一滴，摇几下，观察颜色变化情况，再继续加一滴或半滴，直至溶液的颜色刚从一种颜色突变为另一种颜色，并在 1~2min 内不变，即为终点。

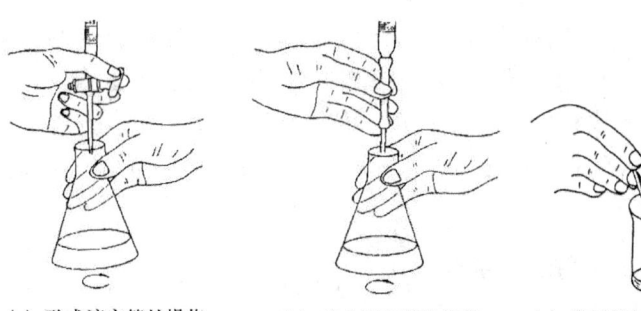

(a) 酸式滴定管的操作　　(b) 碱式滴定管的操作　　(c) 使用烧杯滴定时的操作

图 2-22　滴定的操作

2.5.3　容量瓶

1) 用途与规格

容量瓶可用以配制标准溶液或基准溶液，也可用于溶液的稀释。有各种规格体积的容量瓶(5mL，10mL，25mL，50mL，100mL，500mL…2000mL)。一般瓶颈刻度是指 TC 体积，有些仪器有两个刻度，上刻度则是指 TD 体积。

2) 容量瓶的使用操作

容量瓶使用之前，应检查塞子与瓶是否配套。将容量瓶盛水后塞好，左手按紧瓶塞，右手托起瓶底使瓶倒立，如不漏水方可使用。瓶塞应用细绳系于瓶颈，不可随便放置以免沾污或错乱，启塞后，应按图 2-23 进行操作。

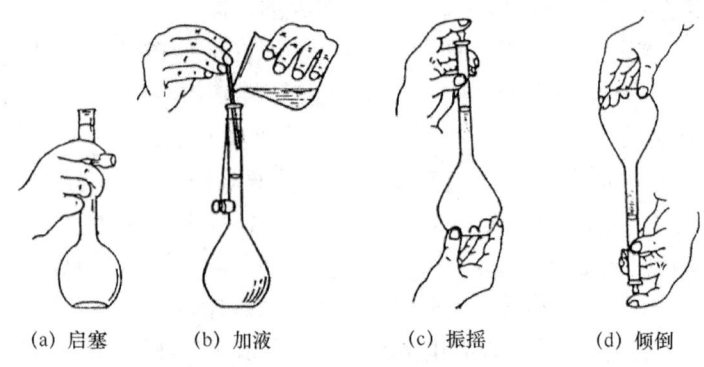

图 2-23　容量瓶的操作

配制溶液时，先将准确称取的物质在小烧杯中溶解，再按图 2-23 进行操作。将溶液沿玻璃棒注入容量瓶，溶液转移后，应将烧杯沿玻璃棒微微上提，同时使烧杯直立，避免沾在杯口的液滴流到杯外，再把玻璃棒放回烧杯。接着，用洗瓶吹洗烧杯内壁和玻璃棒，洗水全部转移入容量瓶，反复此操作四五次以保证转移完全。以上过程，称为"定量转移"操作。

定量转移后，加入稀释剂(如水)，当加水至约大半瓶时，先将瓶摇动(不能倒置)使溶液初步均匀，接着继续加至距刻度线约 0.5cm 处，用小滴管逐滴加入蒸馏水至液面与标线相切，盖好瓶塞，用食指压住塞子，其余四指握住颈部，另一手(五只手指)将容量瓶托住并反复倒置，摇荡，使溶液完全均匀，此操作为"定容"。

2.5.4　滴定分析仪器使用注意事项

(1) 须洗涤干净，不干净的仪器会在玻璃壁上带有水珠使量度体积不准；对于滴定分析量具，滴定管、移液管和容量瓶要求洗净至不挂水珠为准。

(2) 容量仪器不能加热或急冷，不能烘干。

(3) 观察液面要按弯月形底部最低点为准。

观察液面刻度时，视线要与刻度在同一水平上，否则会引入误差。

2.6 滴定分析量具的校正

滴定分析的可靠性依赖于体积的量度，而体积量度的可靠性则取决于刻度是否准确。一般合格的容量仪器可以满足分析工作上的要求，但也有些仪器未能达到要求，对于要求较高的研究工作应对容量仪器进行校正。校正时，或者是对原来刻度的实际体积求出具体的校正值，或者是重新找到真实体积重新刻度。有些情况如移液管与容量瓶，它们一般都是相互依存使用，所以不需求其绝对值而只要求知道它们之间的相对关系进行相对校正。

量器的校正通常是以其称量该量器所容纳或放出的纯水的质量来进行计算的。根据质量换算成容积时要考虑三个因素。

(1) 水的体积随温度的变化。
(2) 温度对玻璃量器胀缩的影响。
(3) 在空气中称量，空气浮力对砝码和该容器的影响。

把上述三个因素综合起来，对于一般软质玻璃的量器及使用黄铜砝码时，求出一个综合总校正数值。由称取的质量乘上校正值，便可得出实际的体积。表2-1列出不同温度下用水对玻璃量器的校正数据。

表2-1 不同温度下 1L 水的质量

温度/℃	真空中1000mL 水的质量/g	水的密度改变校正值(A)/g	水在空气中称量的校正值(B)/g	玻璃容器体积改变校正值(C)/g	总校正值($A+B+C$)/g	1000g 减去总校正值[1000−($A+B+C$)]/g
3.98	1000	0	0	0	0	1000
9	999.84	0.19	1.10	0.28	1.57	998.43
10	999.73	0.27	1.04	0.28	1.61	998.39
11	999.63	0.37	1.09	0.23	1.69	998.31
12	999.52	0.48	1.09	0.20	1.77	998.23
13	999.40	0.60	1.08	0.18	1.86	998.14
14	999.24	0.73	1.08	0.17	1.98	998.02
15	999.13	0.87	1.07	0.13	2.07	997.93
16	998.97	1.03	1.07	0.10	2.20	997.80
17	998.80	1.20	1.07	0.08	2.35	997.65
18	998.62	1.38	1.06	0.05	2.49	997.51
19	998.43	1.57	1.06	0.03	2.66	997.34
20	998.23	1.77	1.05	0.00	2.82	997.18
21	998.02	1.98	1.05	−0.03	3.00	997.00
22	997.80	2.20	1.05	−0.05	3.20	996.80

续表

温度/℃	真空中1000mL水的质量/g	水的密度改变校正值(A)/g	水在空气中称量的校正值(B)/g	玻璃容器体积改变校正值(C)/g	总校正值($A+B+C$)/g	1000g减去总校正值[1000−($A+B+C$)]/g
23	997.56	2.44	1.04	−0.08	3.40	996.60
24	997.32	2.68	1.04	−0.10	3.62	996.38
25	997.07	2.93	1.03	−0.13	3.93	996.17
26	996.81	3.19	1.03	−0.15	4.07	995.93
27	996.54	3.46	1.03	−0.18	4.31	995.69
28	996.26	3.74	1.02	−0.20	4.56	995.44
29	995.97	4.03	1.02	−0.23	4.82	995.18
30	995.67	4.33	1.01	−0.25	5.09	994.91
31	995.37	4.63	1.01	−0.28	5.36	994.63
32	995.05	4.95	1.01	−0.30	5.66	994.34
33	994.73	5.27	1.00	−0.33	5.94	994.06

注：在空气中用黄铜砝码称取水的质量

容量仪器校正操作注意事项：

(1) 被校正的滴定管和移液管不必干燥，但容量瓶则必须晾干。

(2) 用于校正时所需的水，其温度必须与校正时的环境温度一致，不发生变化。

(3) 校正时用于称重的容器可用称量瓶或具塞小锥形瓶，称重的精密度只要求准确至近毫克位便可。

2.6.1 滴定管的校正

滴定管的校正见表2-2。

表2-2　滴定管校正实例

滴定管读数	容积/mL	(瓶+水)/g	水的质量/g	实际容积/mL	校正值/mL	总校正值/mL
0.03(初读数)		29.20g(空瓶)				
10.13	10.10	39.28	10.08	10.12	0.02	0.02
20.10	9.97	49.19	9.91	9.95	−0.02	0.00
30.17	10.07	59.27	10.08	10.12	0.03	0.05
40.20	10.03	69.24	9.97	10.01	−0.02	0.03
49.99	9.79	79.07	9.83	9.86	0.07	0.10

注：水温25℃，1mL H_2O 质量为0.9962g

2.6.2 移液管的校正

用移液管吸取蒸馏水至标线以上，缓缓调节弯液面最低点至标线，按移液管的正确使用方法将水放入已称重的具塞锥形瓶中,称重。两次称重的质量之差即为移出水的质量。此质量乘以从表 2-1 查出的校正值即得移液管的真实体积,重复校准以得到精密结果。

2.6.3 容量瓶的校正

将洗净的容量瓶晾干,称空瓶的质量,装入蒸馏水至刻度标线以上,瓶颈内壁不得挂水珠,再称得空瓶加水的质量,两次质量之差即为瓶中水的质量,乘以从表 2-1 查出的校正值即得该容量瓶的真实容积。

2.6.4 移液管与容量瓶的相对校正

在一般分析工作中,容量瓶常与移液管配合使用,以分取比例部分的溶液。这时,重要的不是要知道移液管和容量瓶的绝对体积,而是要知道它们之间的体积比(如十分之一)是否正确。观察水面是否与标线符合,如果不符合,可以另作一标记,使用时以此标记为标线。经校正后,用这只移液管移取一管溶液就是该容量瓶中溶液体积的十分之一。

2.7 标准溶液的配制和标定

2.7.1 标准溶液的配制

标准溶液的配制通常采用以下两种方法:

(1) 直接法。用分析天平准确称取一定量的基准试剂,溶于适量的水中,定量转移到容量瓶中,用水定容,根据称取试剂的质量和容量瓶的体积,计算它的准确浓度,所得溶液即为标准溶液。用于直接法配制标准溶液的试剂称为基准试剂(基准物质),其应具备下列条件:

① 试剂的组成与其化学式完全相符。
② 试剂的纯度足够高(通常要求在 99.9%以上)。
③ 试剂在通常条件下很稳定。

(2) 间接法。由于只有少数试剂符合基准试剂的要求,因此大多数试剂不适合直接配制标准溶液,而要通过间接的方法,即标定法。首先按大致所需浓度配制溶液,然后利用其与基准试剂(或已知准确浓度的另一溶液)的反应来确定它的准确浓度。

配制标准溶液时需要注意以下几点:
① 要选择符合实验要求的纯水。
② 基准物质使用前要按规定方法进行处理。

③ 实验精度要求不是很高时，可以用优级纯或者分析纯试剂代替相应的基准试剂。

④ 当一溶液可用多种标准物质与指示剂进行标定时，原则上应使标定条件与样品测定条件相似，以避免系统误差。

⑤ 标准溶液应密封保存，有些还需避光。

⑥ 储存备用的标准溶液，由于蒸发会有水珠凝于瓶壁，使用前应将溶液摇匀。

⑦ 标准溶液的浓度并非永远是一个定值，应按具体情况进行再标定。

2.7.2 标准溶液浓度的标定

用间接法配制好的溶液在作为标准溶液使用前，必须对其浓度进行确定，也称标定。标定的方法有两种：基准试剂标定法和已知准确浓度溶液标定法。

1) 基准试剂标定法

称取一定量的基准物置于锥形瓶中，用适量水溶解后，在一定的条件(如介质组分、酸度、温度、指示剂和滴定方式等)下，用待标定的溶液滴定至终点。根据基准物的质量和消耗待标溶液的体积，计算待标溶液的准确浓度，所得浓度称为一级基准浓度。基准物的选取及所称取质量的多少，由待标溶液溶质性质和浓度来确定。

2) 已知准确浓度溶液标定法

用间接法配制的溶液，其浓度也可以用已知准确浓度的另一试剂溶液来标定。例如，HCl 溶液既可以用基准物质，如无水碳酸钠或硼砂($Na_2B_4O_7 \cdot 10H_2O$)来标定，也可以采用已知准确浓度的 NaOH 溶液来标定，而采用这种方法得到的溶液浓度称为二级基准浓度。

第3章 水质分析基础操作

实验1 电子天平的操作及称量练习

一、实验目的

(1) 了解电子天平的构造及主要部件；
(2) 掌握电子天平的基本操作；
(3) 掌握实物称量的技术；
(4) 掌握准确、简明、规范地记录实验原始数据的方法。

二、实验仪器和试剂

(1) Sartorius BS124S 电子天平；
(2) 称量瓶(内装试剂)；
(3) 称量纸；
(4) 试剂勺；
(5) 无水碳酸钠。

三、实验步骤

1. 直接法

按"电子天平操作"整理好天平，调零后，取一张称量纸，叠成铲子，轻轻放在天平的托盘上，当显示数字稳定后，即可读数，并记录为 m(称量纸)，纸铲子留用。

2. 加重称量法

将上述小纸铲轻轻放在天平的托盘上，显示数字稳定后按一下"除皮"(Tare)键，显示即恢复为零，用加重法称取 0.2235g 试样，并记录为 m(试样)。

3. 减量称量法

天平调零后，将称量瓶(内盛样品粉末)从干燥器中取出，放在天平托盘中央，显示数字稳定后读数，记录为 m(称量瓶+试样)。

用减量称量法称取 0.2~0.3g 样品至小烧杯中,将称量瓶再次进行称量,记录为 $m(称量瓶+试样)_{倾出后}$。$m(称量瓶+试样)-m(称量瓶+试样)_{倾出后}$ 即为所称样品质量。

四、数据记录

参照下表的格式记录实验数据并计算实验结果。

(1) 直接称量法

称量编号	I	II	III
$m(称量纸)/g$			

(2) 指定准确质量称量法(加重称量法)(称取 0.2235g 样品)

称量编号	I	II	III
$m(称量纸)/g$			
$m(试样)/g$			

(3) 指定一定质量范围称量法(减重称量法)(称取 0.2~0.3g 样品)

称量次数	称量项目	质量
I	$m(称量瓶+试样)/g$	$m_1=$
	$m(称量瓶+试样)_{倾出后}/g$	$m_2=$
	$m(称出试样)/g$	$m_{s1}=m_1-m_2$
II	$m(称量瓶+试样)/g$	$m_2=$
	$m(称量瓶+试样)_{倾出后}/g$	$m_3=$
	$m(称出试样)/g$	$m_{s2}=m_2-m_3$
III	$m(称量瓶+试样)/g$	$m_3=$
	$m(称量瓶+试样)_{倾出后}/g$	$m_4=$
	$m(称出试样)/g$	$m_{s3}=m_3-m_4$

五、注意事项

(1) 电子天平属精密仪器,使用时注意细心操作。

(2) 所称样品不准直接放置在秤盘上,以免沾污和腐蚀仪器。

(3) 不管称取什么样的试样,都必须细心将试样置入接收器皿中,不得撒在天平箱板上或秤盘上,若发生了上述错误,当事人必须按要求处理好,并报告实验指导老师。

(4) 天平称量练习为实验课的首次实验,学生必须做好预习报告,并提前一天交给实验指导老师。

(5) 实验数据只能记在实验本上，不能随意记在纸片上。实验完成后，数据需由实验指导老师检查签字。

(6) 学生必须主动接受规范化的严格训练，掌握分析测试的基本操作技术，并进一步掌握有关的理论知识。

六、思考题

(1) 使用电子天平应该注意些什么？

(2) 减重法称量是怎么进行的？加重法称量是怎样进行的？它们各有什么优缺点？宜在何种情况下采用？

(3) 在减重法称量过程中能否用小勺取样，为什么？

实验 2 滴定分析量器的使用及滴定操作练习

一、实验目的

(1) 掌握酸(碱)滴定管、移液管、容量瓶的规范操作方法；

(2) 掌握滴定的规范操作；

(3) 学习和掌握以酚酞、甲基橙为指示剂的滴定终点判断。

二、仪器和试剂

(1) 0.1mol/L 氢氧化钠(NaOH)溶液。用小烧杯在台秤上称取 120g 固体 NaOH，加 100mL 水，振摇使之溶解成饱和溶液，冷却后注入聚乙烯塑料瓶中，密闭，放置数日，澄清后备用。准确吸取上述溶液的上层清液 5.6mL 到 1000mL 无二氧化碳的蒸馏水中，摇匀。该溶液浓度约为 0.1mol/L。

(2) 0.1mol/L 盐酸(HCl)溶液。用小量筒取浓盐酸 3.6mL，加水稀释至 400mL 混匀即得。

(3) 0.05000mol/L 碳酸钠(Na_2CO_3)标准溶液。准确称取 5.2900g 已在 270~300℃烘干至恒量的无水碳酸钠基准试剂，置于 300mL 的烧杯中，加适量蒸馏水溶解，移于 1000mL 容量瓶中，稀释至刻度摇匀。

(4) 酚酞指示剂(5g/L)。取 0.5 g 酚酞溶解于 100 mL 95%乙醇中。

(5) 甲基橙指示剂(5g/L)。取 0.5 g 甲基橙溶解于 100 mL 水中。

三、实验步骤

1. 滴定操作练习

(1) 以酚酞为指示剂。移取 25.00mL 0.1mol/L HCl 于锥形瓶中，加 25mL 蒸馏水和 2~3 滴酚酞指示剂，摇匀，用 0.1mol/L NaOH 溶液滴定。开始滴定时由于酸的量大，加入的 NaOH 量其少，此时滴定速度可以稍快些，但要摇动均匀。随着 NaOH 的加入量增多，溶液出现红色但摇动后立即消失，说明离终点甚远。继续滴定，当溶液出现红色且摇动后较难消失(但仍褪色)时，放慢滴定速度，滴下一滴，摇匀，待颜色褪去后再滴下一滴。当滴下一滴，溶液变红要摇几摇才褪色即滴定临近终点。当仅滴下半滴 NaOH 溶液即使试液从无色变为淡红色，并在半分钟内不褪色即为终点。记下耗去 NaOH 溶液的体积。平行测定三次。计算 NaOH 溶液和 HCl 溶液的体积比 V_{NaOH}/V_{HCl}。

(2) 以甲基橙为指示剂。

① 移取 25.00mL 0.1mol/L NaOH 溶液于 250mL 锥形瓶中，加入 25mL 蒸馏水和 1~2 滴甲基橙指示剂，摇匀。用 0.1mol/L HCl 溶液滴定。以下步骤按上述(1)操作进行。溶液颜色从黄色突变为橙色即为终点。平行测定三次。计算 HCl 溶液和 NaOH 溶液的体积比 V_{HCl}/V_{NaOH}。

② 移取 25.00mL 0.05000mol/L Na_2CO_3 溶液于锥形瓶中，加入 20mL 水和 1~2 滴 5g/L 甲基橙指示剂，摇匀。用 0.1mol/L HCl 溶液滴定至溶液刚呈现橙色为终点，记下耗去的 HCl 溶液的体积。平行测定三次。计算 HCl 溶液的浓度。

2. 容量瓶使用练习

(1) 对容量瓶进行用前检查、洗涤等准备工作。

(2) 用自来水练习溶液的转移、半瓶摇匀、定容等用容量瓶配制或稀释溶液的操作。

四、数据处理

(1) NaOH 溶液滴定 HCl 溶液(酚酞指示剂)数据记录见表 3-1。

表 3-1　NaOH 溶液滴定 HCl 溶液(酚酞指示剂)

平行实验	1	2	3
V_{HCl}/mL			
V_{NaOH}/mL			
V_{HCl}/V_{NaOH}			
平均值 V_{HCl}/V_{NaOH}			
平均偏差/%			
相对平均偏差/%			

(2) HCl 溶液滴定 NaOH 溶液(甲基橙指示剂)数据记录见表 3-2。

表 3-2　HCl 溶液滴定 NaOH 溶液(甲基橙指示剂)

平行实验	1	2	3
V_{NaOH}/mL			
V_{HCl}/mL			
V_{NaOH}/V_{HCl}			
平均值 V_{NaOH}/V_{HCl}			
平均偏差/%			
相对平均偏差/%			

(3) HCl 溶液滴定 0.05000 mol/L Na$_2$CO$_3$ 溶液(甲基橙指示剂)数据记录见表 3-3。

表 3-3　HCl 溶液滴定 0.05000 mol/L Na$_2$CO$_3$ 溶液

平行实验	1	2	3
$V_{Na_2CO_3}$/mL			
V_{HCl}/mL			
C_{HCl}/(mol/L)			
平均值 C_{HCl}/(mol/L)			
平均偏差/%			
相对平均偏差/%			

五、思考题

(1) 滴定过程中若酸式滴定管发生漏液、碱式滴定管管嘴有空隙(空气)，试分别分析其发生的原因。

(2) 定量分析所用标准溶液和试剂应直接从试剂瓶取用，不允许用别的器皿转移后再取用，为什么？

(3) 有人说指示剂的用量越多越容易至滴定终点，因此滴定结果更准确，对吗？为什么？

(4) 平行滴定时，第一份滴定完成后，若剩下的滴定溶液还足够做第二份滴定时，是否可以不再添加滴定溶液而继续往下滴第二份？为什么？

(5) 配制酸碱溶液时，所加水的体积是否需要很准确？

(6) 酸式滴定管未洗涤干净挂有水珠，对滴定时所产生的误差有何影响？滴定时用少量水吹洗锥形瓶壁，对结果有无影响？

实验 3　Zn^{2+} 标准溶液的配制

一、实验目的

学习 Zn^{2+} 标准溶液的配制。

二、实验原理

ZnO 基准物质在 900~1000℃下灼烧至恒重后,可用来直接配制 Zn^{2+} 标准溶液(0.01000mol/L)。

三、仪器和试剂

仪器:

(1) 50mL 小烧杯;

(2) 玻璃棒;

(3) 250mL 容量瓶;

(4) 电子天平。

试剂:

(1) ZnO(基准试剂);

(2) HCl 溶液:6mol/L。

四、实验步骤

(1) 准确称取 0.2034g ZnO 于小烧杯中,用 2~3 滴水润湿。

(2) 然后加入 2~3mL 6mol/L HCl 溶液,用玻璃棒搅拌,使 ZnO 全部溶解后定量地转移到 250mL 容量瓶中,用水定容后摇匀。

五、注意事项

(1) ZnO 在 900~1000℃下灼烧后会比较硬,溶解时可用玻璃棒轻轻研磨,以加速溶解。

(2) 溶解 ZnO,所加 HCl 应适量,过多 HCl 会在标定 EDTA 溶液时消耗较多的碱中和,既费财又费时。

实验 4　Ca^{2+} 标准溶液的配制

一、实验目的

学习 Ca^{2+} 标准溶液的配制。

二、实验原理

$CaCO_3$ 基准物质在 110℃电烘箱中干燥 2h 后可以直接用于配制 Ca^{2+} 标准溶液 (0.01000mol/L)。

三、仪器和试剂

仪器：

(1) 150mL 烧杯；

(2) 表面皿；

(3) 250mL 容量瓶；

(4) 电子天平。

试剂：

(1) $CaCO_3$(基准物质)；

(2) HCl 溶液：6mol/L。

四、实验步骤

(1) 准确称取 0.2502g $CaCO_3$ 于 150mL 烧杯中，先用几滴水润湿，然后盖上表面皿，从烧杯嘴滴加 5mL 6mol/L 的 HCl 溶液使 $CaCO_3$ 完全溶解。

(2) 加入 50mL 水，微热几分钟以除去 CO_2，冷却后用少量水冲洗表面皿，定量地转移到 250mL 容量瓶中，用水定容后摇匀。

实验 5　$K_2Cr_2O_7$ 标准溶液的配制

一、实验目的

学习 $K_2Cr_2O_7$ 标准溶液的配制。

二、实验原理

$K_2Cr_2O_7$ 基准物质在 140～150℃干燥 2h 后可用来直接配制 $K_2Cr_2O_7$ 标准溶液 (0.01667mol/L)。

三、仪器和试剂

仪器：

(1) 100mL 烧杯；

(2) 250mL 容量瓶；

(3) 电子天平。

试剂：

$K_2Cr_2O_7$(基准物质)。

四、实验步骤

准确称取 1.2260g $K_2Cr_2O_7$ 于 100mL 烧杯中，加入适量水，完全溶解后，定量转移至 250mL 容量瓶中，用水定容后摇匀。

五、注意事项

若配制 0.003334mol/L $K_2Cr_2O_7$ 标准溶液，应准确称取 0.2452g $K_2Cr_2O_7$，其他操作同上。

实验 6 NaOH 标准溶液的配制和标定

一、实验目的

(1) 掌握 NaOH 标准溶液的配制和标定；
(2) 掌握碱式滴定管的使用，掌握酚酞指示剂的滴定终点的判断。

二、实验原理

NaOH 有很强的吸水性且能吸收空气中的 CO_2，因而，市售 NaOH 中常含有 Na_2CO_3。反应方程式：

$$2NaOH+CO_2=\!=\!=Na_2CO_3+H_2O$$

由于碳酸钠的存在，对指示剂的使用影响较大，应设法除去。除去 Na_2CO_3 最通常的方法是将 NaOH 先配成饱和溶液(约 52%，W/W)，由于 Na_2CO_3 在饱和 NaOH 溶液中几乎不溶解，会慢慢沉淀出来，因此，可用饱和氢氧化钠溶液配制不含 Na_2CO_3 的 NaOH 溶液。待 Na_2CO_3 沉淀后，可吸取一定量的上清液，稀释至所需浓度即可。此外，用来配制 NaOH 溶液的蒸馏水，也应加热煮沸放冷，除去其中的 CO_2。

标定碱溶液的基准物质很多，常用的有草酸($H_2C_2O_4 \cdot 2H_2O$)、苯甲酸(C_6H_5COOH)和邻苯二甲酸氢钾($C_6H_4COOHCOOK$)等。最常用的是邻苯二甲酸氢钾，滴定反应如下：

$$C_6H_4COOHCOOK+NaOH=\!=\!=C_6H_4COONaCOOK+H_2O$$

计量点时由于弱酸盐的水解，溶液呈弱碱性，应采用酚酞作为指示剂。

三、仪器和试剂

仪器：

(1) 50mL 碱式滴定管；
(2) 容量瓶；
(3) 锥形瓶；
(4) 分析天平；

(5) 台秤。

试剂:

(1) 邻苯二甲酸氢钾($C_6H_4COOHCOOK$，优级纯);

(2) 氢氧化钠固体(NaOH，分析纯);

(3) 10g/L 酚酞指示剂。1g 酚酞溶于适量乙醇中，再稀释至 100mL。

四、实验步骤

1. 0.1mol/L NaOH 标准溶液的配制

用小烧杯在台秤上称取 120g 固体 NaOH，加 100mL 水，振摇使之溶解成饱和溶液，冷却后注入聚乙烯塑料瓶中，密闭，放置数日，澄清后备用。

准确吸取上述溶液的上层清液 5.6mL 到 1000mL 无二氧化碳的蒸馏水中，摇匀，贴上标签。

2. 0.1mol/L NaOH 标准溶液的标定

将基准邻苯二甲酸氢钾加入干燥的称量瓶内，于 105～110℃烘至恒重，用减量法准确称取邻苯二甲酸氢钾 0.4～0.6g，置于 250 mL 锥形瓶中，加 50mL 无二氧化碳蒸馏水，小心摇动，温热使之溶解，冷却。加酚酞指示剂 2～3 滴，用待标定的 0.1mol/L NaOH 溶液滴定，直到溶液呈粉红色，半分钟不褪色即为终点。记录消耗待标定的 NaOH 溶液的体积。同时做空白实验。

五、结果计算

NaOH 标准溶液浓度计算公式:

$$C_{NaOH}(mol/L) = \frac{m \times 1000}{204.2 \times (V_1 - V_2)}$$

式中: m——邻苯二甲酸氢钾的质量，g;

V_1——氢氧化钠标准滴定溶液用量，mL;

V_2——空白实验中氢氧化钠标准滴定溶液用量，mL;

204.2——邻苯二甲酸氢钾的摩尔质量，g/mol。

实验 7　HCl 标准溶液的配制和标定

一、实验目的

(1) 练习溶液的配制和滴定的准备工作，训练滴定操作，进一步掌握滴定操作。

(2) 学会用基准物质标定盐酸浓度的方法。

(3) 了解强酸弱碱盐滴定过程中 pH 的变化。
(4) 熟悉指示剂的变色观察,掌握终点的控制。

二、实验原理

市售盐酸为无色透明的 HCl 水溶液,HCl 含量为 36%～38%(W/W),相对密度约为 1.18。由于浓盐酸易挥发出 HCl 气体,若直接配制准确度差,因此配制盐酸标准溶液时需用间接配制法。

标定盐酸的基准物质常用碳酸钠和硼砂等,本实验采用无水碳酸钠为基准物质,以甲基红指示剂指示终点。无水碳酸钠作基准物质的优点是容易提纯、价格便宜,缺点是碳酸钠摩尔质量较小,具有吸湿性。因此 Na_2CO_3 固体需先在 270～300℃高温炉中灼烧至恒重,然后置于干燥器中冷却后备用。

计量点时溶液的 pH 为 3.89,用待标定的盐酸溶液滴定至溶液由绿色变为暗红色后煮沸 2min,冷却后继续滴定至溶液再呈暗红色即为终点。根据 Na_2CO_3 的质量和所消耗的 HCl 体积,可以计算出 HCl 的准确浓度。

用 Na_2CO_3 标定时反应为

$$2HCl + Na_2CO_3 = 2NaCl + H_2O + CO_2\uparrow$$

反应本身由于产生 H_2CO_3 会使滴定突跃不明显,致使指示剂颜色变化不够敏锐,因此,接近滴定终点之前,须剧烈摇动以赶走 CO_2。

三、仪器与试剂

仪器:
(1) 分析天平;
(2) 量筒;
(3) 称量瓶;
(4) 50mL 酸式滴定管;
(5) 250mL 锥形瓶。

试剂:
(1) 工作基准试剂:无水 Na_2CO_3,先置于 270～300℃高温炉中灼烧至恒重后,保存于干燥器中。浓 HCl(或 0.1mol/L 盐酸)。
(2) 甲基红指示液(变色点 pH=4.4)。1%水溶液。

四、实验步骤

(1) 0.1mol/L 盐酸溶液的配制。用小量筒取浓盐酸 3.6mL,加水稀释至 400mL 混匀即得。

(2) 盐酸标准滴定溶液的标定。

取在270～300℃干燥至恒重的基准无水碳酸钠0.45～0.61g于100mL烧杯中,加入约40mL水,完全溶解后转移入100mL容量瓶中,定容后摇匀。

用移液管移取25.00mL Na$_2$CO$_3$基准液于250mL锥形瓶中,加1～2滴甲基红指示剂,用待标定的HCl溶液滴定至溶液由黄色变为红色即为终点。

平行滴定三份,计算HCl溶液的浓度。

五、实验结果

(1) 数据记录(表3-4)。

表3-4 数据记录表

	I	II	III
无水碳酸钠质量/g			
HCl 终读数/mL			
HCl 初读数/mL			
V_{HCl}/mL			
空白消耗 HCl 量/mL			
C_{HCl}/(mol/mL)			
$V_{HCl\ 平均}$/(mol/mL)			
相对平均偏差			
极差($X_{max}-X_{min}$)			
极差的相对值(极差值与浓度平均值的比值,%)			

(2) 结果计算。

盐酸标准滴定溶液的浓度 C_{HCl} 数值以摩尔每升(mol/L)表示,按下式计算:

$$C_{HCl}(mol/L) = \frac{25.00 \times 2 \times m_{Na_2CO_3}}{100.0 \times M_{Na_2CO_3} \times V_{HCl} \times 10^{-3}}$$

$$= \frac{m_{Na_2CO_3}}{2 M_{Na_2CO_3} \times V_{HCl} \times 10^{-3}}$$

式中: $m_{Na_2CO_3}$ ——Na$_2$CO$_3$的质量,g;

25.00——Na$_2$CO$_3$基准液的用量,mL;

2——反应系数;

$M_{Na_2CO_3}$——Na$_2$CO$_3$的摩尔质量,g/mol;

V_{HCl}——滴定消耗盐酸的体积,mL。

六、注意事项

(1) 无水碳酸钠经过高温烘烤后,极易吸水,故称量瓶一定要盖严;称量时,动作要快些,以免无水碳酸钠吸水。

(2) 实验中所用锥形瓶不需要烘干,加入蒸馏水的量不需要准确。

(3) Na_2CO_3 在 270~300℃加热干燥,目的是除去其中的水分及少量 $NaHCO_3$。但若温度超过 300℃,则部分 Na_2CO_3 分解为 Na_2O 和 CO_2。加热过程中(可在沙浴中进行),要翻动几次,使受热均匀。

七、思考题

(1) 为什么不能用直接法配制盐酸标准溶液?

(2) 实验中所用锥形瓶是否需要烘干?加入蒸馏水的量是否需要准确?

(3) 为什么 HCl 标准溶液配制后,都要经过标定?

(4) 标定 HCl 溶液的浓度除了用 Na_2CO_3 外,还可以用何种基准物质?

(5) 用 Na_2CO_3 标定 HCl 溶液时能否用酚酞作指示剂?

(6) 盛放 Na_2CO_3 的锥形瓶是否需要预先烘干?加入的水量是否需要准确?

(7) 试分析实验中产生误差的原因。

实验 8　$AgNO_3$ 标准溶液的配制和标定

一、实验目的

学习 $AgNO_3$ 标准溶液的配制和标定。

二、实验原理

$AgNO_3$ 标准滴定溶液可以用经过预处理的基准试剂 $AgNO_3$ 直接配制。但非基准试剂 $AgNO_3$ 中常含有杂质,如金属银、氧化银、游离硝酸、亚硝酸盐等,因此用间接法配制。先配成近似浓度的溶液后,用基准物质 NaCl 标定。

以 NaCl 作为基准物质,溶样后,在中性或弱碱性溶液中,用 $AgNO_3$ 溶液滴定。以 K_2CrO_4 作为指示剂,其反应如下:

$$Ag^+ + Cl^- =\!=\!= AgCl\downarrow(白色)\ (K_{sp}=2.0\times10^{-10})$$

$$2Ag^+ + CrO_4^{2-} =\!=\!= Ag_2CrO_4\downarrow(砖红色)\ (K_{sp}=2.0\times10^{-12})$$

根据分步滴定的原理,$AgNO_3$ 加入后,首先生成 AgCl 沉淀,达到化学计量点时,微过量的 Ag^+ 与 CrO_4^{2-} 反应析出砖红色 Ag_2CrO_4 沉淀,与白色 AgCl 沉淀一起,使溶液呈橙色时即为终点。指示剂 K_2CrO_4 的浓度大小,对测定的准确度有很大的影响,因此通常控制在 0.005mol/L 左右。

三、试剂

(1) AgNO₃(分析纯)。

(2) NaCl(基准物质)。将 NaCl 基准试剂置于坩埚中加热，用玻璃棒不断搅拌，待爆裂声停止后，在 500~600℃干燥 2h。

(3) K_2CrO_4 指示液(50g/L，即 5%)。称取 5g K_2CrO_4 溶于少量水中，滴加 AgNO₃ 溶液至红色不褪，混匀。放置过夜后过滤，将滤液稀释至 100mL。

四、实验步骤

1. 配制 0.1mol/L AgNO₃ 溶液

称取 8.5g AgNO₃ 溶于 500mL 不含 Cl^- 的蒸馏水中，储存于带玻璃塞的棕色试剂瓶中，摇匀，置于暗处，待标定。

2. 标定 AgNO₃ 溶液

准确称取基准试剂 NaCl 0.55~0.60g 于 100mL 烧杯中，适量水溶解后，定量转移到 100mL 容量瓶中，定容后摇匀。

移取 25.00mL NaCl 基准液于 250mL 锥形瓶中，加入 20mL 水和 K_2CrO_4 指示液 1mL，在充分摇动下，用待标定的 AgNO₃ 溶液滴定至溶液呈橙红色即为终点。记录消耗 AgNO₃ 标准滴定溶液的体积。平行测定 3 次。

五、结果计算

AgNO₃ 标准滴定溶液浓度按下式计算：

$$C_{AgNO_3} (\text{mol/L}) = \frac{25.00 \times m_{NaCl}}{100.0 \times M_{NaCl} \times V_{AgNO_3} \times 10^{-3}}$$

式中： C_{AgNO_3} ——AgNO₃ 标准滴定溶液的浓度，mol/mL；

25.00——滴定时移取 NaCl 基准溶液的体积，mL；

100——配制 NaCl 基准溶液的总体积，mL；

m_{NaCl} ——称取基准试剂 NaCl 的质量，g；

M_{NaCl} ——NaCl 的摩尔质量，58.44g/mol；

V_{AgNO_3} ——滴定时消耗 AgNO₃ 标准滴定溶液的体积，mL。

六、注意事项

(1) 滴定必须在中性或弱碱性溶液中进行，最适宜的 pH 范围为 6.5~10.5；如有 NH_4^+ 存在，溶液的 pH 应保持为 6.5~7.2。溶液中存在的平衡如下：

$$2H^+ + 2CrO_4^{2-} \rightleftharpoons 2HCrO_4^- \rightleftharpoons Cr_2O_7^{2-} + H_2O$$

酸度过高，平衡向右移动，CrO_4^{2-} 浓度减低，不产生 Ag_2CrO_4 沉淀；若碱性太强，则会形成 Ag_2O 沉淀。

(2) $AgNO_3$ 试剂及其溶液具有腐蚀性，破坏皮肤组织，注意切勿接触皮肤及衣服。

(3) 配制 $AgNO_3$ 标准溶液的蒸馏水应无 Cl^-，否则配成的 $AgNO_3$ 溶液会出现白色浑浊，不能使用。

(4) 实验完毕后，盛装 $AgNO_3$ 溶液的滴定管应先用蒸馏水洗涤 2~3 次后，再用自来水洗净，以免 AgCl 沉淀残留于滴定管内壁，不易洗涤。

(5) 如实验后发现台面有 $AgNO_3$ 残留污迹，可用硫代硫酸钠溶液处理。

实验 9 NH_4SCN 标准溶液的配制和标定

一、实验目的

学习 NH_4SCN 标准溶液的配制和标定。

二、实验原理

NH_4SCN 标准溶液不能用市售试剂纯的 NH_4SCN 直接配制，而是采用佛尔哈德直接滴定法，即用 $AgNO_3$ 标准溶液标定，属于二级基准溶液。滴定反应如下：

$$Ag^+ + SCN^- \rightleftharpoons AgSCN \downarrow (白色沉淀)$$
$$Fe^{3+} + SCN^- \rightleftharpoons (FeSCN)^{2+} \quad (红色)$$

反应介质为 HNO_3，指示剂为铁铵矾$[NH_4Fe(SO_4)_2]$，当 AgSCN 定量沉淀后，微过量的 SCN^- 与 Fe^{3+} 生成的红色络合物可指示终点到达。

三、仪器和试剂

仪器：

(1) 100 mL 烧杯；

(2) 1L 容量瓶；

(3) 移液管 1mL、5 mL；

(4) 电子天平。

试剂：

(1) $AgNO_3$ 标准溶液：0.1mol/L；

(2) NH_4SCN；

(3) (1+2)HNO_3；

(4) 铁铵矾指示剂：400g/L。将 40g 硫酸铁铵[NH$_4$Fe(SO$_4$)$_2$·12H$_2$O]溶于适量水中，然后用 1mol/L 的 HNO$_3$ 稀释至 100mL。

四、实验步骤

1. 配制 NH$_4$SCN 溶液(0.10mol/L)

称取 NH$_4$SCN 试剂 8g 置于 100mL 小烧杯中，用适量水溶解后转移至试剂瓶中，稀释至 1000mL，摇匀备用。

2. 标定

移取 AgNO$_3$ 标准溶液 25.00mL 置于锥形瓶中，加入 5mL (1+2)HNO$_3$ 和 1mL 铁铵矾指示剂，在充分摇动下，用 NH$_4$SCN 溶液滴定，直至溶液呈现稳定的浅红色即为终点。

平行滴定三份，计算 NH$_4$SCN 溶液的浓度及相对平均偏差。

$$C_{NH_4SCN} (mol/L) = \frac{C_{AgNO_3} \cdot V_{AgNO_3}}{V_{NH_4SCN}}$$

式中：C_{AgNO_3}——硝酸银标准溶液的浓度，mol/L；

V_{AgNO_3}——移取的硝酸银标准溶液量，mL；

V_{NH_4SCN}——滴定中硫氰酸铵的消耗量，mL。

实验 10 EDTA 标准溶液的标定

一、实验目的

(1) 学习 EDTA 标准溶液的配制和标定方法。
(2) 掌握配位滴定的原理，了解配位滴定的特点。

二、实验原理

EDTA 标准溶液的配制一般用间接法先配成近似浓度的溶液，再用基准物质标定。标定 EDTA 溶液的基准物质有 Zn、Cu、ZnO、CaCO$_3$、MgSO$_4$·7H$_2$O、ZnSO$_4$·7H$_2$O 等。如用 CaCO$_3$ 作基准物质标定 EDTA 溶液浓度时，调节溶液 pH≥12.0，采用钙指示剂，滴定到溶液由酒红色变为纯蓝色为终点。如有 Mg^{2+} 共存，变色更敏锐。

用钙指示剂(H$_3$Ind)确定终点，在 pH≥12 时，HInd^{2-} 离子(纯蓝色)与 Ca^{2+} 形成较稳定的 CaInd$^-$ 配离子(酒红色)，所以在钙标准溶液中加入钙指示剂时，溶液呈酒红色。当用 EDTA 溶液滴定时，EDTA 与 Ca^{2+} 形成比 CaInd$^-$ 配离子更稳定的 CaY^{2-}

配离子，所以在滴定终点附近 CaInd⁻ 不断转化为 CaY^{2-}，而该指示剂被游离出，反应如下：

滴定前：$HInd^{2-} + Ca^{2+} \rightleftharpoons CaInd^- + H^+$

化学计量点前：$Ca^{2+} + Y^{4-} \rightleftharpoons CaY^{2-}$

终点：$CaInd^- + H_2Y^{2-} + OH^- \rightleftharpoons CaY^{2-} + HInd^{2-} + H_2O$
　　　　酒红色　　　　　　　　　　无色　　纯蓝色

所以终点时溶液由酒红色转变为纯蓝色。

三、仪器和试剂

仪器：

(1) 酸式滴定管；

(2) 250 mL 锥形瓶；

(3) 250 mL 容量瓶；

(4) 25 mL 移液管；

(5) 电子天平；

(6) 称量瓶。

试剂：

(1) EDTA 溶液(约 0.01 mol/L，待标定)。

(2) NaOH(2mol/L)。称取 8g NaOH 溶于 100mL 水中。

(3) 10% NaOH。称取 10g NaOH 溶于 100mL 水中。

(4) (1+1)盐酸。

(5) $CaCO_3$(固体，A.R.)。

(6) 钙指示剂。

四、实验步骤

(1) EDTA 标准溶液的配制：在台秤上称取约 3.8g 乙二胺四乙酸钠，溶于 300～400mL 温水中后稀释至 1L。

(2) 标准溶液的配制：准确称取在 110℃ 干燥至恒重的基准物质 $CaCO_3$ 0.2～0.3g 于烧杯中，加水数滴润湿，盖以表面皿，从烧杯嘴慢慢加入(1+1)HCl 至 $CaCO_3$ 完全溶解，加热至沸，用蒸馏水把可能溅到表面皿上的溶液洗入杯中，待冷却后移入 250mL 容量瓶中，用纯水稀至刻度后摇匀。

(3) EDTA 标准溶液的标定：吸取 25.00mL 试样溶液于锥形瓶中，加水 25mL 稀释，10% NaOH 溶液 5mL 调节溶液 pH 为 12，加入米粒大小(0.01g)的钙指示剂，用 EDTA 标准溶液滴定，溶液由酒红色转变为纯蓝色即为终点。平行测定三次。

五、数据记录和处理

(1) 钙标准溶液的配制。

称取基准物的质量/g	标准溶液的体积/mL	钙标准溶液的浓度/(mol/L)

(2) EDTA 标准溶液的标定。

滴定序号	1	2	3
钙标准溶液的浓度/(mol/L)			
滴定前滴定管内液面读数/mL			
滴定后滴定管内液面读数/mL			
标准 EDTA 溶液的用量/mL			
EDTA 溶液的浓度/(mol/L)			
EDTA 溶液的浓度平均值/(mol/L)			

六、注意事项

(1) 移液管、滴定管、容量瓶、锥形瓶的洗涤方法。
(2) 移液管、滴定管的操作手法。
(3) 容量瓶的查漏及规范使用。
(4) 电子天平的规范使用。
(5) 读数,记数,计算结果的有效数字。
(6) 配位滴定与酸碱滴定的区别,滴定操作注意滴定速度。
(7) 配位反应的速度较慢(不像酸碱反应能在瞬间完成),故滴定时加入 EDTA 的速度不能太快。特别是临近终点时,应逐滴加入,并充分振摇。

七、思考题

(1) 用 HCl 溶液溶解 $CaCO_3$ 基准物质时,操作中应注意什么?
(2) 为什么在用 ZnO 为基准物质标定 EDTA 溶液时要加 $NH_3 \cdot H_2O$-NH_4Cl 缓冲溶液?
(3) 如果用 HAc-NaAc 缓冲溶液,能否用铬黑 T 作指示剂?为什么?

实验 11 $KMnO_4$ 标准溶液的配制和标定

一、实验目的

(1) 了解高锰酸钾标准溶液的配制方法和保存条件。

(2) 掌握采用 $Na_2C_2O_4$ 作基准物标定高锰酸钾标准溶液的方法。

二、实验原理

市售的 $KMnO_4$ 试剂常含有少量 MnO_2 和其他杂质，如硫酸盐、氯化物及硝酸盐等；另外，蒸馏水中常含有少量的有机物质，能使 $KMnO_4$ 还原，且还原产物能促进 $KMnO_4$ 自身分解，分解方程式如下：

$$4MnO_4^- + 2H_2O = 4MnO_2 + 3O_2\uparrow + 4OH^-$$

见光时分解更快。因此，$KMnO_4$ 的浓度容易改变，不能直接法配制准确浓度的高锰酸钾标准溶液，必须正确地配制和保存，如果长期使用必须定期进行标定。

标定 $KMnO_4$ 的基准物质较多，有 As_2O_3、$H_2C_2O_4 \cdot 2H_2O$、$Na_2C_2O_4$ 和纯铁丝等。其中以 $Na_2C_2O_4$ 最常用，$Na_2C_2O_4$ 不含结晶水，不易吸湿，易纯制，性质稳定。用 $Na_2C_2O_4$ 标定 $KMnO_4$ 的反应为

$$2MnO_4^- + 5C_2O_4^{2-} + 16H^+ = 2Mn^{2+} + 10CO_2\uparrow + 8H_2O$$

滴定时利用 MnO_4^- 本身的紫红色指示终点，称为自身指示剂。

三、仪器与试剂

仪器：

(1) 分析天平；

(2) 微孔玻璃漏斗；

(3) 酸式滴定管；

(4) 水浴锅。

试剂：

(1) $KMnO_4$；

(2) $Na_2C_2O_4$(基准物质)(于 105℃ 干燥 2h 后备用)；

(3) H_2SO_4(3mol/L)：(1+5)配制。

四、实验步骤

1. 高锰酸钾标准溶液的配制

在台秤上称量 1.0g 固体 $KMnO_4$，置于大烧杯中，加水至 300mL(由于要煮沸使水蒸发，可适当多加些水)，煮沸约 1h，静置冷却后用微孔玻璃漏斗或玻璃棉漏斗过滤，滤液装入棕色细口瓶中，贴上标签，一周后标定。保存备用。

2. 高锰酸钾标准溶液的标定

用 $Na_2C_2O_4$ 溶液标定 $KMnO_4$ 溶液：准确称取 0.13～0.16g 基准物质 $Na_2C_2O_4$ 三份，分别置于 250mL 的锥形瓶中，加约 30mL 水和 3mol/L H_2SO_4 10mL，盖上

表面皿，在水浴锅中加热(70～80℃)，加热至锥形瓶中液体刚开始冒蒸气，趁热用高锰酸钾溶液滴定。开始滴定时反应速度慢，待溶液中产生了 Mn^{2+} 后，滴定速度可适当加快，直到溶液呈现微红色并持续半分钟不褪色即终点。根据 $Na_2C_2O_4$ 的质量和消耗 $KMnO_4$ 溶液的体积计算 $KMnO_4$ 浓度。用同样方法滴定其他两份 $Na_2C_2O_4$ 溶液，相对平均偏差应在 0.2% 以内。

五、实验数据处理

(1) $KMnO_4$ 标准溶液的浓度为

$$C_{KMnO_4}(mol/L) = \frac{m_{NaC_2O_4} \times \dfrac{2}{5}}{M_{NaC_2O_4} \times V_{KMnO_4} \times 10^{-3}}$$

式中：$m_{NaC_2O_4}$ ——称取的 $Na_2C_2O_4$ 质量，g；

2/5——反应系数；

$M_{NaC_2O_4}$ ——$Na_2C_2O_4$ 摩尔质量，g/mol；

V_{KMnO_4} ——滴定时消耗的 $KMnO_4$ 体积，mL。

(2) 结果记录见表 3-5。

表 3-5 数据记录表

项目	1	2	3
$Na_2C_2O_4$ 质量/g			
滴定管终读数			
滴定管初读数			
$KMnO_4$ 标准溶液体积/mL			
$KMnO_4$ 标准溶液浓度/(mol/L)			
$KMnO_4$ 标准溶液平均浓度/(mol/L)			

六、注意事项

(1) 蒸馏水中常含有少量的还原性物质，使 $KMnO_4$ 还原为 $MnO_2 \cdot nH_2O$。市售高锰酸钾内含的细粉状的 $MnO_2 \cdot nH_2O$ 能加速 $KMnO_4$ 的分解，故通常将 $KMnO_4$ 溶液煮沸一段时间，冷却后，还需放置 2～3 天，使之充分作用，然后将沉淀物过滤除去。

(2) 在室温条件下，$KMnO_4$ 与 $C_2O_4^{2-}$ 之间的反应速度缓慢，故加热提高反应速度。但温度又不能太高，如温度超过 85℃ 则有部分 $H_2C_2O_4$ 分解，反应式如下：

$$H_2C_2O_4 =\!=\!= CO_2\uparrow + CO\uparrow + H_2O$$

(3) 草酸钠溶液的酸度在开始滴定时,约为 1mol/L,滴定终了时,约为 0.5mol/L,这样能促使反应正常进行,并且防止 MnO_2 的形成。滴定过程如果发生棕色(MnO_2)浑浊,应立即加入 H_2SO_4 补救,使棕色浑浊消失。

(4) 开始滴定时,反应很慢,在第一滴 $KMnO_4$ 还没有完全褪色以前,不可加入第二滴。当反应生成能使反应加速进行的 Mn^{2+} 后,可以适当加快滴定速度,但过快则局部 $KMnO_4$ 过浓而分解,放出 O_2 或引起杂质的氧化,都可造成误差。

如果滴定速度过快,部分 $KMnO_4$ 将来不及与 $Na_2C_2O_4$ 反应,而会按下式分解:
$$4MnO_4^- + 4H^+ = 4MnO_2 + 3O_2\uparrow + 2H_2O$$

(5) $KMnO_4$ 标准溶液滴定时的终点较不稳定,当溶液出现微红色,在 30s 内不褪色时,滴定就可认为已经完成,如对终点有疑问时,可先将滴定管读数记下,再加入 1 滴 $KMnO_4$ 标准溶液,发生紫红色即证实终点已到,滴定时不要超过计量点。

(6) $KMnO_4$ 标准溶液应放在酸式滴定管中,由于 $KMnO_4$ 溶液颜色很深,液面凹下弧线不易看出,因此,应该从液面最高边上读数。

实验 12　NaS_2O_3 标准溶液的配制和标定

一、实验目的

(1) 掌握 $Na_2S_2O_3$ 溶液的配制方法和保存条件。
(2) 了解标定 $Na_2S_2O_3$ 溶液浓度的原理和方法。
(3) 掌握间接碘量法进行的条件。

二、实验原理

$Na_2S_2O_3 \cdot 5H_2O$ 一般都含有少量杂质,如 S、Na_2SO_3、Na_2SO_4、Na_2CO_3 及 NaCl 等,同时还容易风化和潮解,因此不能直接配制成准确浓度的溶液,只能是配制成近似浓度的溶液,然后再标定。

$Na_2S_2O_3$ 溶液易受空气微生物等的作用而分解。

首先与溶解的 CO_2 的作用:$Na_2S_2O_3$ 在中性或碱性滴液中较稳定,当 pH<4.6 时,溶液含有的 CO_2 将其分解:
$$Na_2S_2O_3 + H_2CO_3 = NaHSO_3 + NaHCO_3 + S\downarrow$$

此分解作用一般发生在溶液配制后的最初 10 天内。由于分解后一分子 $Na_2S_2O_3$ 变成了一个分子的 $NaHSO_3$,一分子 $Na_2S_2O_3$ 和一个碘原子作用,而一个分子 $NaHSO_3$ 能和 2 个碘原子作用,因此从反应能力看溶液浓度增加了(以后由于空气的氧化作用浓度又慢慢减少)。pH 在 9～10 之间,硫代硫酸盐溶液最为稳定,如在 $Na_2S_2O_3$

溶液中加入少量 Na_2CO_3 时，很有好处。

其次空气的氧化作用：

$$2Na_2S_2O_3 + O_2 \longrightarrow 2Na_2SO_4 + 2S\downarrow$$

使 $Na_2S_2O_3$ 的浓度降低。微生物的作用是使 $Na_2S_2O_3$ 分解的主要因素。为了减少溶解在水中的 CO_2 和杀死水中的微生物，应用新煮沸后冷却的蒸馏水配制溶液并加入少量的 Na_2CO_3，使其浓度约为 0.02%，以防止 $Na_2S_2O_3$ 分解。日光能促使 $Na_2S_2O_3$ 溶液分解，所以 $Na_2S_2O_3$ 溶液应储于棕色瓶中，放置暗处，经 7～14d 后再标定。长期使用时，应定期标定，一般是两个月标定一次。

标定 $Na_2S_2O_3$ 溶液的方法，经常选用 KIO_3、$KBrO_3$ 或 $K_2Cr_2O_7$ 等氧化剂作为基准物，定量地将 I^- 氧化为 I_2，再按碘量法用 $Na_2S_2O_3$ 溶液滴定：

$$IO_3^- + 5I^- + 6H^+ =\!=\!= 3I_2 + 3H_2O$$

$$BrO_3^- + 6I^- + 6H^+ =\!=\!= 3I_2 + 3H_2O + Br^-$$

$$Cr_2O_7^{2-} + 6I^- + 14H^+ =\!=\!= 2Cr^{3+} + 3I_2 + 7H_2O$$

$$I_2 + 2Na_2S_2O_3 =\!=\!= Na_2S_4O_6 + 2NaI$$

使用 KIO_3 和 $KBrO_3$ 作为基准物时不会污染环境。

三、试剂

(1) $Na_2S_2O_3 \cdot 5H_2O$。

(2) 重铬酸钾标准溶液($1/6K_2Cr_2O_4=0.1000mol/L$)。称取在 105～110℃烘干 2h 后的重铬酸钾(优质纯)4.9030g，溶解后转入 1000mL 容量瓶内，用水稀释至刻度，摇匀。

(3) 20% KI 溶液。

(4) (1+1)盐酸溶液。

(5) 0.5%淀粉溶液。5g 淀粉加少量水搅匀，把得到的浆状液体倒入 1000mL 正在沸腾的蒸馏水中，继续煮沸至透明。

四、实验步骤

1. 配制 0.1mol/L $Na_2S_2O_3$ 溶液

称取 12.5g $Na_2S_2O_3 \cdot 5H_2O$ 置于 400mL 烧杯中，加入 200mL 新煮沸的冷却蒸馏水，待完全溶解后，加入 0.1g Na_2CO_3，然后用新煮沸且冷却的蒸馏水稀释至 500mL，保存于棕色瓶中，在暗处放置 7～14d 后标定。

2. 标定

用移液管吸取重铬酸钾标准溶液 25.00mL 于 250mL 碘量瓶中加 5mL(1+1)盐

酸，5mL 20% KI 溶液，摇匀后在暗处放 5min，加 100mL 水，用待标定的 $Na_2S_2O_3$ 溶液滴定至淡黄色，再加入 2mL 0.5%淀粉溶液，滴至溶液呈亮绿色为终点。

平行滴定三份，计算硫代硫酸钠的浓度，如下式：

$$C_{Na_2S_2O_3}(mol/L) = \frac{C_1 \times V_1}{V_2}$$

式中：C_1——重铬酸钾标准溶液的浓度($1/6 K_2Cr_2O_4$=0.1000mol/L)；

V_1——重铬酸钾标准溶液的用量，mL；

V_2——滴定消耗硫代硫酸钠的体积，mL。

五、注意事项

(1) $K_2Cr_2O_4$ 与 KI 的反应较慢，通常需要提高酸度和加入过量的 KI 来加快反应速度。

(2) I^- 也容易被空气中的 O_2 氧化，因此滴定前需要加水稀释；同时，稀释还可以降低有色离子 Cr^{3+} 的浓度，使终点易于观察。

(3) 滴定开始时宜慢摇快滴以防止 I_2 被氧化，但接近终点时要慢滴，并用力振摇易于 I_2 脱附。

实验 13 I_2 标准滴定溶液的配制和标定

一、实验目的

(1) 掌握碘标准滴定溶液的配制和保存方法。

(2) 掌握碘标准滴定溶液的标定方法、基本原理、反应条件、操作步骤和计算。

二、实验原理

碘可以通过升华法制得纯试剂，但因其升华及对天平有腐蚀性，故不宜用直接法配制 I_2 标准溶液而采用间接法。

可以用基准物质 As_2O_3 来标定 I_2 溶液。As_2O_3 难溶于水，可溶于碱溶液中，与 NaOH 反应生成亚砷酸钠，用 I_2 溶液进行滴定。反应式为

$$As_2O_3 + 6OH^- \longrightarrow 2AsO_3^{3-} + 3H_2O$$

$$AsO_3^{3-} + I_2 + H_2O \rightleftharpoons AsO_4^{3-} + 2I^- + 2H^+$$

该反应为可逆反应，在中性或微碱性溶液中(pH 约为 8)，反应能定量地向右进行，可加固体 $NaHCO_3$ 以中和反应生成的 H^+，保持 pH 在 8 左右。

由于 As_2O_3 为剧毒物，实际工作中常用已知浓度的硫代硫酸钠标准滴定溶液标定碘溶液，即用 I_2 溶液滴定一定体积的 $Na_2S_2O_3$ 标准溶液。反应式为

$$2S_2O_3^{2-} + I_2 = S_4O_6^{2-} + 2I^-$$

以淀粉为指示剂,终点由无色到蓝色。

三、试剂

(1) 固体试剂 I_2(A.R.)。
(2) 固体试剂 KI(A.R.)。
(3) 淀粉指示液(5g/L)。
(4) 硫代硫酸钠标准滴定溶液(0.1 mol/L)。

四、实验步骤

1. 碘溶液的配制

配制浓度为 0.05mol/L 的碘溶液 500mL:称取 6.5g 碘放于小烧杯中,再称取 17g KI,准备蒸馏水 500mL,将 KI 分 4~5 次放入装有碘的小烧杯中,每次加水 5~10mL,用玻璃棒轻轻研磨,使碘逐渐溶解,溶解部分转入棕色试剂瓶中,如此反复直至碘片全部溶解为止。用水多次清洗烧杯并转入试剂瓶中,剩余的水全部加入试剂瓶中稀释,盖好瓶盖,摇匀,待标定。

2. 碘溶液的标定(用 $Na_2S_2O_3$ 标准溶液标定)

用移液管移取已知浓度的 $Na_2S_2O_3$ 标准溶液 25mL 于锥形瓶中,加水 25mL,加 5mL 淀粉溶液,以待标定的碘溶液滴定至溶液呈稳定的蓝色为终点。记录消耗 I_2 标准滴定溶液的体积 V_2。

五、数据处理

碘标准滴定溶液浓度按下式计算:

$$C_{I_2}(\text{mol/L}) = \frac{C_{Na_2S_2O_3} \times 25}{2V_2}$$

式中:$C_{Na_2S_2O_3}$ ——$Na_2S_2O_3$ 溶液的浓度,mol/L;

25——$Na_2S_2O_3$ 溶液的体积,mL;

V_2——I_2 标准溶液滴定消耗体积,mL。

六、注意事项

因为 I_2 见光易氧化,且 I_2 对碱式滴定管的橡胶管有腐蚀作用,应选用棕色酸式滴定管来装 I_2 溶液。

七、思考题

(1) 碘溶液应装在何种滴定管中？为什么？

(2) 配制 I_2 溶液时为什么要加 KI？

(3) 配制 I_2 溶液时，为什么要在溶液非常浓的情况下将 I_2 与 KI 一起研磨，当 I_2 和 KI 溶解后才能用水稀释？如果过早地稀释会发生什么情况？

第 4 章 水样的采集和保存

为了能够真实反映被检测对象的特性，除了采用精密仪器和准确的分析技术之外，特别要注意水样的采集和保存。采集的样品要代表水体的质量，采样后易发生变化的成分需要在现场测定。带回实验室的样品在测试之前要妥善保存，确保样品在保存期间不发生明显的变化。采集的地点、时间和频数同实验目的、水质的均一性、水质的变化、采样难易纯度、所采用的分析方法以及有关的环保条例密切相关。

合理的水样采集和保存方法是保证检测结果能正确地反映被检测对象特征的重要环节。

4.1 水样的采集

为了取得具有代表性的水样，在水样采集之前，应根据被监测对象的特征拟定水样采集计划，确定采样地点、采样时间、水样数量和采样方法，并根据检测项目决定水样保存方法。力求做到所采集的水样其组成成分或浓度与被检测对象的所有成分一样，且在测试工作开展以前各成分不发生显著改变。

4.1.1 环境水样的采集(地表水)

1. 采样断面的布设

1) 河流

对于江、河水系或某一河段，要求设置三种断面：对照断面、控制断面、削减断面。

(1) 对照断面。

为了解流入某一区域(监测段)前的水质状况设置。这种断面应设在河流进入城市或工业区以前的地方，避开各种废水、污水流入或回流处。一个河段一般只设一个对照断面。有主要支流时可酌情增加。

(2) 控制断面。

为评价、监测河段两岸污染源对水体水质的影响而设置。控制断面的数目应根据城市的工业布局和排污口分布情况而定。断面的位置与废水排放口的距离应根据主要污染物的迁移、转化规律，河水流量和河道水力学特征确定，一般设在排污口下游 500~1000m 处。因为在排污口下游 500m 横断面上的 1/2 宽度处重金属浓度一般出现高峰值。对特殊要求的地区，如水产资源区、风景游览区、自然保护区、与水源有关的地方病发病区、严重水土流失区及地球化学异常区等的河段上也应设置控制断面。

(3) 削减断面。

为了解经稀释扩散和自净作用后河流水质的情况而设置。通常设在城市或工业区最后一个排污口下游 1500m 以外的河段上。水量小的小河流应视具体情况而定。

有时为了取得水系和河流的背景监测值，还应设置背景断面。这种断面上的水质要求基本上未受人类活动的影响，应设在清洁河段上。

2) 湖泊、水库监测断面的设置

首先，判断是单一水体还是复杂水体，要考虑汇入的河流数量、水体的径流量、季节变化及动态变化、沿岸污染源分布及污染物扩散与自净规律、生态环境特点等。然后，按照监测断面的设置原则确定监测断面的位置：

(1) 在进出湖泊、水库的河流汇合处分别设置监测断面；

(2) 以各功能区为中心，在其辐射线上设置弧形监测断面；

(3) 在湖库中心，深、浅水区，滞流区，不同鱼类的洄游产卵区，水生生物经济区等处设置监测断面。

2. 断面垂线设置

1) 河流

河流断面垂线的布设，通常遵照下述情况：

(1) 在河流上游，河床较窄、流速很大时，应选择能充分混合、易于采样的地点。

(2) 河宽小于 50m 的河流，应在河流中心部位采集。在实际中很难找出河流中心部位时，应采集流速最快的那部分的水。

(3) 当河流的宽度大于 100m 时，水流不能充分混合，除在河流中心部位布设垂线外，应在河流的左右部位增设垂线。

2) 湖泊、水库

湖、库区的不同水域，如进水域、出水域、深水区、浅水区、湖心区、岸边区，按水体功能布设监测垂线。湖、库区若无明显功能区分，可用网格法均匀布设断面垂线。

3. 采样点的布设

河流断面垂线上采样点的布设：表层水一般要求采集距水面 10~15cm 以下

的水样；采集河流不同深度的部分，可参考表 4-1。

表 4-1 不同水深河流采样的要求

水深/m	采样点数量	说明
≤5	1 点(距水面 0.5m)	①水深不足 1m，在 1/2 水深处；
5～10	2 点(距水面 0.5m，河底以上 0.5m)	②河流封冻时，在冰下 0.5m；
>10	3 点(距水面 0.5m，1/2 水深，河底以上 0.5m)	③有充分数据证明垂线上水质均匀，可减少采样点数

4. 采样时间和采样频率的确定

所采水样要具代表性，能反映出水质在时间和空间上的变化规律，必须确定合理的采样时间和频率，一般原则是：

(1) 对于较大水系干流和中、小河流全年采样不少于 6 次，采样时间为丰水期、枯水期和平水期，每期采样两次。流经城市工业区、污染较重的河流、游览水域、饮用水水源地全年采样不少于 12 次，采样时间为每月一次或视具体情况而定。底泥每年在枯水期采样 1 次。

(2) 潮汐河流全年在丰、枯、平水期采样，每期采样两天，分别在大潮期和小潮期进行，每次应采集当天涨、退潮水样分别测定。

(3) 排污渠每年采样不少于 3 次。

(4) 设有专门监测站的湖、库，每月采样 1 次，全年不少于 12 次。其他湖泊、水库全年采样两次，枯水期、丰水期各一次。有废水排入，污染较重的湖、库，应酌情增加采样次数。

(5) 背景断面每年采样 1 次。

5. 采样方法和采样(水)器(图 4-1)

采集表层水时，可用桶、瓶等容器直接采取。一般将其沉至水面下 0.3～0.5m 处采集。

采集深层水时，可使用带重锤的采样器沉入水中采集。将采样容器沉降至所需深度(可从绳上的标度看出)，上提细绳打开瓶塞，待水样充满容器后提出。对于水流急的河段，宜采用急流采样器。它是将一根长钢管固定在铁框上，管内装一根橡胶管，其上部用夹子夹紧，下部与瓶塞上的短玻璃管相连，瓶塞上另有一长玻璃管通至采样瓶底部。采样前塞紧橡胶塞，然后沿船身垂直伸入要求水深处，打开上部橡胶管夹，水样即沿长玻璃管流入样品瓶中，瓶内空气由短玻璃管沿橡胶管排出。这样采集的水样也可用于测定水中溶解性气体，因为它是与空气隔绝的。

测定溶解气体(如溶解氧)的水样，常用双瓶采样器采集。将采样器沉入要求水深处后，打开上部的橡胶管夹，水样进入小瓶(采样瓶)并将空气驱入大瓶，从连接大瓶短玻璃管的橡胶管排出，直到大瓶中充满水样，提出水面后迅速密封。此外，还有多种结构较复杂的采样器。例如，深层采水器、电动采水器、自动采水器、连续自动定时采水器等。

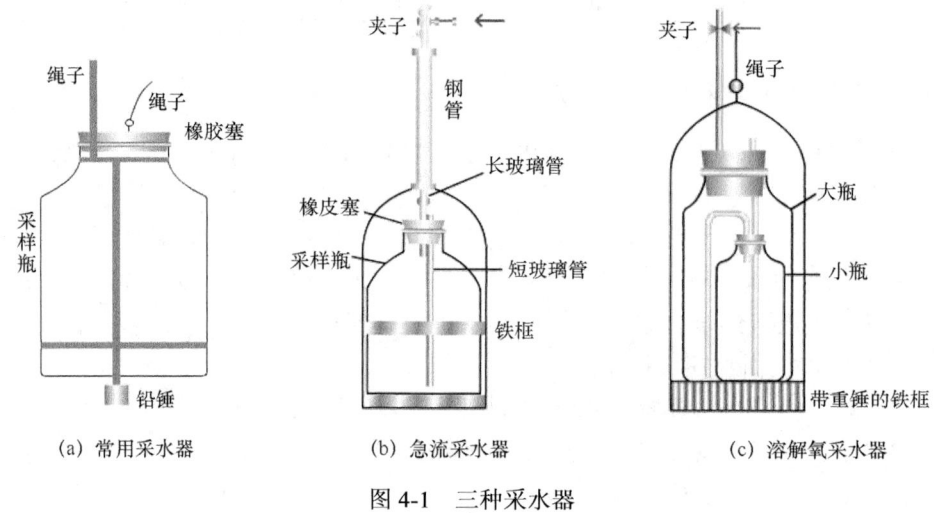

图 4-1　三种采水器

4.1.2　废水水样的采集

1. 采样部位的布设

废水采样点布设的基本原则可参照一般水样的布设原则，一般采用以下几种方式。

(1) 从排放口采样。

当废水从排放口直接排放到公共水域时，采样点布设在厂、矿的总排放口、车间或工段排污口。

(2) 从水路中采样。

当废水以水路形式排到公共水域时，为了不使公共水域的水倒流进排放口，应设适当的堰，从堰溢流中采样。对于用暗渠排放废水的地方，也要在排放口内、公共水域的水不能倒流的地点采样。在排污管道或渠道中采样时，应在具有湍流状况的部位采集，并防止异物进入水样。

(3) 利用自动采水器采样。

当利用自动采水器采样时，应把自动采水器的采水用配管沉到采样点的适当深度，一般在中心部位，配管的尖端附近装上 2mm 筛孔的耐腐蚀筛网，以防止杂物进入配管及泵内。由于筛孔容易堵塞以及泵容易黏附油脂类物质和悬浮物，所以要定期进行清洗。

2. 采样点的设置

水污染源一般经管道或沟、渠排放，水的截面积比较小，不需设置断面，而直接确定采样点位。按下列原则设置采样点：

(1) 在车间或车间设备出口处应布点采样测定一类污染物。这些污染物主要包括汞、镉、砷、铅和它们的无机化合物，六价铬的无机化合物，有机氯和强致癌物质等。

(2) 在工厂总排污口处应布点采样测定二类污染物。这些污染物包括悬浮物，硫化物，挥发性酚，氰化物，有机磷，石油类，铜、锌、氟及它们的无机化合物，硝基苯类，苯胺类等。

(3) 有处理设施的工厂，应在处理设施的排出口处布点。为了解对废水的处理效果，可在进水口和出水口同时布点采样。

(4) 在排污渠道上，采样点应设在渠道较直、水量稳定、上游没有污水汇入处。

(5) 某些二类污染物的监测方法尚不成熟，在总排污口处布点采样监测，因干扰物质多而会影响监测结果。这时，应将采样点移至车间排污口，按废水排放量的比例折算成总排污口废水中的浓度。

3. 采样时间和频率

工业废水中污染物浓度和流量随着工厂生产情况经常发生变化，采样时间和采样频率必须根据生产情况确定。

1) 车间排污口

连续稳定生产车间的排污口，应在一个生产周期内采取水样，根据监测需要可以采集两种水样。

(1) 平均水样：按等时间间隔采样数次，混合均匀后用于测平均浓度。不适合测 pH。

(2) 定时水样：每小时取一个水样，找出污染物排放高峰，然后将采样周期内的数据平均，作为一个生产周期平均值。每月测两次。

连续不稳定生产车间的排污口：

(1) 混合水样：根据排污量大小，在一个生产周期内按比例采样，混合均匀后测定平均浓度。

(2) 定时水样：根据排放规律，在一个生产周期内每小时采样一次，单独测定，找出废水量最大、污染物浓度最高、危害最大的排放高峰。

间断、生产无规律车间的排放口：

对于这类排放口，必须摸清生产情况和排污的具体时间，在生产时进行采样，每个生产周期至少采样五次。

2) 工厂排污口

首先要安排一个周期的连续定时采样，对水样作单独分析，以便找出污染物浓度的高峰。以后，每季度测一次废水排放量，每月测两次水质情况。

根据"谁污染谁监测"的原则，上述车间、工厂的排污口废水均由工厂自行监测。环保监测部门可进行不定期抽样监测，对重点污染源进行必要的监督和检查。

3) 城市排污口

结合对地面水的例行监测，按丰水期、枯水期、平水期每年测三次，每次进行一昼夜连续定时采样或用连续自动采水器采样分析平均浓度。

4. 采样方法

(1) 浅水采样。

可用容器直接采集，或用聚乙烯塑料长把勺采集。

(2) 深层水采样。

可使用专制的深层采水器采集，也可将聚乙烯筒固定在重架上，沉入要求深度采集。

(3) 自动采样。

采用自动采样器或连续自动定时采样器采集。例如，自动分级采样式采水器，可在一个生产周期内，每隔一定时间将一定量的水样分别采集在不同的容器中；自动混合采样式采水器可定时连续地将定量水样或按流量比采集的水样汇集于一个容器内。

5. 采样安全防护

在下水道、污水池、污水处理厂和污水泵站等部位采样时，必须注意：①污水管道系统中爆炸性气体混合可能引起爆炸的危险；②有毒性气体，如硫化氢、一氧化碳等引起的中毒危险；③缺氧引起的窒息危险；④致病生物引起的染病危险；⑤在阶梯、平台滑脚所造成的摔伤危险；⑥落水的危险；⑦掉物砸伤的危险。

针对上述危险，要采取预防措施，配制相应的设备和仪器，避免危险的发生。

4.2 水样运输和保存

各种水质的水样，从采集到分析测定这段时间内，由于环境条件的改变、微生物新陈代谢活动和化学作用的影响，引起水样某些物理参数及化学组分变化。

为将这些变化降低到最低程度，需要尽可能地缩短运输时间、尽快分析测定和采取必要的保护措施。有些项目必须在采样现场测定。

4.2.1 水样的运输

对采集的每一个水样，都应做好记录，并在采样瓶上贴好标签，运送到实验室。在运输过程中，应注意以下几点：

(1) 要塞紧采样容器的器口塞子，必要时用封口胶、石蜡封口(测油类的水样不能用石蜡封口)。

(2) 为避免水样在运输过程中因震动、碰撞导致损失或沾污，最好将样瓶装箱，并用泡沫塑料或纸条挤紧。

(3) 需冷藏的样品，应配备专门的隔热容器，放入制冷剂，将样品瓶置于其中。

(4) 冬季应采取保温措施，以免冻裂样品瓶。

4.2.2 水样的保存

1) 冷藏

水样冷藏时的温度应低于采样时水样的温度，水样采集后立即放在冰箱或冰-水浴中，暗处保存，一般于2～5℃冷藏，冷藏并不适用长期保存，对废水的保存时间则更短。

2) 冷冻

为了延长保存期限，抑制微生物活动，减缓物理挥发和化学反应速率，可采用冷冻保存。冷冻温度在$-20℃$。但要特别注意冷冻过程和解冻过程，不同状态的变化会引起水质的变化。为防止冷冻过程中水的膨胀，无论使用玻璃容器还是塑料容器都不能将水样充满整个容器。

3) 加入保护剂

为了防止样品中某些被测成分在保存和运输过程中发生分解、挥发、氧化等变化，常加入保护剂，例如在测定氨氮、化学需氧量时的水样中加入氯化汞，可以抑制生物的氧化还原作用；在测定氰化物或挥发性酚的水样中加入氢氧化钠，将pH调至12左右，可使其生成稳定的盐类等。

加入保护剂的原则：①不能干扰其他项目的测定；②不能影响待测物浓度，如果加放的保护剂是液体，则更要记录体积的变化；③要做空白试验；④样品的保存技术。

样品的保存技术比较复杂，常用保存技术见表4-2。

4) 水样的过滤或离心分离

水样浑浊也会影响分析结果。用适当孔径的滤器可以有效地去除藻类和细菌，

表 4-2 常用样品保存技术表

	待测项目	容器类别	保存方法	分析地点	保存时间	建议
物理、化学及生化分析	pH	P 或 G		现场		现场直接测试
	酸度及碱度	P 或 G	2~5℃	实验室	24h	水样充满整个容器
	溴	G		实验室	6h	最好在现场测试
	电导率	P 或 G	2~5℃	实验室	24h	最好在现场测试
	色度	P 或 G	2~5℃暗处冷藏	实验室、现场	24h	
	悬浮物及沉积物	P 或 G		实验室	24h	单独定容采样
	浊度	P 或 G		实验室	尽快	最好在现场测试
	臭氧	P 或 G		现场		
	余氯	P 或 G		现场		最好在现场测试,否则用过量 NaOH 固定,保存不应超过 6h
	二氧化碳	P 或 G		现场		
	溶解氧	溶解氧瓶	现场固定氧并存入暗处	现场、实验室	几小时	碘量法加 1mL 1mol/L 高锰酸钾和 2mL 1mol/L 碱性碘化钾
	油脂、油类、碳氢化合物、石油及衍生物	用分析时使用的溶剂冲洗容器	现场萃取冷冻至 -20℃	实验室	24h,数月	采样后立即加入在分析方法中所使用的萃取剂,或现场萃取
	离子型表面活性剂		加入体积分数为 40%的甲醛,使样品成为体积分数为 1%的甲醛溶液,在 2~5℃下冷藏,并使水样充满容器	实验室	尽快 48h	
	非离子型表面活性剂			实验室	尽快 48h	
	砷			实验室	1月	
	硫化物			实验室	24h	必须现场固定
	总氰	P	用 NaOH 调节至 pH>12	实验室	24h	
	化学需氧量 (COD)	G	2~5℃暗处;冷藏用 H_2SO_4 酸化至 pH<2;-20℃冷冻	实验室	尽快;一周;一月	COD 是因存在有机物引起的,则必须酸化,COD 值低时,最好用玻璃瓶保存
	生化需氧量 (BOD)	G	2~5℃暗处冷藏;-20℃冷冻	实验室	尽快;一月	BOD 值低时,最好用玻璃瓶保存
	氨氮	P 或 G	用 H_2SO_4 酸化至 pH<2,在 2~5℃暗处冷藏	实验室	尽快	为了阻止硝化细菌的代谢,应考虑加入杀菌剂如氯化汞、三氯甲烷
	硝酸盐氮	P 或 G	用 H_2SO_4 酸化至 pH<2,在 2~5℃暗处冷藏	实验室	24h	有些样品不能保存,要现场分析

续表

	待测项目	容器类别	保存方法	分析地点	保存时间	建议
物理、化学及生化分析	亚硝酸盐氮	P或G	在2~5℃暗处冷藏	实验室	尽快	
	有机碳	G	用H_2SO_4酸化至pH<2；在2~5℃暗处冷藏	实验室	24h；1周	尽快测试，有时可用干冻法，采样后立即加入分析方法中所使用的萃取剂，或现场萃取
	有机氯农药	G	在2~5℃冷藏			
	有机磷农药		在2~5℃冷藏	实验室	24h	采样后立即加入分析方法中所使用的萃取剂，或现场萃取
微生物分析	细菌总计数大肠菌总数粪便大肠菌粪便链球菌志贺氏菌等	灭菌容器G	在2~5℃冷藏	实验室	尽快(地表水、污水及饮用水)	取氯化或溴化过的水样时，所用的样品瓶消毒之前，每125mL加入0.1mL质量分数10%的硫代硫酸钠以消除氯或溴对微生物的抑制，对重金属含量高于0.01mg/L的水样，应在容器消毒之前按每125mL加入0.3mL的15%(m/m)EDTA

注：P-聚乙烯；G-玻璃

滤后的样品稳定性更好。一般来说，可用澄清、离心、过滤等措施来分离悬浮物。国内外已采用以水样是否能通过孔径为 0.45μm 滤膜作为区分可过滤态与不可过滤悬浮态的条件。能够通过 0.45μm 微孔滤膜的部分称为"可过滤态"部分，通不过的称为"不可过滤态"部分。采用澄清后取上清液及用中速定量滤纸、砂芯漏斗、离心等方式处理样品，相互间可比性不大，它们阻留悬浮物颗粒的能力大体为滤膜＞离心＞滤纸＞砂芯漏斗。要测定可过滤态部分，就应在采样后立即用 0.45μm 的微孔滤膜过滤。在暂时没有 0.45μm 微孔滤膜的情况下，泥沙型水样可用离心等方法；含有有机质多的水样可用滤纸(或砂芯漏斗)；采用自然沉降取上清液测定可过滤态则是不恰当的。如果要测定组分的全量，采样后立即加入保护剂，分析测定时应该充分摇匀后取样。

4.3 样品的管理

对采集的每一个水样都要做好记录，并在每一个瓶子上做上相应的标记。要记录足够的资料为日后提供肯定的水样鉴别，同时记录水样采集者的姓名、气候条件等。

在现场观测时，对现场称量及备注等资料可直接记录在预先准备的记录表格上。

不在现场进行测定的样品也可用其他形式做好标记。

装有样品的容器必须妥善保护和密封。在运输中除应防振、避免日光照射和低温运输外,还要防止新的污染物进入容器和沾污瓶口。在转交样品时,转交人和接受人必须清点和检查并注明时间,要在记录卡上签字。样品送至实验室时,首先要核对样品,验明标志,确切无误时方能签字验收。

样品验收后,如果不能立即进行分析,则应妥当保存,防止样品组分的挥发或发生变化,以及被污染的可能性。

第5章　化学分析、微生物实验

实验14　水中pH、电导率、透明度和浊度的测定

一、实验目的

(1) 了解pH、电导率、透明度和浊度的基本概念；
(2) 掌握pH、电导率、透明度和浊度的测定方法。

二、实验原理

(1) pH。pH是溶液中H^+活度的负对数，是水化学中常用的和最重要的检验项目之一。

$$pH = \lg\frac{1}{[H^+]} = -\lg[H^+]$$

pH可间接地表示水的酸碱度，天然水的pH多在6～9范围内，这也是我国污水排放标准中的pH控制范围。由于pH随水温变化而变化，测定时应在规定的温度下进行，或者校正温度。

玻璃电极法是以玻璃电极为指示电极，以饱和甘汞电极为参比电极组成的工作电极，此电池可用下式表示：

Ag, AgCl | HCl | 玻璃膜 | 水样 ‖ 饱和KCl | Hg_2Cl_2, Hg

在一定条件下，上述电池的电动势与水样的pH呈直线关系，可表示为

$$E = K + 0.059 pH \ (25℃)$$

在实际工作中，不可能用上式直接计算pH，而是用一个确定的标准缓冲液作基准，并比较包含水样和包含标准缓冲溶液的两个工作电池的电动势来确定水样的pH。

通常采用玻璃电极法测定pH。

(2) 电导率。电导率是以数字表示溶液传导电流的能力。纯水的电导率很小，当水中含无机酸、碱或盐时，电导率就增加。电导率常用于间接推测水中离子成分的总浓度。水溶液的电导率取决于离子的性质和浓度、溶液的温度和黏度等。

电导率的标准单位是S/m(即西门子/米)，此单位与$1/(\Omega \cdot m)$相当。一般实际使用单位为mS/m，此单位与$10 \mu S/cm$相当($\mu S/cm$=微西门子/厘米)。

单位间的互换为:

1mS/m = 0.01mS/cm =10μS/cm。新蒸馏水电导率为 0.5～0.2mS/m,存放一段时间后,由于空气中的二氧化碳或氨的溶入,电导率可上升至 2.0～0.4mS/m,饮用水电导率随温度变化而变化,温度每升高 1℃,电导率增加约 2%,通常规定 25℃为测定电导率的标准温度。由于电导是电阻的倒数,因此,当两个电极(通常为铂电极或铂黑电极)插入溶液中,可以测出两电极间的电阻 R。根据欧姆定律,温度一定时,这个电阻值与电极的间距 L(cm)成正比,与电极的截面积 A(cm^2)成反比,即

$$R = \rho \frac{L}{A}$$

由于电极面积 A 与间距 L 都是固定不变的,故 L/A 是一个常数,称电导池常数(以 Q 表示)。比例常数 ρ 称作电阻率。其倒数 $1/\rho$ 为电导率,以 K 表示。

$$S = \frac{1}{R} = \frac{1}{\rho Q}$$

式中,S 表示电导度,反映导电能力的强弱。

所以,$K = QS$ 或 $K = Q/R$。

当已知电导池常数,并测出电阻后,即可求出电导率。

(3) 浊度:表示水中悬浮物对光线通过时所发生的阻碍程度。它与水样中存在的颗粒物的含量、粒径大小、形状及颗粒表面对光散射特性等有关。水样中的泥沙、黏土、有机物、无机物、浮游生物和其他微生物等悬浮物和胶体物质都可使水体浊度增加。测定浊度的方法有分光光度法、目视比浊法、浊度计法。本次实验以硫酸肼和六次甲基四胺的聚合物作为浊度标准液,在适当温度下硫酸肼与六次甲基四胺聚合,形成白色高分子聚合物,以此作为浊度标准液,在一定条件下与水样浊度相比较。

(4) 透明度:指水样的澄清程度。水中悬浮物和胶体颗粒物越多,其透明度就越低。测定透明度的方法有铅字法、塞氏盘法、十字法等。采用十字法测定,其原理是根据检验人员的视力观察水样的澄清程度。透明度以清楚地见到放在透明度计底部画有宽度为 1mm 的黑色十字而看不见 4 个点时的水柱的高度表示,单位为 cm。

三、仪器

仪器:

(1) 雷磁 PHS-3C 型;

(2) DDS-307 型电导率仪;

(3) 分光光度计；

(4) 哈希 2100P 浊度仪；

(5) 抽滤装置；

(6) 透明度计；

(7) 比色管等。

试剂：

(1) 无浊度水。将蒸馏水通过 0.2μm 滤膜过滤收集于用滤过水荡洗两次的烧瓶中。

(2) 浊度标准储备液。

① 1g/100mL 硫酸肼溶液。称取 1.000g 硫酸肼($N_2H_4·H_2SO_4$)溶于水，定容至 100mL。

注：硫酸肼有毒致癌，操作时要注意安全。

② 10g/100mL 六次甲基四胺溶液。称取 10.00g 六次甲基四胺[$(CH_2)_6N_4$]溶于水，定容至 100mL。

③ 浊度标准储备液。吸取 5.00mL 硫酸肼溶液与 5.00mL 六次甲基四胺溶液于 100mL 容量瓶中，混匀，25℃±3℃下静置反应 24h，冷却后用水稀释至标线，混匀。此溶液浊度为 400 度，可保存一个月。

四、实验内容

1. pH 的测定

测定 pH 的方法最常用的有试纸法、电位法和比色法。

1) pH 试纸法

在要求不太精确的情况下，利用市售的 pH 试纸测定水的 pH 是简便而快速的方法。

首先用 pH 1~14 的广泛试纸测定水样的大致 pH 范围，然后用精密 pH 试纸进行测定。测定时，将试纸浸入欲测的水样中，半秒钟后取出，与色板比较，读取相应的 pH。

2) pH 电位计法

(1) 插上电源，按住 "Cal/开关" 键 1.5s 至 pH 计开机。

(2) 将 pH 电极插入 pH 计后面接电极插孔，将电极在纯水中搅动洗净并甩干。

(3) 用温度计测量 pH 缓冲溶液的温度，然后按 "△" 或 "▽" 键将仪器液晶屏显示的温度值调整准确。

(4) 定位校正。将 pH 电极浸入 pH 为 6.86 缓冲溶液中，稍加搅动后静止放置十几秒钟，待显示值稳定后，按住"Cal/开关"键数秒钟，当液晶屏显示"Cal"符号时放开，此时显示闪烁的 6.86，数秒钟后，液晶屏显示"End"符号和稳定的 pH 校准数值。

(5) 斜率 I 校正：取出 pH 电极，用纯水洗净并甩干，再将 pH 电极浸入 pH 为 4.00 缓冲溶液中，接着按步骤(4)操作。

(6) 斜率 II 校正：取出 pH 电极，用纯水洗净并甩干，再将 pH 电极浸入 pH 为 9.18 缓冲溶液中，接着按步骤(4)操作。

(7) 用温度计测量待测液的温度，然后按"△"或"▽"键将仪器的温度值调整准确。然后将 pH 电极用蒸馏水洗净并甩干后浸入被测液中，稍加搅动后静止放置，待显示值稳定后读数，即为所测的 pH 值。

(8) 注意事项：

① 玻璃电极在使用前应在蒸馏水中浸泡 24h 以上，用完后要冲洗干净，浸泡在水中。

② 测定前不宜提前打开水样瓶塞。以防止空气中的二氧化碳溶入或水样中的二氧化碳逸失。

③ 测定时复合电极的球泡应全部浸入溶液中，在测定时应小心操作，以免玻璃球泡碰撞碰破。

④ 复合电极球泡受污染时先用稀盐酸溶解无机盐结垢，再用丙酮除去油污(但不能用乙醇)。

2. 电导率的测定(DDS-307 型电导率仪)

(1) 接通电源，预热 30min。

(2) 校准仪器：将"量程"开关调到"检查"位，"常数"旋钮指向"1"刻度线，"温度"旋钮指向"25"度线，调节"校准"旋钮，使仪器显示 100.0μS/cm。

(3) 测量：

调节"常数"旋钮，使仪器显示值与电极所标数值一致。例如：电极常数为 0.967，则调节"常数"旋钮，使仪器显示为 96.7。

调节"温度"旋钮，使其指向待测液的实验温度值。此时，测量得到的将是待测溶液经过温度补偿后折算为 25℃下的电导率值。

将"量程"旋钮调至合适位置，将电极放入待测液中。测量过程中，如果显示值熄灭，说明测量超出量程范围，应切换"量程"开关至上一档。

被测液的电导率=显示读数×电极常数。

3．浊度测定

1) 分光光度法

(1) 试样制备。

样品应收集到具塞玻璃瓶中，取样后尽快测定。如需保存，可保存在冷暗处不超过 24h，测试前须激烈振摇并恢复到室温。

所有与样品接触的玻璃器皿必须清洁，可用盐酸或表面活性剂清洗。

(2) 标准曲线的绘制。

吸取浊度标准液 0mL、0.50mL、1.25mL、2.50mL、5.00mL、10.00mL 及 12.50mL 置于 50mL 的比色管中，加水至标线，摇匀后即得浊度为 0.4 度、10 度、20 度、40 度、80 度、100 度的标准系列。于 680nm 波长，用 30mm 比色皿测定吸光度，绘制校准曲线。

注：在 680nm 波长下测定天然水中存在的淡黄色、淡绿色无干扰。

(3) 测定。

吸取 50.00mL 摇匀水样(无气泡，如浊度超过 100 度可酌情少取，用无浊度水稀释至 50.0mL)于 50mL 比色管中，按绘制校准曲线步骤测定吸光度，由校准曲线上查得水样浊度。

(4) 结果计算。

$$浊度(度) = \frac{A(B+C)}{C}$$

式中：A——稀释后水样的浊度，度；

B——稀释水体积，mL；

C——原水样体积，mL。

不同浊度范围测试结果的精度要求如下：

浊度范围(度)	精度(度)
1～10	1
10～100	5
100～400	10
400～1000	50
>1000	100

2) 浊度仪测定(参见附录 2 中哈希 2100P 浊度仪操作说明)

(1) 校准浊度仪；

(2) 取水样测定。

4. 透明度测定

透明度计(图 5-1)为长 600mm±10mm，内径 25mm±1mm 的无色玻璃筒，刻有 10mm 分度，筒底放一个白色瓷片或白色塑料的标志板。筒与标志板之间放一个胶皮圈，用金属夹固定。距玻璃筒底部 1～2cm 处有一放水侧管。标志板上具有黑色十字刻线及 4 个黑点。

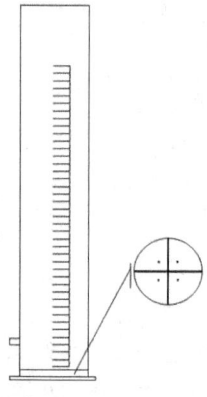

图 5-1　透明度计

(1) 将充分混匀的水样倒入透明度计内。

(2) 松开弹簧夹，逐渐降低试样高度，观察水样，直到从上面刚好能清晰地看到黑十字线而又看不见 4 个黑点为止，记下液面高度(cm)。重复进行实验 2～3 次，求出平均值。

透明度以水柱高度的厘米数表示，记录精确到 10mm。超出 30cm 为透明水样。

注意：(1) 悬浮物质多的水样，可能会在透明度计的底部发生沉积，这是产生误差的原因。

(2) 照明条件应尽可能一致，光源原则上为白色光，避免直射日光。

(3) 视力的差别会给测定值带来偏差，故要选择视力正常的测定者，最好取多次或多人测定结果的平均值。

五、实验结果(表 5-1)

表 5-1　数据记录统计表

测定项目	水温	pH	电导率/(μS/cm)	透明度/cm	浊度/NTU
水样 1					
水样 2					
水样 3					
水样 4					
水样 5					

六、思考题

(1) pH、电导率、水温等指标为什么要现场测定？水样保存时间长，对电导率、pH、水温测定有何影响？

(2) 从原理上解释 pH 计在使用前为什么要校正？

(3) 一种缓冲溶液是一个共轭酸碱的混合物，那么为什么邻苯二甲酸氢钾、四硼酸钠、二草酸三氢钾等可作为缓冲溶液？

实验 15　水中游离二氧化碳的测定

一、实验目的

(1) 了解游离 CO_2 的含义。

(2) 掌握滴定法测定水中游离 CO_2 的原理及方法。

二、实验原理

溶于水的二氧化碳称为游离二氧化碳。天然水中二氧化碳主要来源于吸收大气中的二氧化碳以及土壤中的有机物、矿物盐类、微生物分解，岩石变质作用等。地下水中游离二氧化碳的含量一般为 15～40mg/L，某些矿泉水中含有大量二氧化碳，饮用时甘甜可口，而具有一定的医疗作用。

由于水中二氧化碳极易逸出，因而含量变化范围很大。它影响水中 pH 以及其他化学成分的变化，故在水质分析中游离二氧化碳的测定是一个主要项目，其测定方法有滴定法、重量法、气量法和计量法，其中滴定法较为简便，应用较广。

游离二氧化碳能定量与氢氧化钠作用，其反应如下：

$$CO_2 + NaOH =\!=\!= NaHCO_3$$

化学计量点 pH 约为 8.4，可选用酚酞作为指示剂。

三、仪器及试剂

仪器：

(1) 250mL 锥形瓶；

(2) 50mL 移液管；

(3) 50mL 滴定管。

试剂：

(1) 0.01%酚酞指示剂。

(2) 氢氧化钠标准溶液(c_{NaOH}=0.50mol/L)。配制方法参见"实验 6　NaOH 标

准溶液的配制和标定"。

四、实验步骤

用移液管吸取 50mL 水样,小心沿瓶壁注入 250mL 锥形瓶中,加 4 滴酚酞指示剂,立即用氢氧化钠标准溶液滴定到浅红色不消失为止,记录氢氧化钠标准溶液的体积 V_1。

五、数据及计算

(1) NaOH 标准溶液的浓度=_____mol/L。
(2) 吸取水样的体积 $V_水$ =_____mL。

用酚酞作指示剂消耗 NaOH 标准溶液体积 V_1/mL
第一次
第二次
第三次
平均

$$游离二氧化碳(mg/L) = \frac{C_{NaOH} \times V_{NaOH} \times 44.01}{V_水} \times 10^6$$

式中:C_{NaOH}——氢氧化钠标准溶液的浓度,mol/L;
V_{NaOH}——氢氧化钠标准溶液的用量,mL;
44.01——二氧化碳的摩尔质量,g/mol;
$V_水$——水样体积,mL。

六、注意事项

(1) 二氧化碳极易逸出,取样后应首先测定,在吸取和放入锥形瓶时一定要小心沿瓶壁流下。
(2) 水样中加入酚酞后显红色,表明无游离二氧化碳。
(3) 滴定中溶液如果出现浑浊,说明重金属离子含量较高,可加 5mL 50%酒石酸钾钠溶液掩蔽后,再进行滴定。

七、思考题

(1) 电导率、pH、水温为什么要现场测定?水样保存时间长,对电导率、pH、水温测定有何影响?
(2) 在一处地下水中,起初 CO_2 与 HCO_3^- 之间维持平衡状态,以后由于 CO_2 的增加,$CaCO_3$ 被溶解,又出现一个新平衡,在这种情况下,第二次平衡 CO_2 的含量比第一次平衡 CO_2 的含量是增加、减少、还是相等?

实验 16 水中色度的测定

一、实验目的

(1) 初步学会水样的采集方法；
(2) 了解铂钴标准比色法测定水样色度的基本原理；
(3) 掌握水样色度测定仪器的使用及操作程序。

二、实验原理

纯水为无色透明。清洁水在水层浅时应为无色，深层为浅蓝绿色。天然水中存在腐殖泥土、浮游生物、铁和锰等金属离子，均可使水体着色。

纺织、印染、造纸、食品、有机合成工业的废水中，常含有大量的染料、生物色素和有色悬浮微粒等，因此常常是使环境水体着色的主要污染源。有色废水常给人以不愉快感，排入环境后又使天然水着色，减弱水体的透光性，影响水生生物的生长。

水的颜色深浅的度量。某些可溶性有机物、部分无机离子和有色悬浮微粒均可使水着色。水的真实颜色仅指溶解物质产生的颜色，又称"真色"；由悬浮物质所产生的颜色，称为"表色"。水样的色度应以除去悬浮物后为准。水质分析中所表示的颜色就是指水的真实颜色。因此在测定水色度前，水样需要先澄清或经离心机分离或经 0.45μm 滤膜过滤除去悬浮物，但不能用滤纸过滤，因为滤纸能吸收部分颜色。色度的测量方法有铂钴标准比色法和稀释倍数法。

(1) 铂钴标准比色法。适用于清洁水，轻度污染并略带黄色的水，比较清洁的地面水、地下水和饮用水等的色度(以度数表示结果)。即把氯铂酸钾和氯化钴配成校准色列，与被测水样的颜色进行目视比较。水的色度单位是度，每升水中含有 1mg 铂和 0.5mg 钴时具有的颜色为 1 度。

(2) 稀释倍数法。适用于污染较严重的地面水和工业废水(以稀释倍数表示结果)。如水样浑浊，则放置澄清，也可用离心法或用孔径为 0.45μm 滤膜过滤以除去悬浮物，但不能用滤纸过滤，因滤纸可吸附部分溶解于水的颜色。

两种方法应独立使用，一般没有可比性。

三、仪器与试剂

(1) 50mL 具塞比色管。
(2) 铂钴标准溶液：称取 1.246g 氯铂酸钾(K_2PtCl_6)(相当于 500mg 铂)及 1.000g 氯化钴($CoCl_2·6H_2O$)(相当于 250mg 钴)，溶于 100mL 水中，加 100mL 盐酸，用水

定容至1000mL。此溶液色度为500度，保存在密塞玻璃瓶中，放于暗处。

四、样品的采集与保存

要注意水样的代表性，所取水样应无树叶、枯枝等漂浮杂物。将水样盛于清洁、无色的玻璃瓶，尽快测定。否则应在约4℃冷藏保存，48h内测定。

五、实验内容

1. 铂钴标准比色法

1) 标准色列的配制

向50mL比色管中加入0mL、0.50mL、1.00mL、1.50mL、2.00mL、2.50mL、3.00mL、3.50mL、4.00mL、4.50mL、5.00mL、6.00mL及7.00mL铂钴标准溶液，用水稀释至标线，混匀。各管的色度依次为0度、5度、10度、15度、20度、25度、30度、35度、40度、45度、50度、60度和70度。密塞保存。

2) 水样的测定

(1) 分取50.0mL澄清透明水样于比色管中，如水样色度较大，可酌情少取水样，用水稀释至50.0mL。

(2) 将水样与标准色列进行目视比较。观测时，可将比色管置于白瓷板或白纸上，使光线从管底部向上透过液柱，目光自管口垂直向下观察。记下与水样色度相同的铂钴标准色列的色度。

3) 结果计算

$$色度(度) = \frac{A \times 50}{B}$$

式中：A——稀释后水样相当于铂钴标准色列的色度，度；

50——水样稀释后的体积，mL；

B——水样稀释前的体积，mL。

4) 注意事项

(1) 可用重铬酸钾代替氯铂酸钾配制标准色列。

称取0.0437g重铬酸钾和1.000g硫酸钴($CoSO_4 \cdot 7H_2O$)，溶于少量水中，加入0.50mL硫酸，用水稀释至500mL。此溶液的色度为500度，不宜久存。

(2) 如果样品中有泥土或其他分散很细的悬浮物，虽经预处理而得不到透明水样时，则只测"表色"。

2. 稀释倍数法

(1) 将水样倒入250mL或体积更大量筒中，静置15min，取上层液体作为试样进行测定。

(2) 分别取试样和光学纯水于具塞比色管中，加至标线，将具塞比色管放在白色表面上。具塞比色管与该表面应呈合适的角度，使光线被反射自具塞比色管底部向上通过液柱。垂直向下观察液柱，比较样品和光学纯水，描述样品呈现的色度和色调。

(3) 将试样用光学纯水逐级稀释成不同倍数，分别置于比色管并加至标线。将具塞比色管放在白色表面上，用上述方法与光学纯水进行比较。将试样稀释至刚好与光学纯水无法区别为止，记下此时的稀释倍数值。

稀释的方法如下：

① 试样的色度在 50 倍以上时，用移液管计量吸取试样于容量瓶中，用光学纯水稀释至标线，每次取大的稀释比，使稀释后色度在 50 倍之内；

② 试样的色度在 50 倍以下时，在具塞比色管中取试样 25mL，用光学纯水稀释至标线，每次稀释倍数为 2；

③ 试样或试样经稀释至色度很低时，应自具塞比色管倒至量筒适量试样并计量，然后用光学纯水稀释至标线，每次稀释倍数小于 2。

将逐级稀释的各次倍数相乘，所得之积取整数值，以此来表达样品的色度。

六、思考题

(1) 什么是水的表观颜色？什么是水的真实颜色？
(2) 水的色度是指水的表观颜色还是水的真实颜色？

实验 17 水中臭阈值的测定

臭是检验原水和处理水质必测项目之一。水中臭味可用臭阈值表示，臭阈值是水样用无臭水稀释到闻出最低可辨别的臭气浓度的稀释倍数。规定饮用水的臭阈值≤2。由于每个人对臭特征及产臭浓度的反应不同，所以一般情况下至少 5 人，最多 10 人或更多，才可获得精度较高的结果。

一、仪器与试剂

仪器：
(1) 500mL 具塞锥形瓶；
(2) 0～100℃温度计；
(3) 恒温水浴。

试剂：
(1) 无臭水：用蒸馏水或自来水通过颗粒活性炭制备无臭水。将蒸馏水通过盛有 12～40 目颗粒活性炭的玻璃管(内径 76mm，高 460mm，活性炭顶部、底部加一层玻璃棉，防止碳颗粒冲出或洗出)，流速 100mL/min。若无活性炭，可将蒸馏水煮沸，蒸去体积的 1/10，也可作无臭水。

(2) 含臭水：用邻甲酚或正丁醇配制臭水样。

二、实验步骤

(1) 每 5～10 人一组。

(2) 吸取 0mL、2mL、4mL、8mL、12mL、25mL、50mL、100mL 和 200mL 含臭水样，分别放入 500mL 锥形瓶中，各加无臭水至 200mL。各瓶编以暗号(空白样插入中间)，于水浴内加热至(60±1)℃。

(3) 取出锥形瓶，振荡 2～3s，取下瓶塞，从低浓度开始，与无臭水对比，闻其臭味。闻出臭味的水样记录"+"号，未闻出的记"−"号。

(4) 计算：

$$臭阈值 = \frac{A+B}{A}$$

式中：A——水样体积(mL)；

B——无臭水体积(mL)。

如取水样稀释到 200mL 时，刚好闻出臭味，其臭阈值为 4。

如果 N 人参加检验，用几何平均值表示臭阈值。几何平均值等于 N 位检验人员测得的臭阈值数字积的 n 次方根。例如，6 位检验人员检测水样的臭阈值为 2、4、8、6、2、7，则

$$臭阈值 = \sqrt[6]{2 \times 4 \times 8 \times 6 \times 2 \times 7} \approx 4.2$$

(5) 写出实验报告(表 5-2)。

三、注意事项

(1) 检验人员如嗅觉迟钝不可入选。参加检验人员在实验之前勿用香皂、香水，勿食带有气味的实物。拿取锥形瓶时，手上不得有异味，不得触及瓶颈。

(2) 如水样含有余氯(例如自来水)，应在脱氯前后各检验一次。应用新配制的硫代硫酸钠(3.5g $Na_2S_2O_3 \cdot H_2O$ 溶于 1L 水中，1mL 此溶液可除去 0.5mg 余氯)脱氯。

(3) 有时用 40℃作为检臭温度，故报告中必须注明检验时的水温。

四、思考题

(1) 一般情况下，为什么水样中并无绝对的臭阈值？

(2) 自来水、蒸馏水或去离子水是否可直接作无臭水？为什么？

表 5-2 臭阈值测定记录

水样/mL	无臭水/mL	检验人员的反应					
		1	2	3	4	5	6
2	198						
4	196						
8	192						
0	200						
12	188						
25	175						
50	150						
100	100						
200	0						
臭阈值							
几何平均值							

实验 18　水中总不可滤残渣(SS)的测定

一、实验目的

(1) 学会重量分析法的基本操作。

(2) 掌握水中 SS 测定方法。

二、实验原理

水样中被某种过滤材料分离出来的固体称为总不可滤残渣，简称 SS，它可降低水体的透明度，影响水质质量。不同过滤材料可以获得不同的测量结果。一般采用中速定量滤纸(或滤膜)过滤水样，经 103～105℃烘干后得到 SS 的含量。

本实验方法适用于地面水、地下水，也适用于生活污水和工业废水中悬浮物测定。

三、试剂

(1) 称量瓶：60×30。

(2) 中速定量滤纸(孔径为 0.45μm 的滤膜及相应滤器)、玻璃漏斗。

(3) 恒温干燥箱(烘箱)。

(4) 无齿扁嘴镊子。

(5) 吸滤瓶、真空泵。

四、采样及样品储存

1) 采样

所用聚乙烯瓶或硬质玻璃瓶要用洗涤剂洗净。再依次用自来水和蒸馏水冲洗干净。在采样之前，再用即将采集的水样清洗三次。然后，采集具有代表性的水样 500~1000mL，盖严瓶塞。

注：漂浮或浸没的不均匀固体物质不属于悬浮物质，应从水样中除去。

2) 样品储存

采集的水样应尽快分析测定。如需放置，应储存在 4℃冷藏箱中，但最长不得超过七天。

注：不能加入任何保护剂，以防破坏物质在固、液间的分配平衡。

五、步骤

1) 滤膜准备

用无齿扁嘴镊子夹取微孔滤膜放于事先恒重的称量瓶里，移入烘箱中于 103~105℃烘干半小时后，取出置干燥器内冷却至室温，称其重量。反复烘干、冷却、称量，直至两次称量的重量差≤0.2mg。将恒重的微孔滤膜正确地放在滤膜过滤器的滤膜托盘上，加盖配套的漏斗，并用夹子固定好。以蒸馏水湿润滤膜，并不断抽滤(见图 5-2)。

① 漏斗；② 过滤砂芯；③ 滤膜；④ 滤膜支撑垫；⑤ 夹子；⑥ 接收瓶

图 5-2 抽滤装置

2) 测定

量取充分混合均匀的试样 100mL 抽吸过滤，使水分全部通过滤膜。再以每次 10mL 蒸馏水连续洗涤三次，继续吸滤以除去痕量水分。停止吸滤后，仔细取出载有悬浮物的滤膜放在原恒重的称量瓶里，移入烘箱中于 103～105℃下烘干 1h 后移入干燥器中，冷却到室温，称其重量。反复烘干、冷却、称量，直至两次称量的重量差≤0.4mg 为止。

注：滤膜上截留过多的悬浮物可能夹带过多的水分，除延长干燥时间外，还可能造成过滤困难，遇此情况，可酌情少取试样。滤膜上悬浮物过少，则会增大称量误差，影响测定精度，必要时，可增大试样体积。一般以 5～100mg 悬浮物量作为量取试样体积的使用范围。

六、结果计算

悬浮物含量 SS(mg/L)按下式计算：

$$SS(mg/L) = \frac{(A-B) \times 10^6}{V}$$

式中：SS——水中悬浮物浓度，mg/L；
A——悬浮物＋滤膜＋称量瓶质量，g；
B——滤膜＋称量瓶质量，g；
V——试样体积，mL。

实验 19　水中溶解性固体的测定(重量法)

一、实验目的

(1) 进一步掌握重量分析法的基本操作。
(2) 学会水中溶解性固体的测定方法。

二、实验原理

取过滤后的一定量的水样，在指定温度下烘干，所得固体残留物作为溶解性固体。实际上也包括水中可滤过的而又不易挥发的物质在内。适用于测定循环冷却水、天然水、工业污水中的溶解性固体。

三、仪器

(1) 慢速定量滤纸或 G5 玻璃砂芯漏斗。
(2) 100～200mL 瓷蒸发皿。

(3) 恒温水浴。
(4) 烘箱。
(5) 分析天平。
(6) 干燥器。

四、实验步骤

(1) 取 100~200mL 的瓷蒸发皿,在 105~110℃烘箱中烘 30min 后,放在干燥器内冷却 30min,在分析天平上称重,重复上述操作至恒重(两次称重差不超过 0.0004g)。

(2) 吸取用慢速滤纸(或 G5 玻璃砂芯漏斗)过滤的水样 100mL 于上述已称重的蒸发皿中,置水浴上蒸发至干。

(3) 将已蒸干的样品连同蒸发皿置于 105~110℃烘箱中烘 60min,取出蒸发皿置干燥器内冷却 30min,迅速称量。将称重过的蒸发皿再置烘箱内,再于相同条件下烘 30min,干燥器内冷却 30min 称重。反复操作至恒重(两次称重差不超过 0.0004g)。

五、结果计算

水样中溶解性的固体 ρ,数值以毫克每升(mg/L)表示,按下式计算:

$$\rho(\text{mg/L}) = \frac{m_2 - m_1}{V} \times 10^6$$

式中:V——水样体积,mL;
m_1——蒸发皿质量,g;
m_2——水样蒸干后的总溶固体和蒸发皿质量,g。

六、注意事项

(1) 蒸干操作时水浴锅内水面与蒸发皿不能接触,以免沾污蒸发皿而引起误差。

(2) 为防止蒸干及烘干过程中落入杂物而影响测定结果,应在蒸发皿上放置玻璃三脚架,并加盖表面皿。

七、思考题

(1) 在溶解性固体的测量过程中,应注意哪些事项?

(2) 如何测定水中的全固形物、悬浮固形物,全固形物和溶解固形物之间有何关系?在什么条件下才能成立?

实验 20 水质矿化度的测定(重量法)

一、实验目的

掌握重量法测定水质矿化度的基本原理和方法。

二、实验原理

矿化度(M)是水化学成分测定的重要指标,用于评价水中总含盐量,以 g/L 表示。该项指标一般只用于天然水,是农田灌溉用水适用性评价的主要指标之一。按矿化度(M)的大小一般分为:淡水,$M<1g/L$;微咸水,$M=1\sim3g/L$;咸水,$M=3\sim10g/L$;盐水,$M=10\sim50g/L$;卤水,$M>50g/L$。

矿化度的测定方法有重量法、电导法、阳离子加和法、离子交换法、比重计法等。本实验采用重量法。

水样经过滤去除漂浮物及沉降性固体物,放在恒重的蒸发皿内蒸干,然后在 105~110℃下烘干至恒重,将称得重量减去蒸发皿重量即为矿化度。

高矿化度水含有大量钙、镁的氯化物时易于吸水,硫酸盐结晶水不易除去,这些均可使测量结果偏高。可采用加入碳酸钠提高烘干温度和快速称重的方法处理,以消除其影响。

当水样中含有有机物时,蒸干的残渣有色,可用过氧化氢去除。

三、仪器和试剂

仪器:

(1) 直径 90mm 蒸发皿;

(2) 烘箱;

(3) 水浴或电热套;

(4) 电子天平;

(5) 漏斗及中速定量滤纸。

试剂:

(1) (1+1)过氧化氢溶液。取 30%的过氧化氢配制。

(2) 2% Na_2CO_3 溶液。

四、实验步骤

(1) 将清洗干净的蒸发皿置于 110℃烘箱中烘 2h,放入干燥器中冷却至室温后称重,重复烘干称重,直至恒重(两次称重相差不超过 0.0005g)。

(2) 取 70~80mL 水样用中速定量滤纸过滤至干燥洁净的烧杯中。

(3) 用移液管准确移取过滤后水样 50mL，置于已称重的蒸发皿中，加入 5mL 2% Na_2CO_3 溶液，于电热套上蒸干。整个蒸干过程要严格控制温度，不可明显沸腾，以免发生迸溅导致结果偏低。

(4) 如蒸干残渣有色，则使蒸发皿稍冷后，滴加(1+1)过氧化氢溶液数滴，慢慢旋转蒸发皿至气泡消失，再置于水浴上蒸干，反复处理数次，直至残渣变白或颜色稳定不变为止。

(5) 将蒸发皿放入烘箱内于 180℃烘干 2h，置于干燥器中冷却至室温，称重，重复烘干称重，直至恒重(两次称重相差不超过 0.0005g)。

五、数据处理

矿化度计算公式为

$$M(\text{mg/L}) = \frac{W - W_0 - W_N}{V} \times 10^6$$

式中：W——蒸发皿及残渣的总质量，g；

W_0——蒸发皿质量，g；

W_N——Na_2CO_3 质量，g；

V——水样体积，mL；

10^6——单位换算系数。

根据上述公式计算水样的矿化度。

六、思考题

(1) 为什么蒸发皿以及水样残渣需要恒重？

(2) Na_2CO_3 溶液为什么要准确加入？

实验 21　水中硫酸盐的测定(重量法)

一、实验目的

(1) 掌握沉淀结晶、过滤、灼烧等操作；

(2) 掌握重量法测定水中硫酸盐的方法。

二、实验原理

在盐酸溶液中，硫酸盐与加入的氯化钡反应形成硫酸钡沉淀。沉淀反应在接近沸腾的温度下进行，并陈化一段时间之后过滤，用水洗到无氯离子，烘干或灼烧沉淀，称硫酸钡的质量。

样品中若有悬浮物、二氧化硅、硝酸盐和亚硝酸盐，则可使结果偏高。碱金属硫酸盐，特别是碱金属硫酸氢盐常使结果偏低。在酸性介质中进行沉淀可以防止碳酸钡和磷酸钡沉淀，但是酸度高会使硫酸钡沉淀的溶解度增大。

本实验参照采用国家标准 GB/T 11899—1989 的方法。该方法适用于地面水、地下水、含盐水、生活污水及工业废水中硫酸盐的测定，可以测定硫酸盐含量为 10mg/L(以 SO_4^{2-} 计)以上的水样，测定上限为 5000mg/L(以 SO_4^{2-} 计)。

三、仪器与试剂

仪器：

(1) 蒸气浴。

(2) 烘箱，带有恒温控制器。

(3) 马弗炉，带有加热指示器。

(4) 干燥器。

(5) 分析天平，准确至 0.1mg。

(6) 慢速定量滤纸、中速定量滤纸。

(7) 滤膜，孔径为 0.45μm。

(8) 烧结玻璃坩埚，G4，约 30mL。

(9) 坩埚，约 30mL。

(10) 洗瓶，500mL。

(11) 玻璃漏斗。

试剂：

(1) (1+1)盐酸溶液。

(2) 100g/L $BaCl_2$ 溶液。将 100g 二水氯化钡($BaCl_2·2H_2O$)溶于约 800mL 水中，加热溶解，冷却后稀释至 1L，储存于玻璃或聚乙烯瓶中。此溶液能长期保持稳定。此溶液 1mL 可沉淀约 40mg SO_4^{2-}。

(3) (1+1)氨水。

(4) 0.1g/L 甲基红指示剂溶液。将 0.1g 甲基红钠盐溶解在水中，并稀释至 100mL。

(5) $AgNO_3$ 溶液(约 0.1 mol/L)。将 1.7g 硝酸银溶解于 80mL 水中，加 0.1mL 浓硝酸，稀释至 100mL，储存至棕色玻璃瓶中，避光保存长期稳定。

(6) 无水碳酸钠。

四、实验步骤

1. 水样预处理

将量取的适量可滤态水样(测可溶性硫酸盐)置于 500mL 烧杯中，加两滴甲基红指示剂,用适量的(1+1)盐酸或(1+1)氨水调节至显橙黄色,再加 2mL(1+1)盐酸,加水使烧杯中溶液的总体积至 200mL,加热煮沸至少 5min。

2. 沉淀

将预处理所得的溶液加热至沸,在不断搅拌下缓慢加入(10±5)mL 热的 100g/L $BaCl_2$ 溶液,直至不再出现沉淀,然后多加 2mL,在 80~90℃下保持不少于 2h,或在室温下至少放置 6h,最好过夜以陈化沉淀。

3. 过滤、沉淀灼烧或烘干

(1) 灼烧沉淀法。用少量无灰过滤纸纸浆与硫酸钡沉淀混合,用定量滤纸过滤,用热水转移并洗涤沉淀,用几份少量温水反复洗涤沉淀物,直至洗涤液不含氯化物为止。滤纸和沉淀一起,置于事先在 800℃灼烧至恒重的坩埚里烘干,小心灰化滤纸后(不要让滤纸烧出火焰),将坩埚移入马弗炉里,在 800℃灼烧 1h,放在干燥器中冷却至室温,称量,直至灼烧至恒重。

(2) 烘干沉淀法。用在 105℃干燥并已恒重后的熔结玻璃坩埚(G4)过滤沉淀,用带橡皮头的玻璃棒及温水将沉淀定量转移到坩埚中去,用几份少量的温水反复洗涤沉淀,直至洗涤液不含氯化物。取下坩埚,并在烘箱内于(105±2)℃干燥 1~2 h,然后放在干燥器内冷却,称量,直至干燥至恒重。

(3) 洗涤过程氯化物的检验。在含约 5mL 0.1mol/L $AgNO_3$ 溶液的小烧杯中收集约 5mL 的洗涤水,如果没有沉淀生成或者不显浑浊,即表明沉淀中已不含氯离子。

五、实验数据记录(表 5-3)

表 5-3 数据记录表

项目	灼烧沉淀法			烘干沉淀法		
	第一次	第二次	第三次	第一次	第二次	第三次
坩埚质量/g						
坩埚+硫酸钡质量/g						
硫酸钡含量/g						
硫酸根含量/g						
硫酸根含量平均值/g						
相对平均偏差						

六、结果计算

$$硫酸根(SO_4^{2-})含量(mg/L) = \frac{m \times 0.4115}{V} \times 10^6$$

式中：m——从试样中沉淀出来的硫酸钡质量，g；
　　　V——试样的体积，mL；
　　　0.4115——$BaSO_4$ 质量换算为 SO_4^{2-} 的系数；
　　　10^6——单位换算系数。

七、注意事项

(1) 恒重是指两次灼烧或烘干后，称得的质量差在 0.2~0.3mg 之间。与沉淀进行恒重操作时一样，应注意放置相同的冷却时间、相同的称量时间，即要保持各种操作的一致性。

(2) 使用过的熔结玻璃坩埚的清洗：

可用每升含 5g 乙二胺四乙酸(EDTA)和 25mL 乙醇胺[$CH_2(OH)CH_2NH_2$]的水溶液将坩埚浸泡一夜，然后将坩埚在抽吸情况下用水充分洗涤。

(3) 当采用灼烧法时，硫酸钡沉淀的灰化应保证空气供应充分，否则沉淀易被滤纸烧成的碳还原。

$$BaSO_4 + 4C \longrightarrow BaS + 4CO\uparrow$$

灼烧后的沉淀将会呈灰色或黑色。这时可在冷却后的沉淀中加入 2~3 滴浓硫酸，然后小心加热至 SO_2 白烟不再发生为止，再在 800℃灼烧至恒重。

(4) 用少量无灰过滤纸纸浆与硫酸钡混合，能改善过滤并防止沉淀产生蠕升现象，纸浆与过滤硫酸钡的滤纸可一起灰化。

(5) 将 $BaSO_4$ 沉淀陈化好，并定量转移是至关重要的，否则结果会偏低。

(6) 过滤前不要将沉淀搅起，先将上层清液滤出；倾倒滤液应在滤纸边缘以下 5mm，以免滤液因毛细作用溢出滤纸；洗涤沉淀时应遵循少量多次的原则。

实验 22　水中碱度的测定(酸碱滴定法)

一、实验目的

掌握水中碱度测定方法，进一步掌握滴定终点的判断。

二、实验原理

采用连续滴定法测定水中碱度。首先以酚酞为指示剂，用 HCl 标准溶液滴定至终点时，溶液由红色变为无色，用量为 P(mL)；再以甲基橙为指示剂，继续用同浓度 HCl 溶液滴定至溶液由橘黄色变为橘红色，用量为 M(mL)。存在的反应如下：

$$OH^- + H^+ =\!=\!= H_2O \tag{1}$$

$$CO_3^{2-} + H^+ \rightleftharpoons HCO_3^- \tag{2}$$

$$HCO_3^- + H^+ \rightleftharpoons H_2O + CO_2 \uparrow \tag{3}$$

若 $P>0$，$M=0$，只存在反应(1)，则有 OH^- 碱度；

若 $P>M$ 时，存在反应(1)、(2)，则有 OH^- 和 CO_3^{2-} 碱度；

若 $P=M$ 时，只存在反应(2)，则有 CO_3^{2-} 碱度；

若 $P<M$ 时，存在反应(2)、(3)，则有 CO_3^{2-} 和 HCO_3^- 碱度；

若 $P=0$，$M>0$，只存在反应(3)，则有 HCO_3^- 碱度(表5-4)。

根据 HCl 标准溶液的浓度和用量，求出水中碱度。

表 5-4 碱度的组成

滴定结果	氢氧化物(OH$^-$)	碳酸盐(CO_3^{2-})	重碳酸盐(HCO_3^-)
$P>0$, $M=0$	P	0	0
$P>M$	P–M	M	0
$P=M$	0	M	0
$P<M$	0	P	M–P
$P=0$, $M>0$	0	0	M

三、仪器与试剂

(1) 酸式滴定管，50mL。

(2) 锥形瓶，250mL。

(3) 移液管，100mL。

(4) 无 CO_2 蒸馏水。将蒸馏水或去离子水煮沸 15min，冷却至室温。pH 应大于 6.0，电导率小于 2μS/cm。无 CO_2 蒸馏水应储存在带有碱石灰的橡皮塞盖严的瓶中。所有试剂均用无 CO_2 蒸馏水配制。

(5) 0.1000mol/L HCl 溶液(配制方法参见"实验 7 HCl 标准溶液的配制与标定")。

(6) 酚酞指示剂。0.1%的 90%乙醇溶液。

(7) 甲基橙指示剂。0.1%的水溶液。

四、实验步骤

(1) 用移液管吸取 3 份水样和无 CO_2 蒸馏水各 100mL，分别放入 250mL 锥形瓶中，加入 4 滴酚酞指示剂，摇匀。

(2) 若溶液呈红色，用 0.1000mol/L HCl 溶液滴定至刚好无色(可与无 CO_2 蒸馏水的锥形瓶比较)。记录用量(P)。若加酚酞指示剂后溶液无色,则无需用 HCl 溶液滴定。接着按下一步操作。

(3) 再于每瓶中加入甲基橙指示剂 3 滴,混匀。

(4) 若水样变为橘黄色,继续用 0.1000mol/L HCl 溶液滴定至刚刚变为橘红色为止(与无 CO_2 蒸馏水水中颜色比较),记录用量(M)。如果加甲基橙指示剂后溶液为橘红色,则不需要用 HCl 溶液滴定。

(5) 实验结果记录(表 5-5)。

表 5-5 碱度测定结果记录

锥形瓶编号		1	2	3
酚酞指示剂	滴定管终读数/mL			
	滴定管始读数/mL			
	P/mL			
	平均值			
甲基橙指示剂	滴定管终读数/mL			
	滴定管始读数/mL			
	M/mL			
	平均值			

五、数据处理

计算:

$$总碱度(CaO 计,mg/L) = \frac{C(P+M) \times 28.04}{V} \times 1000$$

$$总碱度(CaCO_3 计,mg/L) = \frac{C(P+M) \times 50.05}{V} \times 1000$$

式中:C——HCl 标准溶液的浓度,mol/L;

P——酚酞为指示剂滴定终点时消耗 HCl 标准溶液的量,mL;

M——甲基橙为指示剂滴定终点时消耗 HCl 标准溶液的量,mL;

V——水样体积,mL;

28.04——氧化钙的摩尔质量(1/2CaO),g/mol;

50.05——碳酸钙的摩尔质量(1/2$CaCO_3$),g/mol。

六、注意事项

(1) 水中碱度由 NaOH 与 Na_2CO_3 组成时,酚酞指示剂可适当多加几滴,否则常因滴定不完全使 NaOH 的测定结果偏低,测定结果偏高。

(2) 在临近第一终点的时候，如果滴定的速度太快，摇动不均匀，试液局部 HCl 过浓，会与 NaHCO₃ 反应生成 H₂CO₃ 从而分解为 CO₂ 而逸出。因此滴定开始至第一终点前摇动要均匀，而当溶液的颜色从红色变为微红色的时候，应该慢滴慢摇，使生成的(或者原试液中的)NaHCO₃ 在未加甲基橙指示剂前不被滴定。另外最好采用 NaHCO₃ 的酚酞溶液(浓度相当)做对照。

(3) 在临近第二终点的时候，一定要充分摇动，以防形成 CO_2 的过饱和溶液而使终点提前到达。

七、思考题

(1) 请根据实验数据，判断水样中有何种碱度。

(2) 为什么水样直接以甲基橙为指示剂，用酸标准溶液滴定至终点所得的碱度是总碱度？

实验 23　钙硬度和总硬度的测定(络合滴定法)

一、实验目的

(1) 了解钙硬度和总硬度的意义；
(2) 熟悉钙硬度和总硬度的测定。

二、实验原理

水中钙镁含量表示水的硬度，是水质的一项重要指标。含有钙盐和镁盐的水称为硬水，当钙、镁以碳酸氢盐形式存在时，称暂时硬水；而以氯化物、硫酸盐形式存在时，称永久硬水。水中钙、镁的总含量即为水的总硬度。

世界各国对水硬度的表示方法各有不同，德国以每升水中含 CaO 的毫克数表示，1 度(^{0}d)相当于 1L 水中含有 10mg CaO；法国以每升水中含 $CaCO_3$ 的毫克数表示，1 度(^{0}f)相当于 1L 水中含有 10mg $CaCO_3$；而英国，1 度(^{0}e)相当于 0.7L 水中含 10mg $CaCO_3$。

按照硬度的大小，可将水质分为软水(4~8 度)、中等硬水(8~16 度)、硬水(16~30 度)；少于 4 度为很软水，大于 30 度为很硬水。生活用水的总硬度不得超过 25 度。不同的工业部门对水的硬度要求不同，故测定水的硬度有很重要的实验意义。

用 EDTA 滴定 Ca^{2+}、Mg^{2+} 总量时，一般是在 pH=10 的氨性缓冲溶液进行，用 EBT(铬黑 T)作指示剂。化学计量点前，Ca^{2+}、Mg^{2+} 和 EBT 生成紫红色络合物，当用 EDTA 溶液滴定至化学计量点时，游离出指示剂，溶液呈现纯蓝色。

由于 EBT 与 Mg^{2+} 显色灵敏度高，与 Ca^{2+} 显色灵敏度低，所以当水样中 Mg^{2+} 含量较低时，用 EBT 作指示剂往往得不到敏锐的终点。这时可在 EDTA 标准溶液中加入适量的 Mg^{2+}(标定前加入 Mg^{2+} 对终点没有影响)或者在缓冲溶液中加入一定量 Mg^{2+}-EDTA 盐，利用置换滴定法的原理来提高终点变色的敏锐性，也可采用酸性铬蓝 K-萘酚绿 B 混合指示剂，此时终点颜色由紫红色变为蓝绿色。

滴定时，若存在 Fe^{3+}、Al^{3+} 等干扰离子，可用三乙醇胺掩蔽；Cu^{2+}、Pb^{2+}、Zn^{2+} 等重金属离子则可用 KCN、Na_2S 或巯基乙酸等掩蔽。

本实验以 $CaCO_3$ 的质量浓度(mg/L)表示水的硬度。我国《生活饮用水卫生标准》规定，总硬度以 $CaCO_3$ 计，不得超过 450 mg/L。

本实验方法用 EDTA 滴定测定地下水和地表水钙和镁的总量，不适用于含盐量高的水。

三、仪器与试剂

仪器：

(1) 250mL 锥形瓶。

(2) 50mL 酸式滴定管。

(3) 其他常用玻璃仪器。

试剂：

(1) 10mmol/L EDTA 二钠标准溶液。将一份 EDTA 二钠二水合物(EDTA-$2Na·2H_2O$)在 80℃干燥 2h，放入干燥器中冷却至室温，称取 3.725g 溶于水，在容量瓶中定容至 1L，盛放在聚乙烯瓶中，定期校对其浓度。

按下面钙硬度的测定步骤，用钙标准溶液标定 EDTA 二钠溶液。取 20.0mL 钙标准溶液稀释至 50mL 后滴定。

EDTA 二钠溶液的浓度 C_1(mmol/L)用下式计算：

$$C_1 = \frac{C_2 V_2}{V_1}$$

式中：C_2——钙标准溶液的浓度，mmol/L；

V_2——钙标准溶液的体积，mL；

V_1——标定中消耗的 EDTA 二钠溶液体积，mL。

(2) pH=10 的缓冲溶液。称取 1.25g EDTA 二钠镁和 16.9g 氯化铵溶于 143mL 浓氨水中，用水稀释至 250mL。

(3) 10mmol/L 钙标准溶液。将一份碳酸钙在 150℃干燥 2h，取出放在干燥器中冷却至室温，称取 1.000g 于 50mL 锥形瓶中，用水润湿。

逐滴加入 4mol/L 盐酸至碳酸钙全部溶解，避免滴入过量酸。加 200mL 水，煮沸数分钟赶出二氧化碳,冷却至室温,加入数滴甲基红指示剂溶液(0.1g 溶于 100mL 60%乙醇),逐滴加入 3mol/L 氨水至变为橙色,在容量瓶中定容至 1L。此溶液 1.00mL 含 0.4008mg 钙(0.01mmol/L)。

(4) 铬黑 T 指示剂或钙指示剂,铬黑 T 或钙指示剂干粉。称取 0.5g 铬黑 T 或钙指示剂与 100g 氯化钠,充分混合,研磨后通过 40～50 目筛,盛放在棕色瓶中,塞紧。

(5) 2mol/L 氢氧化钠溶液。将 8g 氢氧化钠溶于 100mL 新鲜蒸馏水中。盛放在聚乙烯瓶中,避免空气中二氧化碳的污染。

(6) 10%盐酸羟胺。此溶液易分解,用时新配。

(7) (1+1)三乙醇胺溶液。取 50mL 的三乙醇胺溶液,加入 50mL 的纯水。

(8) 2%的 Na_2S 溶液。

四、实验步骤

1. 总硬度的测定

用移液管吸取 50.0mL 水样于 250mL 锥形瓶中,加盐酸羟胺 5 滴,加 1mL 三乙醇胺,加 5mL 缓冲溶液,此时溶液的 pH=10。加 3 滴铬黑 T 指示剂或约 50～100mg 指示剂干粉,此时溶液应呈紫红色或紫色。

为防止产生沉淀,应立即在不断振摇下自滴定管加入 EDTA 二钠溶液,开始滴定时速度宜稍快,接近终点时应稍慢,并充分振荡,最好每滴间隔 2～3s,溶液的颜色由紫红或紫色逐渐转变为蓝色,在最后一点紫的色调消失、刚出现天蓝色时即为终点。记录 EDTA 二钠用量(V_1),整个滴定过程应在 5min 内完成。由下式计算:

$$钙和镁总量\ C(\mathrm{mmol/L}) = \frac{C_1 V_1}{V_0}$$

$$总硬度(CaCO_3,\ \mathrm{mg/L}) = \frac{C_1 V_1}{V_0} \times 100.1$$

式中:C_1——EDTA 二钠溶液浓度,mmol/L;

V_1——滴定中消耗 EDTA 二钠溶液的体积,mL;

V_0——试样体积,mL;

100.1——碳酸钙的摩尔质量($CaCO_3$),g/mol。

2. 钙硬度的测定

移液管吸取 50.0mL 水样于 250mL 锥形瓶中,加盐酸羟胺 5 滴,加 1mL 三乙醇胺,加 1mL 氢氧化钠溶液,此时溶液的 pH 应为 12～13。加钙指示剂 1 小勺,水样呈明显的红色。

自滴定管加 EDTA 二钠溶液,开始滴定时速度宜稍快,接近终点时应稍慢,并充分振摇,最好每滴间隔 2~3s,溶液的颜色由红色逐渐转变为蓝色,在刚出现天蓝色时即为终点。记录 EDTA 二钠用量(V_2),整个滴定过程应在 5min 内完成。由下式计算:

$$钙硬度(Ca^{2+}, mg/L) = \frac{C_2 V_2}{V_0} \times 40.08$$

式中:C_2——EDTA 二钠溶液浓度,mmol/L

V_2——消耗 EDTA 标准溶液的体积,mL;

V_0——试样体积,mL;

40.08——钙的摩尔质量(Ca),g/mol。

如试样经过稀释,用稀释因子 F 修正计算。

五、数据处理(表 5-6)

表 5-6 数据记录

水样编号	1	2	3
V_1/mL			
平均值			
总硬度/(mmol/L)($CaCO_3$ 计, mg/L)			
V_2/mL			
平均值			
钙硬度/(Ca^{2+}, mg/L)			

六、思考题

(1) 根据上述数据,计算中的镁硬度是多少(mg/L 表示)?

(2) 测定水的硬度时,缓冲溶液中加 Mg-EDTA 盐的作用是什么?对测定有无影响?

实验 24 水中 Cl^- 的测定(沉淀滴定法)

一、实验目的

(1) 掌握 $AgNO_3$ 溶液标定方法;

(2) 掌握莫尔法测定水中 Cl^- 的原理和方法。

二、实验原理

在中性或弱碱性溶液中(pH 6.5～10.5)，以铬酸钾 K_2CrO_4 为指示剂，用 $AgNO_3$ 标准溶液直接滴定水中 Cl^- 时，由于 AgCl 的溶解度($8.72×10^{-8}$mol/L)小于 Ag_2CrO_4 的溶解度($3.94×10^{-7}$mol/L)，根据分步沉淀的原理，在滴定过程中，首先 AgCl 析出沉淀，到达化学计量点后，稍过量的 Ag^+ 与 CrO_4^{2-} 生成 Ag_2CrO_4 砖红色沉淀，指示滴定终点到达。沉淀滴定反应为

$$Ag^+ + Cl^- \rightleftharpoons AgCl\downarrow(白色)$$
$$2Ag^+ + CrO_4^{2-} \rightleftharpoons Ag_2CrO_4\downarrow(砖红色)$$

由于滴定终点时，$AgNO_3$ 的实际用量比理论用量稍多点，因此需要以蒸馏水作空白实验扣除。根据 $AgNO_3$ 标准溶液的浓度和用量计算水样中 Cl^- 的含量。

三、仪器与试剂

仪器：

(1) 马弗炉；

(2) 50mL 移液管 1 支；

(3) 50mL 酸式滴定管 1 支；

(4) 250mL 锥形瓶 4 个。

试剂：

(1) 氯化钠标准溶液(NaCl=0.1000mol/L)。将少量 NaCl 放入坩埚中，于 500～600℃下灼烧 40～50min。冷却后准确称取 2.9226g，用少量蒸馏水溶解，倾入 500mL 容量瓶中，并稀释至刻度。

(2) 硝酸银标准溶液($AgNO_3≈0.1000$mol/L)。称取 16.987g $AgNO_3$，溶于蒸馏水并稀释至 1000 mL，转入棕色试剂瓶中暗处保存。

(3) 5% K_2CrO_4 溶液(指示剂)：称取 5g K_2CrO_4 溶于少量水中，用上述 $AgNO_3$ 溶液滴定至有红色沉淀生成，混匀。静置 12h，过滤，滤液滤入 100mL 容量瓶中，用蒸馏水稀释至刻度。

(4) 0.05mol/L 硫酸溶液($1/2H_2SO_4$)。先在 1L 烧杯中加 100mL 的去离子水，吸取 2.72mL 98%浓硫酸缓慢加入水中，待其冷却后稀释至 1L。

(5) 0.005mol/L NaOH 溶液。将 0.02g NaOH 用蒸馏水溶解并稀释至 100mL。

(6) 酚酞指示剂。称取 0.5g 酚酞溶于 50mL 95%乙醇中，加 50mL 蒸馏水，再滴加 0.05mol/L NaOH 溶液至呈微红色。

四、实验步骤

(1) 硝酸银溶液的标定：吸取 3 份 25mL 0.1000mol/L NaCl 溶液，同时吸取

10mL 蒸馏水作空白,分别放入 250mL 锥形瓶中,各加 10mL 蒸馏水和 0.5mL K_2CrO_4 指示剂。在不断摇动下用 $AgNO_3$ 溶液滴定至淡橘红色,即为终点。记录 $AgNO_3$ 溶液用量(V_{1-1}、V_{1-2}、V_{1-3} 和 V_0)。根据标准溶液的浓度和溶液的体积,计算 $AgNO_3$ 溶液的准确浓度。

(2) 水样测定:吸取 50mL 水样 3 份和 50mL 蒸馏水(作空白实验)分别放入锥形瓶中;加入 1mL K_2CrO_4 溶液,在剧烈摇动下用 $AgNO_3$ 标准溶液滴定至刚刚出现淡橘红色,即为终点。记录 $AgNO_3$ 标准溶液用量(V_{2-1}、V_{2-2}、V_{2-3} 和 $V_{空白}$)。

计算:

$$氯化物(Cl^-, mg/L) = \frac{(V_2 - V_{空白})C \times 35.453 \times 1000}{V_{水}}$$

式中:V_2——水样消耗 $AgNO_3$ 标准溶液的体积,mL;

C——标准溶液的浓度,mol/L;

$V_{空白}$——空白水样消耗 $AgNO_3$ 标准溶液的体积,mL;

$V_{水}$——水样的体积,mL;

35.453——氯离子的摩尔质量,Cl^-,g/mol。

五、实验记录(表 5-7)

表 5-7 测定结果记录

实验编号		1	2	3	4
溶液标定		V_{1-1}	V_{1-2}	V_{1-3}	V_0
	滴定终读数/mL				
	滴定始读数/mL				
	V/mL				
水样测定		V_{2-1}	V_{2-2}	V_{2-3}	$V_{空白}$
	滴定终读数/mL				
	滴定始读数/mL				
	V/mL				

六、注意事项

(1) 如果水样的 pH 在 6.5~10.5 范围时,可直接滴定;超出此范围的水样应以酚酞作指示剂,用 0.05mol/L H_2SO_4 溶液或 NaOH 溶液调节至 pH≈8.0。

(2) 水样中有机物含量高或色度大,可采取如下措施:

① 取 150 mL 水样,放入 250 mL 锥形瓶中,加 2mL 氢氧化铝悬浮液,振荡过滤,弃去最初滤液 20mL。如仍不能消除干扰,可采取下法:

氢氧化铝悬浮液：称取 125g 硫酸铝钾 $KAl(SO_4)_2 \cdot 12H_2O$ 或硫酸铝铵 $NH_4Al(SO_4)_2 \cdot 12H_2O$ 溶于 1L 蒸馏水中。60℃下徐徐加入 55mL 浓氨水。静置 1h 后，倾去上层清液，用蒸馏水反复洗涤沉淀物，直至洗出的水无 Cl^- 为止。然后加蒸馏水至悬浮液体积为 1L。使用前振荡摇匀。

② 取适量水样放入坩埚中，pH 调到 8～9，水浴上蒸干，马弗炉中 600℃ 灼烧 1h，取出冷却。加 10mL 水溶解，移入 250mL 锥形瓶，pH 调至 7 左右，稀释至 50mL。

(3) 如果水样中含有硫化物、亚硫酸盐或硫酸盐，用 NaOH 溶液调水样至中性或弱碱性，加 1mL 30% H_2O_2，混匀。1min 后加热至 70～80℃，除去过量的 H_2O_2。

(4) 如果水样的高锰酸盐指数大于 $15mgO_2/L$，则加入少量 $KMnO_4$，蒸沸，再加数滴乙醇去除过量 $KMnO_4$，然后过滤取样。

七、思考题

(1) 莫尔法测定水中 Cl^- 时，为什么在中性或弱碱性溶液中进行？
(2) 以 K_2CrO_4 作指示剂时，指示剂浓度过高或过低对测定有何影响？
(3) 用 $AgNO_3$ 标准溶液滴定 Cl^- 时，为什么必须剧烈摇动？

实验 25　水中余氯的测定

饮用水余氯消毒中以液氨为消毒剂时，液氨与水中细菌等微生物作用后，剩余在水中的氯量称为余氯，是水中微生物指标之一。我国饮用水的出厂水要游离性余氯＞0.3mg/L，管网水中游离性余氯＞0.05mg/L。

一、实验目的

(1) 学会硫代硫酸钠 $Na_2S_2O_3$ 标准溶液的配制和标定方法；
(2) 掌握碘量法测定水中余氯的原理和方法。

二、实验原理

余氯在酸性溶液中与碘化钾作用，稀释放出定量的碘，以淀粉为指示剂，用硫代硫酸钠标准溶液滴定至蓝色消失。由硫代硫酸钠标准溶液的用量和浓度可计算出水中的余氯。测定下限 1mg/L。主要反应如下：

$$I^- + CH_3COOH \longrightarrow CH_3COO^- + HI$$
$$2HI + HOCl \longrightarrow I_2 + H^+ + Cl^- + H_2O$$
$$I_2 + 2S_2O_3^{2-} \longrightarrow 2I^- + S_4O_6^{2-}$$

三、仪器和试剂

仪器:

(1) 碘量瓶 4 个;

(2) 酸式滴定管一支。

试剂:

(1) 重铬酸钾标准溶液($1/6K_2Cr_2O_7$=0.0250mol/L)。称取 1.2258g 优级纯重铬酸钾(预先在 120℃下烘 2h, 干燥器中冷却后称重), 溶于水中, 移入 1000mL 容量瓶中, 用水稀释到标线。

(2) 硫代硫酸钠标准储备液(0.10mol/L)。称取约 25.0g 硫代硫酸钠($Na_2S_2O_3·H_2O$), 溶于已煮沸放冷的水中, 稀释至 1000mL。加入 0.2g 无水碳酸钠和数粒碘化汞储于棕色瓶中, 溶液可保存数月。

使用前用重铬酸钾标准溶液进行标定。

(3) (1+5)H_2SO_4 溶液。

(4) 1%淀粉溶液。称取 1g 可溶性淀粉, 用少许水调成糊状, 倾入 100mL 沸水中, 搅匀, 继续煮 2min, 冷后倾取上层清夜。

(5) 乙酸盐缓冲溶液(pH=4)。称取 146g 无水乙酸钠溶于水中, 加入 457mL 乙酸, 用水稀释至 1000mL。

四、实验步骤

1. 0.10mol/L 硫代硫酸钠标准储备液的标定

吸取 25.00mL 重铬酸钾标准溶液 3 份, 分别放入碘量瓶中。加入 50mL 水和 1g 碘化钾, 5mL(1+5)H_2SO_4 溶液, 放置 5min 后, 用待标定的 $Na_2S_2O_3$ 标准储备液滴定至淡黄色, 加入 1mL 1%淀粉, 继续滴定至蓝色刚好变为亮绿色(Cr^{3+}的颜色)为止。记录用量(V_{1-1}、V_{1-2}、V_{1-3})。

计算:

$$C_{Na_2S_2O_3}(mol/L) = \frac{C_{K_2Cr_2O_7} \times 25.0}{V_1}$$

式中: $C_{Na_2S_2O_3}$——硫代硫酸钠标准储备液的浓度, mol/L;

$C_{K_2Cr_2O_7}$——重铬酸钾标准溶液的浓度($1/6K_2Cr_2O_7$), mol/L;

V_1——硫代硫酸钠标准储备液的用量, mL;

25.0——吸取重铬酸钾的标准溶液体积, mL。

0.0100mol/L 硫代硫酸钠标准溶液的配制: 吸取 50.0mL 已标定的 0.10mol/L

Na$_2$S$_2$O$_3$标准储备液,放入 500mL 容量瓶中,用煮沸放冷蒸馏水稀释至刻度。

2. 水样测定

(1) 用移液管吸取 3 份 100mL 水样(如含量小于 1mg/L 时,可适当多取水样),分别放入 300mL 碘量瓶内,加入 0.5g 碘化钾和 5mL 乙酸盐缓冲溶液(pH 应为 3.5~4.2,如大于此 pH,继续调至 pH≈4,再滴定)。

(2) 用 0.0100 mol/L Na$_2$S$_2$O$_3$ 标准溶液滴定至淡黄色,加入 1mL 淀粉溶液,继续滴定至蓝色消失,记录用量(V_{2-1}、V_{2-2}、V_{2-3})。

计算:

$$总余氯(Cl_2,mg/L) = \frac{C_{Na_2S_2O_3} V_2 \times 35.453 \times 1000}{V_水}$$

式中:$C_{Na_2S_2O_3}$——硫代硫酸钠(Na$_2$S$_2$O$_3$)标准溶液浓度,mol/L;

V_2——硫代硫酸钠标准溶液用量,mL;

$V_水$——水样体积,mL;

35.453——氯的摩尔质量(1/2Cl$_2$),g/mol。

五、实验结果记录(表 5-8)

表 5-8 水中余氯测量结果记录

实验编号	1	2	3
标定 Na$_2$S$_2$O$_3$ 标准储备液	V_{1-1}	V_{1-2}	V_{1-3}
滴定管终读数/mL			
滴定管初读数/mL			
Na$_2$S$_2$O$_3$ 标准储备液的用量/mL			
V_1 平均值			
水样测量	V_{2-1}	V_{2-2}	V_{2-3}
滴定管终读数/mL			
滴定管初读数/mL			
Na$_2$S$_2$O$_3$ 标准溶液的用量/mL			
V_2 平均值			

六、思考题

(1) 饮用水出厂水和管网水中为什么必须含有一定量的余氯?

(2) 滴定反应为什么必须在 pH≈4 的弱酸性溶液中进行?

实验 26 水中高锰酸盐指数的测定

一、实验目的

(1) 学会高锰酸钾 $KMnO_4$ 标准溶液的配制与标定。
(2) 掌握清洁水中高锰酸盐指数测定和方法。

二、实验原理

高锰酸盐指数是水中有机物污染综合指标之一。水样在酸性条件下,高锰酸钾 $KMnO_4$ 将水样中的某些有机物及还原性的物质氧化,剩余的 $KMnO_4$ 用过量的草酸钠 $Na_2C_2O_4$ 还原,再以 $KMnO_4$ 标准溶液返滴剩余的 $Na_2C_2O_4$,根据加入过量的 $KMnO_4$ 和 $Na_2C_2O_4$ 标准溶液及最后 $KMnO_4$ 标准溶液的用量,计算高锰酸盐指数,以 mgO_2/L 表示。

有机物与高锰酸钾反应:

$$4MnO_4^- + 5C(\text{有机物}) + 12H^+ =\!=\!= 4Mn^{2+} + 5CO_2\uparrow + 6H_2O$$

滴定反应方程:

$$2MnO_4^- + 5C_2O_4^{2-} + 16H^+ =\!=\!= 2Mn^{2+} + 10CO_2\uparrow + 8H_2O$$

三、仪器与试剂

仪器:

(1) 50mL 酸式滴定管;
(2) 250mL 锥形瓶;
(3) G3 号玻璃砂芯漏斗。

试剂:

(1) 高锰酸钾溶液($1/5KMnO_4\approx 0.1mol/L$)。称取 3.2g $KMnO_4$ 溶于 1.2L 蒸馏水中,煮沸,使体积减少至 1L 左右。放置过夜,用 G3 号玻璃砂芯漏斗过滤后,滤液贮于棕色瓶中,避光保存。

(2) 高锰酸钾溶液($1/5KMnO_4\approx 0.01mol/L$)。吸取 100mL 0.1mol/L $KMnO_4$ 溶液于 1000mL 容量瓶中,有水稀释刻度,混匀,贮于棕色瓶中,避光保存。此溶液约为 0.01mol/L,使用当天应标定其准确浓度。

(3) $(1+3)H_2SO_4$。

(4) 草酸钠标准溶液($1/2Na_2C_2O_4=0.1000mol/L$)。称取 6.7050g 在 105~110℃烘干 1h 并冷却的草酸钠溶于水,移入 1000mL 容量瓶中,用水稀释至

(5) 草酸钠标准溶液(1/2Na$_2$C$_2$O$_4$=0.0100mol/L)。吸取 10.00mL 上述草酸钠溶液，移入 100mL 容量瓶中，用水稀释至刻度。

四、实验内容

1. KMnO$_4$ 溶液的标定

将 50mL 蒸馏水和 5mL(1+3)H$_2$SO$_4$ 依次加入 250mL 锥形瓶中，然后用移液管加入 10.00mL 0.0100mol/L Na$_2$C$_2$O$_4$ 标准溶液，加热至 70~80℃，用 0.01mol/L KMnO$_4$ 溶液滴定至溶液由无色至刚刚出现浅红色为滴定终点。记录 0.01mol/L KMnO$_4$ 溶液用量。共做三份，并计算 KMnO$_4$ 标准溶液的准确浓度。

2. 水样测定

(1) 取样：清洁透明水样取样 100mL；浑浊水取 10~25mL，加蒸馏水稀释至 100mL。将水样放入 250mL 锥形瓶中，共 3 份。

(2) 加入 5mL(1+3)H$_2$SO$_4$，用滴定管准确加入 10mL 0.0100mol/L KMnO$_4$ 溶液(V_1)，并投入几粒玻璃珠，加热至沸腾，从此时准确煮沸 10min。若溶液红色消失，说明水中有机物含量太多，则另取较少量水样用蒸馏水稀释 2~5 倍(至总体积 100mL)。再按步骤(1)、(2)重做。

(3) 煮沸 10 min 后趁热用吸量管准确加入 10.00mL 0.0100mol/L Na$_2$C$_2$O$_4$ 溶液(V_2)，摇动均匀，立即用 0.0100mol/L KMnO$_4$ 溶液滴定至显微红色。记录消耗溶液的量(V_1')。

3. 计算

$$高锰酸盐指数(O_2, mg/L) = \frac{[C_1(V_1 + V_1') - C_2 V_2] \times 8 \times 1000}{V_水}$$

式中：C_1——KMnO$_4$ 标准溶液浓度(1/5KMnO$_4$)，mol/L；

V_1——开始加入 KMnO$_4$ 标准溶液的量，mL；

V_1'——最后滴定 Na$_2$C$_2$O$_4$ 消耗 KMnO$_4$ 标准溶液的用量，mL；

C_2——Na$_2$C$_2$O$_4$ 标准溶液的浓度(1/2Na$_2$C$_2$O$_4$=0.0100mol/L)；

V_2——加入 Na$_2$C$_2$O$_4$ 标准溶液的量，mL；

8——氧的摩尔质量(1/2O)，g/mol；

$V_水$——水样的体积，mL。

五、实验记录(表 5-9)

表 5-9　高锰酸盐指数测定结果记录

实验编号	1	2	3
$KMnO_4$ 标定	$V_{1\text{-}1}$	$V_{1\text{-}2}$	$V_{1\text{-}3}$
滴定管终读数/mL			
滴定管始读数/mL			
$KMnO_4$ 用量/mL			
加入 $Na_2C_2O_4$ 量/mL			
$KMnO_4$ 准确浓度/(mol/L)			
水样测定	$V'_{1\text{-}1}$	$V'_{1\text{-}2}$	$V'_{1\text{-}3}$
滴定管终读数/mL			
滴定管始读数/mL			
滴定 $KMnO_4$ 用量/mL			
加入 $KMnO_4$ 量 V_1/mL			
加入 $Na_2C_2O_4$ 量 V_2/mL			
高锰酸盐指数/(mgO_2/L)			

六、思考题

(1) 在高锰酸盐指数的实际测定中,往往引入 $KMnO_4$ 标准溶液的校正系数 K,简述它的测定方法。说明 K 与 $KMnO_4$ 标准溶液的浓度 C 之间的关系。

(2) 如果水样中 Cl^- 浓度大于 300mg/L 时干扰测定,应如何测定可防止干扰?

实验 27　水中溶解氧的测定(碘量法)

一、实验目的

(1) 了解测定溶解氧(dissolved oxygen,DO)的意义和方法。
(2) 掌握碘量法测定溶解氧的操作技术。

二、实验原理

溶于水中的氧称为溶解氧。天然水的溶解氧含量取决于水体与大气中氧的平衡。溶解氧的饱和含量和空气中氧的分压、大气压力、水温等有密切的关系。清洁地面水溶解氧一般接近饱和。当水体受到还原性物质污染时,溶解氧即下降,而有藻类繁殖时,溶解氧呈过饱和。因此,水体中溶解氧的变化情况,在一定程度上反映了水体受污染的程度。

碘量法测定溶解氧的依据是利用氧的氧化性,在样品中溶解氧与刚刚沉淀的二价的氢氧化锰(将氢氧化钠或氢氧化钾加入到二价硫酸锰中制得)反应,生成四价锰的水合物,但在酸性溶液中高价锰化合物又能氧化 KI 而析出 I_2。析出碘的摩尔数与水中溶解氧的当量相等,因此可用硫代硫酸钠的标准溶液滴定。

$$MnSO_4 + 2NaOH = 2Mn(OH)_2\downarrow(白色) + Na_2SO_4$$
$$2Mn(OH)_2 + O_2 \longrightarrow 4H_2MnO_3\downarrow(棕色) \longrightarrow 2H_4MnO_4\downarrow(棕色)$$
$$2Mn(OH)_2 + 1/2O_2 + H_2O = 2H_3MnO_3\downarrow(棕色)$$
$$2KI + H_2SO_4 = 2HI + K_2SO_4$$
$$2H_3MnO_3 + 3H_2SO_4 + 2KI = 2MnSO_4 + I_2 + 6H_2O + K_2SO_4$$
$$I_2 + 2Na_2S_2O_3 = 2NaI + Na_2S_4O_6$$

用移液管取一定量的反应完毕的水样,以淀粉做指示剂,用硫代硫酸钠标准溶液滴定,计算出水样中溶解氧的含量。

碘量法是测定水中溶解氧的基准方法。在没有干扰的情况下,此方法适用于各种溶解氧浓度大于 0.2mg/L 和小于氧的饱和浓度 2 倍(约 20mg/L)的水样。易氧化的有机物,如丹宁酸、腐植酸和木质素等会对测定产生干扰。可氧化的硫化合物,如硫化物硫脲,也如同易于消耗氧的呼吸系统那样产生干扰。当含有这类物质时,宜采用电化学探头法。

三、仪器与试剂

(1) 具塞碘量瓶(250mL 或 300mL)。

(2) 硫酸锰溶液。480g 硫酸锰($MnSO_4 \cdot 4H_2O$)溶解后,稀释为 1L,若有不溶物应过滤。

(3) 碱性碘化钾溶液。500g 氢氧化钠溶解于 400mL 水中,150.0g 碘化钾溶解于 200mL 水中,待氢氧化钠溶液冷却后,将两溶液混匀,用水稀释至 1000mL,储于塑料瓶中,用黑纸包裹避光。

(4) 浓硫酸。

(5) 3mol/L 硫酸溶液,即约为(1+5)的硫酸。

(6) 1%(m/V)淀粉溶液。称取 1g 可溶性淀粉,用少量水调成糊状,再用刚煮沸的水稀至 100mL(也可加热 1～2min)。冷却后加入 0.1g 水杨酸或 0.4g 氧化锌防腐。

(7) 0.02500mol/L 重铬酸钾标准溶液($1/6K_2Cr_2O_7$)。称取在 105～110℃烘干 2h 后的重铬酸钾 1.2258g,溶解后转入 1000mL 容量瓶内,用水稀释至刻度,摇匀。

(8) 硫代硫酸钠溶液($1/2Na_2S_2O_3$)。称取 6.2g 硫代硫酸钠($Na_2S_2O_3 \cdot 5H_2O$),溶

于经煮沸冷却的水中，加入 0.2g 无水碳酸钠，稀释至 1000mL，储于棕色试剂瓶内，使用前用 0.025mol/L 重铬酸钾溶液标定，标定方法如下：

在 250mL 碘量瓶中加入 100mL 水、1.0g 碘化钾、10.00mL 0.0250mol/L 重铬酸钾溶液和 3mL 3mol/L 硫酸，摇匀。反应如下：

$$K_2Cr_2O_7 + 6KI + 7H_2SO_4 = 4K_2SO_4 + 3I_2 + Cr_2(SO_4)_3 + 7H_2O$$
$$I_2 + 2Na_2S_2O_3 = 2NaI + Na_2S_4O_6$$

加塞后置于暗处 5min，用待标定的硫代硫酸钠溶液滴定至浅黄色，然后加入 1%淀粉溶液 1.0mL，继续滴定至蓝色刚好消失，溶液呈亮绿色为终点，记录用量。平行做 3 份。

硫代硫酸钠溶液的浓度为

$$C_1(\text{mol/L}) = \frac{0.02500 \times 10.00}{V_1}$$

式中：0.02500——重铬酸钾标准溶液的物质的量浓度，mol/L；
　　　10.00——重铬酸钾标准溶液的体积，mL；
　　　V_1——消耗的硫代硫酸钠溶液的体积，mL。

四、实验步骤

1. 采样

将洗净的 250mL 溶解氧瓶(图 5-3)用待测水样荡洗 3 次。将取样管插入溶解氧瓶底让水样慢慢溢出，装满后再溢出 1/3～1/2 左右，取出取样管，迅速盖紧瓶盖，瓶中不能留有气泡。平行做 3 份水样。

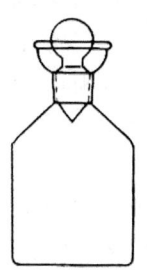

图 5-3　溶解氧瓶

2. 溶解氧的固定

取下溶解氧瓶塞，分别加入 1mL 硫酸锰溶液和 2mL 碱性碘化钾溶液(加溶液时，移液管顶端应插入液面以下)。盖上瓶塞，注意瓶内不能留有气泡，然后将碘量瓶反复摇动数次，静置，当沉淀物下降至瓶高一半时，再颠倒摇动一次。继续静置,待沉淀物下降至瓶底。

3. 析出碘

轻启瓶塞,立刻用移液管插入液面以下加入 2mL 浓硫酸。小心盖好瓶塞,颠倒摇匀。此时沉淀应溶解。若溶解不完全,可再加入少量浓硫酸至溶液澄清且呈黄色或棕色(因析出游离碘)。置于暗处 5min。

4. 滴定

从每个溶解氧瓶内取出 2 份 100.0mL 水样,分别置于 2 个 250mL 碘量瓶中,用硫代硫酸钠溶液滴定。当溶液呈微黄色时,加入 1%淀粉溶液 1mL,继续滴定至蓝色刚好消失为止,记录用量。

五、数据处理

$$溶解氧浓度(O_2,mg/L) = \frac{\frac{C_1}{2} \times V_1 \times 16}{100} \times 1000$$

式中:C_1——硫代硫酸钠溶液的浓度,mol/L;

　　　V_1——消耗的硫代硫酸钠溶液的体积,L;

　　　16——溶氧($1/2O_2$)的摩尔质量,g/mol;

　　　100——水样取样体积,mL。

六、注意事项

(1) 一般规定在取水样后立即进行溶解氧的测定,如果不能在取水样处完成,应该在水样采集后立即加入硫酸锰及碱性碘化钾溶液,"固定"溶解氧,再送至实验室进行分析。取样与进行测定时间间隔不要太长,以不超过 4h 为宜。

(2) 瓶中充满水样时,必须不留空气泡,不然空气泡中的氧也会参与反应,使分析结果偏高。

(3) 水样呈强酸或强碱时,可用氢氧化钠或盐酸溶液调至中性后测定。

(4) 水样中游离氯大于 0.1mg/L 时,应先加入硫代硫酸钠除去,方法如下:250mL 的碘量瓶装满水样,加入 5mL 3mol/L 硫酸和 1g 碘化钾,摇匀,此时应有碘析出,吸取 100mL 该溶液于另一个 250mL 碘量瓶中,用硫代硫酸钠标准溶液滴定至浅黄色,加入 1%淀粉溶液 1mL,再滴定至蓝色刚好消失。根据计算得到的氯离子浓度,向待测水样中加入一定量的硫代硫酸钠溶液,以消除游离氯的影响。

(5) 当水样含有藻类、悬浮物、氧化还原性物质时,必须进行预处理。

实验 28　五日生化需氧量(BOD_5)的测定

生物化学需氧量(简称生化需氧量，BOD)指在规定条件下，水质有机物和无机物在生物氧化作用下所消耗的溶解氧(以质量浓度表示)。水中有机污染物的含量越高，水中溶解氧消耗愈多，BOD 值也愈高，水质愈差。BOD 是一种量度水中可被生物降解部分有机物(包括某些无机物)的综合指标，常用来评价水体有机物的污染程度，并已成为污水处理过程中的一项基本指标。

一、实验目的

(1) 了解 BOD 测定的意义及稀释法测定 BOD 的基本原理；

(2) 掌握操作技能，如稀释水的制备、稀释倍数选择、稀释水的校核和溶解氧的测定等。

二、实验原理

生物化学需氧量是指在好氧条件下，微生物分解有机物质的生物化学过程中所需要的溶解氧量。根据参加反应的物质和最终生成的物质，可用下列的反应式来概括生物化学反应过程：

$$6C_6H_{12}O_6 + 16O_2 + 4NH_3 \xrightarrow{\text{酶}} 4C_5H_7NO_2 + 16CO_2 + 28H_2O$$

$$\text{有机污染物} \xrightarrow[\text{微生物}]{O_2} CO_2 + H_2O + NH_3$$

微生物分解有机物是一个缓慢的过程，要把可分解的有机物全部分解掉通常需要 20 天以上的时间。微生物的活动与温度有关，所以测定生化需氧量时，常以 20℃作为测定的标准温度。一般来说，在第 5 天消耗的氧量大约是总需氧量的 70%，为便于测定，目前国内外普遍采用 20℃培养 5 天所需要的氧作为指标，以氧的 mg/L 表示，即为五日生化需氧量，简称 BOD_5。

水体发生生物化学过程必须具备：

(1) 水体中存在能降解有机物的好氧微生物。对易降解的有机物，如碳水化合物、脂肪酸、油脂等，一般微生物均能将其降解，如硝基或磺酸基取代芳烃等，则必须进行生物菌种驯化。

(2) 有足够的溶解氧。为此，实验用的稀释水要充分曝气以达到氧的饱和或接近饱和。稀释还可以降低水中有机污染物的浓度，使整个分解过程在有足够的溶解氧的条件下进行。

(3) 有微生物生长所需的营养物质。必须加入一定量的无机营养物质，如磷酸盐、钙盐、镁盐和铁盐等。

由于多数水源中含有较多的需氧物质，其需氧量往往超过水中可利用的溶解氧(DO)量，因此在培养前须对水样进行稀释。先将水样经过适当稀释后，使其中含有足够的溶解氧供微生物和生化需氧的要求，将此水样分成两份。一份测定培养前的溶解氧；另一份放入20℃恒温箱内培养5天后测定溶解氧，两者的差值即为 BOD_5。

三、仪器与试剂

仪器：

(1) 恒温培养箱(20℃±1℃)。

(2) 抽气泵(或无油压缩机)。

(3) 20L 细口玻璃瓶。

(4) 特制搅拌棒。在玻璃棒下端装一个 2mm 厚，大小和量筒相匹配的有孔橡皮片。

(5) 250～300mL 碘量瓶。

试剂：

(1) 27.5g/L 氯化钙溶液。称取 27.5g 无水氯化钙，溶于水中，稀释至 1L。

(2) 0.25g/L 三氯化铁溶液。称取 0.25g 三氯化铁($FeCl_3 \cdot 6H_2O$)，溶于水中，稀释至 1L。

(3) 22.5g/L 硫酸镁溶液。称取 22.5g 硫酸镁($MgSO_4 \cdot 7H_2O$)，溶于水中，稀释至 1L。

(4) 磷酸盐缓冲溶液。称取 8.5g 磷酸二氢钾(KH_2PO_4)、21.75g 磷酸氢二钾(K_2HPO_4)、33.4g 磷酸氢二钠($Na_2HPO_4 \cdot 7H_2O$)和 1.7g 氯化铵(NH_4Cl)，溶于水中，稀释至 1L，此溶液的 pH 应为 7.2。

(5) 葡萄糖-谷氨酸标准溶液。将无水葡萄糖($C_6H_{12}O_6$)和谷氨酸(HOOC—CH_2—CH_2—$CHNH_2$—COOH)于 103℃下烘 1h，分别称取 150mg 溶于水中，稀释至 1L。

(6) 1mol/L 盐酸溶液。

(7) 1mol/L 氢氧化钠溶液。

(8) 稀释水。在 20L 玻璃瓶内加入 18L 水，用抽气泵或无油压缩机通入清洁空气 2～8h，使水中溶解氧饱和或接近饱和(20℃时溶解氧大于 8mg/L)。使用前，每升水中加入上述氯化钙溶液、三氯化铁溶液、硫酸镁溶液和磷酸盐溶液各 1mL，混匀。稀释水 pH 应为 7.2，BOD_5 值应小于 0.2mg/L。

(9) 接种稀释水。取适量生活污水于 20℃放置 24～36h，上层清液即为接种液，每升稀释水中加入 1～3mL 接种液即为接种稀释水。对某些特殊工业废水，最好加入专门培养驯化过的菌种。

(10) 硫酸锰溶液。称取 480g $MnSO_4 \cdot 4H_2O$ 溶于 1000mL 水中，若有不溶物，应过滤。

(11) 碱性碘化钾溶液。称取 500g 氢氧化钠溶于 300~400mL 水中，另取 150g 碘化钾溶于 200mL 水中，待氢氧化钠溶液冷却后，将两种溶液混合，稀释至 1000mL，储于塑料瓶内，用黑纸包裹避光。

(12) 浓硫酸。

(13) 0.025mol/L 硫代硫酸钠标准溶液(配制方法见"实验 27 水中溶解氧的测定")。

(14) 1%淀粉溶液。

四、实验步骤

1. 水样的采集、储存和预处理

(1) 采集水样于适当大小的玻璃瓶中(根据水质情况而定)，用玻塞塞紧，且不留气泡。采样后，需在 2h 内测定；否则，应在 4℃或 4℃以下保存，且应在采集后 10h 内测定。

(2) 用 1mol/L 氢氧化钠或 1mol/L 盐酸溶液调节 pH 为 7.2。

(3) 游离氯大于 0.10mg/L 的水样，加亚硫酸钠或硫代硫酸钠除去[见注意事项(1)]。

(4) 确定稀释倍数[见注意事项(2)]。

2. 水样的稀释

根据确定的稀释倍数，用虹吸法把一定量的污水引入 1L 量筒中，再沿壁慢慢加入所需稀释水(接种稀释水)，用特制搅拌棒在水面以下慢慢搅匀(不应产生气泡)，然后沿瓶壁慢慢倾入两个预先编号、体积相同的(250mL)碘量瓶中，直到充满后溢出少许为止。盖严并水封，注意瓶内不应有气泡。

用同样方法配制另两份稀释比水样。

3. 对照样的配制

另取两个有编号的碘量瓶加入稀释水或接种水作为空白。

4. 培养

将各稀释比的水样，稀释水(接种稀释水)空白各取一瓶放入(20±1)℃的培养箱内培养 5d，培养过程中需每天添加封口水。

5. 溶解氧的测定

(1) 用碘量法测定未经培养的各份稀释比的水样和空白水样中的剩余溶解氧。

(2) 用同样方法测定经培养 5d 后,各份稀释水样和溶解水样中的剩余溶解氧。

五、计算

根据公式计算 BOD_5：

$$BOD_5(以\ O_2\ 计)(mg/L) = \frac{(D_1 - D_2) - (B_1 - B_2) \times f_1}{f_2}$$

式中：D_1——稀释水样培养前的溶解氧量，mg/L；

D_2——稀释水样培养 5d 后残留溶解氧量，mg/L；

B_1——稀释水(或接种稀释水)培养前的溶解氧量，mg/L；

B_2——稀释水(或接种稀释水)经培养 5d 后残留溶解氧量，mg/L；

f_1——稀释水(或接种稀释水)在培养液中所占比例；

f_2——水样在培养液中所占比例。

六、注意事项

(1) 为除去水样中游离氯而加入亚硫酸钠或硫代硫酸钠的量可用实验方法得到。取 100.0mL 待测水样于碘量瓶中,加入 1mL 1%硫酸溶液、1mL 10%碘化钾溶液,摇匀,以淀粉为指示剂,用标准硫代硫酸钠或亚硫酸钠溶液滴定,计算 100mL 水样所需硫代硫酸钠溶液的量,推算所用水样应加入的量。

(2) 稀释比应根据水中有机物的含量来确定。

① 较为清洁的水样,不需稀释。

② 污染严重的水样,稀释 100～1000 倍。

③ 常规沉淀过污水,稀释 20～100 倍。

④ 受污染的河水,稀释 0～4 倍。

⑤ 性质不了解的水样,稀释倍数从化学需氧量(COD)值估算,取大于酸性高锰酸盐指数值的 1/4,小于 COD_{Cr} 值的 1/5 原则上,以培养后减少的溶解氧占培养前溶解氧的 40%～70%为宜。

(3) 操作最好在 20℃左右室温下进行,稀释水和水样应保持在 20℃左右。

(4) 所用试剂和稀释水如发现浑浊有细菌生长时,应弃去重新配制,或用葡萄糖-谷氨酸标准溶液校核。当测定 2%稀释度的葡萄糖-谷氨酸标准溶液时,若 BOD_5 超过(200±37)mg/L 范围,则说明试剂或稀释水有问题或操作技术有问题。

七、思考题

(1) 本实验误差的主要来源是什么？如何使实验结果较准确？
(2) BOD_5 在环境评价中有何作用？有何局限性？

实验 29　硫化物的测定(碘量法)

一、实验目的

(1) 掌握用碘量法测定水中硫化物含量的原理和基本操作；
(2) 分析影响实验结果准确度的因素；
(3) 了解硫化物测定的其他方法。

二、实验原理

水中的硫化物包括溶解性的 H_2S、HS^-、S^{2-}，存在于悬浮物中的可溶性硫化物、酸可溶性金属硫化物以及未电离的有机、无机类硫化物。硫化氢易从水中逸散于空气，产生臭味，且毒性很大，它可与人体内的细胞色素、氧化酶及该类物质中的二硫键(—S—S—)作用，影响细胞氧化过程，造成细胞组织缺氧，危及生命。因此硫化物是水体污染的一项重要指标。

在厌氧工艺中，一般采用碘量法测硫化物。测定水中硫化物的方法还有对氨基二甲基苯胺分光光度法、电位滴定法、离子色谱法、极谱法、库仑滴定法、比浊法等。

碘量法是环境监测中常用的一种氧化还原滴定法。在硫化物的测定中，碘量法是使硫化物在酸性条件下与过量的碘作用，再用硫代硫酸钠标准溶液滴定反应剩余的碘，直到按化学式计量定量反应完全为止，然后根据硫代硫酸钠的浓度和用量计量硫化物的含量，滴定时以淀粉指示剂反应为终点。

$$S^{2-} + I_2 \longrightarrow 2I^- + S \text{(碘和硫化物摩尔比是 1：1)}$$

$$2Na_2S_2O_3 + I_2 \longrightarrow Na_2S_4O_6 + 2NaI \text{(碘和硫代硫酸钠摩尔比是 1：2)}$$

根据上述两个反应式，计算水样中硫化物浓度。

还原或氧化性物质干扰测定。水中悬浮物或浑浊度高时，对测定可溶态的硫化物有干扰。

本实验方法参考国标 HJ/T 60—2000，适用于含硫化物 1mg/L 以上的水和污水的测定。当试样体积为 200mL，用 0.01mol/L 硫代硫酸钠溶液滴定时，可用于含硫化物 0.40mg/L 以上的水和污水的测定。

三、仪器与试剂

仪器：

(1) 恒温水浴锅；

(2) 500mL 平底烧瓶；

(3) 流量计；

(4) 分液漏斗；

(5) 氮气瓶。

试剂：

(1) 碘化钾。

(2) (1+1)磷酸。

(3) 载气。氮气(>99.9%)。

(4) 1mol/L 乙酸锌溶液。溶解 220g 乙酸锌于水中，用水稀释至 1000mL。

(5) 1%淀粉指示剂。称取 1g 淀粉用少量水调成糊状，用刚煮沸的水冲稀至 100mL。

(6) (1+1)盐酸。

(7) 碘标准储备溶液($1/2I_2$=0.1mol/L)。准确称取 12.70g 碘于 500mL 的烧杯中，加入 40g 碘化钾，加适量水溶解，转移至 1000mL 容量瓶中，稀释至标线。

(8) 碘标准溶液($1/2I_2$=0.01mol/L)。移取 10.00mL 碘标准储备液于 100mL 棕色容量瓶中，稀释至标线。

(9) 重铬酸钾标准溶液($1/6K_2Cr_2O_7$=0.1000mol/L)。称取 105℃烘干 2h 的基准或优级纯重铬酸钾 4.9030g 溶于水中，稀释至 1000mL。

(10) 0.1mol/L 硫代硫酸钠标准储备溶液。称取 24.5g 硫代硫酸钠($Na_2S_2O_3·5H_2O$)和 0.2g 无水碳酸钠溶于煮沸放冷蒸馏水中，稀释至 1000mL，保存于棕色瓶中。

标定：向 250mL 碘量瓶中，加入 1g 碘化钾和 50mL 水，加入 0.1mol/L 的重铬酸钾标准溶液 15.00mL，加入(1+1)盐酸 5mL，密塞混匀。置暗处静置 5min，用待标定的硫代硫酸钠滴定至溶液呈淡黄色时，加入 1mL 淀粉指示剂，继续滴定至蓝色刚好消失，记录用量 V_1(同时做空白滴定，记录用量 V_2)。

$$C(Na_2S_2O_3, \text{mol/L}) = \frac{15.00}{V_1 - V_2} \times 0.1000$$

式中：15.00——重铬酸钾标准溶液用量，mL；

V_1——滴定重铬酸钾标准溶液时硫代硫酸钠标准溶液用量，mL；

V_2——滴定空白溶液时硫代硫酸钠标准溶液用量，mL；

0.1000——重铬酸钾标准溶液的浓度，mol/L。

(11) 0.01mol/L 硫代硫酸钠标准滴定液。移取 10.00mL 刚标定的硫代硫酸钠标准储备溶液于 100mL 棕色容量瓶中，用煮沸放冷的蒸馏水稀释至标线，摇匀，用时配制。

(12) (1+1)乙酸。

四、实验步骤

1. 水样的采集与保存

采样时，应先在瓶底加入一定量的乙酸锌溶液，再加水样，然后滴加适量的氢氧化钠溶液，使呈碱性，生成硫化锌沉淀。通常情况下，每 100mL 水样加 0.3mL 1mol/L 的乙酸锌溶液和 0.6mL 1mol/L 的氢氧化钠溶液，使水样 pH 在 10～12。遇碱性水样时，先小心滴加乙酸锌溶液调至中性，再如上操作。硫化物含量高时，可酌情多加固定剂，直至沉淀完全。水样充满后立即密塞保存，注意不留气泡，然后倒转，充分混匀，固定硫化物。样品采集后应立即分析，否则应在4℃避光保存，尽快分析。

2. 水样的预处理

(1) 按图 5-4 连接好装置，通载气，检查各部位是否漏气。完毕后，关闭气源。

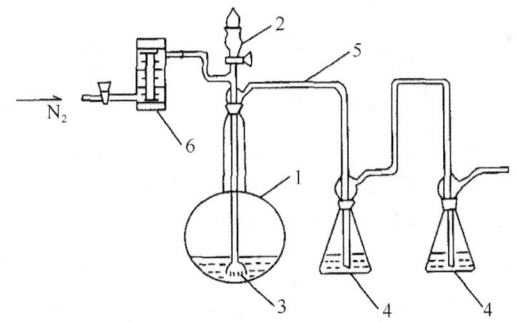

1. 500mL 圆底反应器；2. 加酸漏斗；3. 多孔砂芯片；4. 150mL 锥形吸收瓶，亦用作碘量瓶，直接用于碘量法滴定；5. 玻璃连接管，各接口均为标准玻璃磨口；6. 流量计

图 5-4 碘量法测定硫化物的吹气装置图

(2) 向两个吸收瓶加入 2.5mL 乙酸锌溶液，用水稀释至 50mL。

(3) 向 500mL 平底烧瓶中加入现场已固定并混匀水样适量(硫化物含量 0.5～20mg)，加水至 200mL，放入水浴锅中，装好导气管和分液漏斗。开启气源，以连续冒泡的流速(由转子流量计控制流速)吹气 5～10min(驱除装置内空气，并再次检查各部位是否漏气)，关闭气源。

(4) 向分液漏斗中加入(1+1)磷酸 20mL，开启分液漏斗活塞，待磷酸全部流入烧瓶后，迅速关闭活塞。

(5) 开启气源，水浴温度控制在 65～80℃，以 75～100mL/min 的流速吹气 20min，然后以 300mL/min 流速吹气 10min，再以 400mL/min 流速吹气 5min，赶尽残留在装置中的硫化氢气体。将导气管和吸收瓶取下，关闭气源。按碘量法测定两个吸收瓶中的硫化物的含量。

3．测定

于上述两个吸收瓶中，加入 10.00mL 0.01mol/L 碘标准溶液，再加入 5mL 盐酸溶液，密塞混匀。在暗处放置 10min，用硫代硫酸钠标准溶液滴定至溶液呈淡黄色时，加入 1mL 淀粉指示液，继续滴定至蓝色刚好消失为止。记录用量。

4．空白实验

以水代替试样，加入与测定试样时相同的试剂，进行同步操作。

五、结果计算

(1) 预处理二级吸收的硫化物的含量 C_i(mg/L)表示如下：

$$C_i = \frac{C(V_0 - V_i) \times 16.03 \times 1000}{V} \quad (i = 1, 2)$$

式中：V_0——空白实验中，硫代硫酸钠标准溶液的用量，mL；

V_i——滴定硫化物时，硫代硫酸钠标准溶液的用量，mL；

V——试样体积，mL；

16.03——硫离子($1/2S^{2-}$)的摩尔质量，g/mol；

C——硫代硫酸钠标准溶液浓度，mol/L。

(2) 试样中硫化物含量

$$C(S^{2-}, \text{mg/L}) = C_1 + C_2$$

式中：C_1——一级吸收硫化物的含量，mg/L；

C_2——二级吸收硫化物的含量，mg/L。

六、注意事项

(1) 若水样 SO_3^{2-} 浓度较高，需将水样用中速定量滤纸过滤，并将硫化物沉淀连同滤纸转入反应瓶中，用玻璃棒捣碎，加水 200mL，进行预处理。

(2) 当加入碘标准溶液后溶液为无色时，说明硫化物含量较高，应补加适量碘标准溶液，直到溶液呈淡黄色为止。空白实验应加入相同量的碘标准溶液。

实验 30　水中 COD 的测定(重铬酸钾法)

一、实验目的

(1) 了解测定 COD 的意义和方法。

(2) 掌握重铬酸钾法测定 COD 的原理和方法。

二、实验原理

在水样中加入已知量的重铬酸钾溶液，并在强酸介质下以银盐做催化剂，经沸腾回流后，以试亚铁灵为指示剂，用硫酸亚铁铵滴定水样中未被还原的重铬酸钾，根据用量算出水样中还原性物质消耗氧的量。

酸性重铬酸钾氧化性很强，可氧化大部分有机物，加入硫酸银做催化剂时，直链脂肪族化合物可完全被氧化，而芳香族有机物却不易被氧化，吡啶不被氧化，挥发性直链脂肪族化合物、苯等有机物存在于蒸气相，不能与氧化剂液体接触，氧化不明显。氯离子能被重铬酸盐氧化，并且能与硫酸银作用产生沉淀，影响测定结果，故在回流前向水样中加入硫酸汞，使之成为络合物以消除干扰。氯离子含量高于 2000mg/L 的样品应先做定量稀释，使含量降低至 2000mg/L 以下，再进行测定。

$$2Cr_2O_7^{2-} + 3C + 16H^+ = 4Cr^{3+} + 3CO_2 + 8H_2O$$
　　　过量　有机物

$$6Fe^{2+} + Cr_2O_7^{2-} + 14H^+ = 6Fe^{3+} + 2Cr^{3+} + 7H_2O$$
　　　　　　　剩余

计量点时：$Fe(C_{12}H_8N_2)_3^{3+} \longrightarrow Fe(C_{12}H_8N_2)_3^{2+}$
　　　　　　　　蓝色　　　　　　　　红色

用 0.25mol/L 重铬酸钾溶液可测定大于 50mg/L 的 COD 值，用 0.025mol/L 重铬酸钾可测定 5~50mg/L 的 COD 值，但准确度较差。

三、仪器与试剂

仪器：

(1) 回流装置(图 5-5)。带 250mL 锥形瓶的全玻璃回流装置。

(2) 加热装置。电热板或变阻电炉。

(3) 50mL 酸式滴定管。

试剂：

(1) 重铬酸钾标准溶液(1/6 $K_2Cr_2O_7$=0.2500mol/L)。称取预先在 120℃烘干

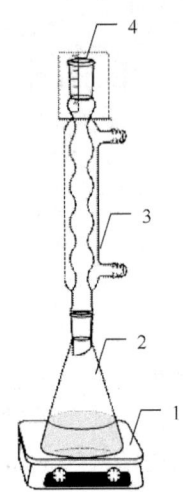

1. 电热板；2. 锥形瓶；3. 冷凝管；4. 小烧杯
图 5-5　回流装置

2h 的基准或优级纯重铬酸钾 12.2580g 溶于水中，移入 1000mL 容量瓶，定量至标线，摇匀。

(2) 试亚铁灵指示液。称取 1.485g 邻菲啰啉，0.695g 硫酸亚铁溶于水中，稀释至 100mL，储于棕色瓶中。

(3) 硫酸亚铁铵标准溶液。称取 39.5g 硫酸亚铁铵溶于水中，边搅拌边缓缓加入 20mL 浓硫酸，冷却后移入 1000mL 容量瓶中，用水稀释至标线，摇匀。临用前，用重铬酸钾标准溶液标定。

标定方法：吸取 10.00mL 重铬酸钾标准溶液于 500mL 锥形瓶中，加水稀释至 110mL 左右，缓慢加入 30mL 浓硫酸，混匀。冷却后，加入 3 滴试亚铁灵指示液(约 0.15mL)，用硫酸亚铁铵滴定，溶液的颜色由黄色经蓝绿色到红褐色即为终点。

$$C = \frac{0.2500 \times 10.00}{V}$$

式中：C——硫酸亚铁铵标准溶液的浓度，mol/L；

V——硫酸亚铁铵标准滴定的用量，mL。

(4) 硫酸-硫酸银溶液。于 2500mL 浓硫酸溶液中加入 25g 硫酸银。放置 1～2 天，不时摇动使其溶解。

(5) 硫酸汞。结晶或粉末。

四、实验步骤

(1) 取 20.00mL 混合均匀的水样(或适量水样稀释至 20.00mL)置 250mL 磨口

的回流锥形瓶,准确加入 10.00mL 0.25mol/L 重铬酸钾标准溶液及数粒洗净的玻璃珠或沸石,连接磨口回流冷凝管,从冷凝管上口慢慢地加入 30mL 硫酸-硫酸银溶液,轻轻摇动锥形瓶使溶液混匀,加热回流 2h(自开始沸腾时计时)。

① 化学需氧量高的废水样,可先取上述操作所需体积 1/10 的废水样和试剂于玻璃试管中,摇匀,加热后观察是否变成绿色。如溶液显绿色,再适当减少废水取水量,直至溶液不变绿色为止。从而确定废水样分析时应取用的体积。稀释时,所取废水样量不少于 5mL,如果化学需氧量很高,则废水应多次稀释。

② 氯离子含量超过 30mg/L 时,应先把 0.4g 硫酸汞加入回流锥形瓶中,再加 20.00mL 废水样,摇匀。以下操作同实验步骤1。

(2) 冷却后,用 90mL 水从上部慢慢冲洗冷凝管壁,取下锥形瓶。溶液总体积不得少于 140mL,否则因酸度太大,滴定终点不明显。

(3) 溶液再度冷却后,加 3 滴试亚铁灵指示剂,用硫酸亚铁铵标准溶液滴定,溶液的颜色由黄色经蓝绿色至红褐色即为终点,记录硫酸亚铁铵标准溶液的用量。

(4) 测定水样的同时,以 20.00mL 蒸馏水,按同样操作步骤做空白实验。记录滴定空白时硫酸亚铁铵标准溶液的用量。

五、数据记录和处理(表 5-10)

表 5-10 数据记录

	平行样编号	1	2	3
$(NH_4)_2Fe(SO_4)_2$ 标准溶液的标定	$(NH_4)_2Fe(SO_4)_2$ 用量/mL			
	$(NH_4)_2Fe(SO_4)_2$ 的浓度/(mol/L)			
	$(NH_4)_2Fe(SO_4)_2$ 浓度的平均值/(mol/L)			
水样测定	水样体积/mL			
	$(NH_4)_2Fe(SO_4)_2$ 用量 V_1/mL			
	空白值 V_0/mL			
	COD/(mg/L)			
	COD 的平均值/(mg/L)			

$$\text{COD}(\text{以 } O_2 \text{ 计, mg/L}) = \frac{(V_0 - V_1) \times C \times 8 \times 1000}{V}$$

式中:C——硫酸亚铁铵标准溶液的浓度,mol/L;

V_0——滴定空白时硫酸亚铁铵标准溶液的用量,mL;

V_1——滴定水样时硫酸亚铁铵标准溶液的用量,mL;

V——水样的体积,mL;

8——氧(1/2O)摩尔质量,g/mol。

六、注意事项

(1) 使用 0.4g 硫酸汞络合氯离子的最高量可达 40mg，如取用 20.00mL 水样，即最高可络合 2000mg/L 氯离子浓度的水样。若氯离子浓度较低，也可少加硫酸汞，保持硫酸汞：氯离子=10∶1(质量分数)。若出现少量氯化汞沉淀，并不影响测定。

(2) 水样取用体积可在 10.00～50.00mL 范围内，但试剂用量及浓度需按表 5-11 进行相应调整。

表 5-11　水样取用量和试剂用量表

水样体积 /mL	0.2500mol/L 重铬酸钾溶液/mL	硫酸-硫酸银溶液 /mL	硫酸亚铁铵 /(mol/L)	硫酸汞 /g	滴定前体积 /mL
10.0	5.0	15	0.050	0.2	70
20.0	10.0	30	0.100	0.4	140
30.0	15.0	45	0.150	0.6	210
40.0	20.0	60	0.200	0.8	280
50.0	25.0	75	0.250	1.0	350

(3) 对于化学需氧量小于 50mg/L 的水样，应改用 0.0250mol/L 的重铬酸钾标准溶液，回滴时用 0.01mol/L 硫酸亚铁铵标准溶液。

(4) 水样加热回流后，溶液中重铬酸钾剩余量应为加入量的 1/5～4/5 为宜。

(5) 用邻苯二甲酸氢钾标准溶液检查试剂的质量和操作技术时，由于每克邻苯二甲酸氢钾的理论 COD 为 1.176g，所以溶解 0.4251g 邻苯二甲酸氢钾于重蒸馏水中，转入 1000mL 容量瓶，用重蒸馏水稀释至标线，使之成为 500mg/L 的 COD 标准溶液，用时新配。

(6) COD 的测定结果保留三位有效数字。

(7) 每次实验时应对硫酸亚铁铵标准溶液进行标定，室温较高时尤其应注意浓度的变化。

(8) 实验室常用 COD 消解仪进行实验，可以缩短消解时间。

七、思考题

(1) 为什么需要做空白实验？

(2) 化学需氧量测定时，有哪些影响因素？

实验 31　显微镜的使用及微生物基本形态的观察

一、实验目的

(1) 了解普通光学显微镜的基本构造和工作原理。

(2) 学习并掌握普通光学显微镜,重点是油镜的使用技术和维护知识。

(3) 在油镜下观察细菌、酵母、放线菌的基本形态并绘图。

(4) 采用悬滴法在高倍镜下观察细菌运动。

I 显微镜的使用

17 世纪荷兰人列文虎克制造了第一台显微镜,首次把微生物世界展现在人类面前,使人们得以观察微生物的形态、大小等基本特性。显微镜的问世对微生物学的奠基和发展起到了不可估量的作用。随着科学技术的发展,显微镜的种类越来越多,有普通的光学显微镜、相差显微镜、荧光显微镜、暗视野显微镜及电子显微镜和原子力显微镜。微生物学实验中最常用的是普通光学显微镜。

二、显微镜的基本结构及油镜的工作原理

现代普通光学显微镜利用目镜和物镜两组透镜系统来放大成像,故又常被称为复式显微镜。它们由机械系统和光学系统两大部分组成(图 5-6)。

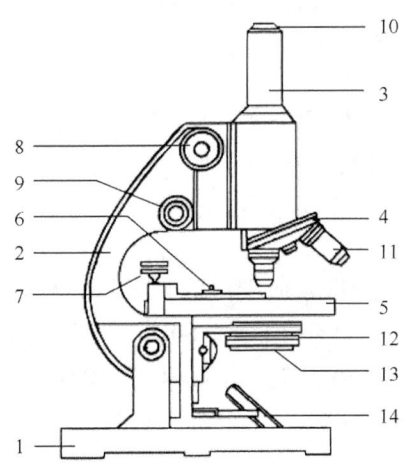

1. 镜座;2. 镜臂;3. 镜筒;4. 转换器;5. 载物台;6. 压片夹;7. 标本移动器;8. 粗调螺旋;
9. 细调螺旋;10. 目镜;11. 物镜;12. 虹彩光阑(光圈);13. 聚光器;14. 反光镜

图 5-6 普通光学显微镜的构造

1. 机械系统

机械系统包括镜座、镜臂、镜筒、物镜转换器、载物台、调节器等。

(1) 镜座:它是显微镜的基座,可使显微镜平稳地放置在平台上。

(2) 镜臂:用以支持镜筒,也是移动显微镜时手握的部位。

(3) 镜筒:它是连接接目镜(简称目镜)和接物镜(简称物镜)的金属圆筒。镜筒上端插入目镜,下端与物镜转换器相接。镜筒长度一般固定,通常是 160mm。有

些显微镜的镜筒长度可以调节。

(4) 物镜转换器：它是一个用于安装物镜的圆盘，位于镜筒下端，其上装有 3~5 个不同放大倍数的物镜。为了使用方便，物镜一般按由低倍到高倍的顺序安装。转动物镜转换器可以选用合适的物镜。转换物镜时，必须用手旋转圆盘，切勿用手推动物镜，以免松脱物镜而招致损坏。

(5) 载物台：载物台又称镜台，是放置标本的地方，呈方形或圆形。载物台上装有压片夹，可以固定被检标本；有标本移动器，转动螺旋可以使标本前后和左右移动。有些标本移动器上刻有标尺，可指示标本的位置，便于重复观察。

(6) 调节器：调节器又称调焦装置，由粗调螺旋和细调螺旋组成，用于调节物镜与标本间的距离，使物像更清晰。粗调螺旋转动一圈可使镜筒升降约 10mm，细调螺旋转动一圈可使镜筒升降约 0.1mm。

2. 光学系统

光学系统包括目镜、物镜、聚光器、反光镜等。

(1) 目镜：它的功能是把物镜放大的物像再次放大。目镜一般由两块透镜组成。上面一块称接目透镜，下面一块称场镜。在两块透镜之间或在场镜下方有一光阑。由于光阑的大小决定着视野的大小，故它又称为视野光阑。标本成像于光阑限定的范围之内，在光阑上粘一小段细发可用作指针，指示视野中标本的位置。在进行显微测量时，目镜测微尺被安装在视野光阑上。目镜上刻有 5×、10×、15×、20×等放大倍数。可按需选用。

(2) 物镜：它的功能是把标本放大，产生物像。物镜可分为低倍镜(4×或 10×)、中倍镜(20×)、高倍镜(40×~60×)和油镜(100×)。一般油镜上刻有 OI(oil immersion)或 HI(homogeneous immersion)字样，有时刻有一圈红线或黑线，以示区别。物镜上通常标有放大倍数、数值孔径(numerical aperture，NA)、工作距离(物镜下端至盖玻片间的距离，mm)及盖玻片厚度等参数(图 5-7)。以油镜为例，100/1.25 分

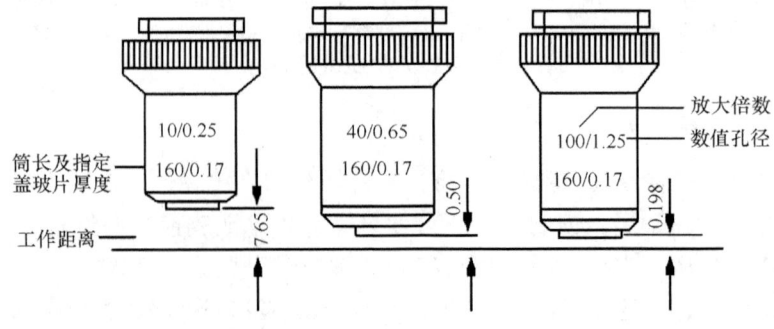

图 5-7　XSP-I6 型显微镜物镜的主要参数

别表示放大倍数为 100 倍，NA 为 1.25；160/0.17 分别表示镜筒长度 160mm，盖玻片厚度等于或小于 0.17mm。

(3) 聚光器：聚光器又称聚光镜，它的功能是把平行的光线聚焦于标本上，增强照明度。聚光器安装在镜台下，可上下移动。使用低倍物镜(简称低倍镜)时应降低聚光器，使用油镜时则应升高聚光器。聚光器上附有虹彩光阑(俗称光圈)，通过调整光阑孔径的大小，可以调节进入物镜光线的强弱(物镜焦距、工作距离与光圈孔径之间的关系见图 5-8)。在观察透明标本时，光圈宜调得相对小一些，这样虽会降低分辨力，但可增强反差，便于看清标本。

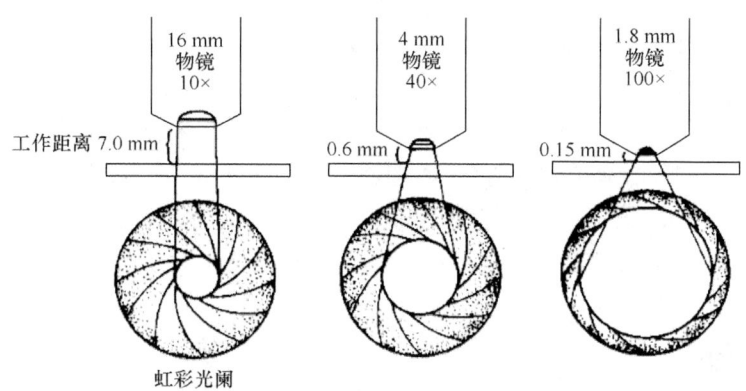

图 5-8 物镜焦距、工作距离与光圈孔径之间的关系

(4) 反光镜：它是普通光学显微镜的取光设备，其功能是采集光线，并将光线射向聚光器。反光镜安装在聚光器下方的镜座上，可以在水平与垂直两个方向上任意旋转。反光镜的一面是凹面镜，另一面是平面镜。一般情况下选用平面镜，光量不足时可换用凹面镜。

在显微镜的光学系统中，物镜的性能最为关键，它直接影响着显微镜的分辨率。而在普通光学显微镜通常配置的几种物镜中，油镜的放大倍数最大，对微生物学研究最为重要。与其他物镜相比，油镜的使用比较特殊，需在载玻片与镜头之间加滴镜油，这主要有如下两方面的原因。

1) 增加照明亮度

油镜的放大倍数可达 100×，放大倍数这样大的镜头，焦距很短，直径很小，但所需要的光照强度却最大。从承载标本的玻片透过来的光线，因介质密度不同(从玻片进入空气，再进入镜头)，有些光线会因折射或全反射，不能进入镜头，致使在使用油镜时会因射入的光线较少，物像显现不清。所以为了不使通过的光线有所损失，在使用油镜时须在油镜与玻片之间加入与玻璃的折射率(n=1.55)相仿的油(通常用香柏油，其折射率 $n=1.52$)。

2) 增加显微镜的分辨率

显微镜的分辨率或分辨力(resolution or resolving power)是指显微镜能辨别两点之间的最小距离的能力。从物理学角度看，光学显微镜的分辨率受光的干涉现象及所用物镜性能的限制，分辨力 D 可表示为：$D=\lambda/2NA$，其中，λ 为光波波长；NA 为物镜的数值孔径值。

光学显微镜的光源不可能超出可见光的波长范围($0.4\sim0.7\mu m$)，而数值孔径值则取决于物镜的镜口角和玻片与镜头间介质的折射率，可表示为

$$NA=n\times\sin\alpha$$

式中，α 为光线最大入射角的半数，它取决于物镜的直径和焦距，一般来说在实际应用中最大只能达到 120°；n 为介质折射率。由于香柏油的折射率(1.52)比空气及水的折射率(分别为 1.0 和 1.33)要高，因此以香柏油作为镜头与玻片之间介质的油镜所能达到的数值孔径值(NA 一般在 $1.2\sim1.4$)要高于低倍镜、高倍镜等干镜(NA 都低于 1.0)。若以可见光的平均波长 $0.55\mu m$ 来计算，数值孔径通常在 0.65 左右的高倍镜只能分辨出距离不小于 $0.4\mu m$ 的物体，而油镜的分辨率却可达到 $0.2\mu m$ 左右。

三、操作步骤

(1) 取镜 显微镜是光学精密仪器，使用时应特别小心。从镜箱中取出时，一手握镜臂，一手托镜座，放在实验台上。使用前首先要熟悉显微镜的结构和性能，检查各部零件是否完全合用，镜身有无尘土，镜头是否清洁。做好必要的清洁和调整工作。

(2) 调节光源。

① 将低倍物镜旋到镜筒下方，旋转粗调螺旋，使镜头和载物台距离约为 0.5cm。

② 上升聚光器，使之与载物台表面相距 1mm 左右。

③ 左眼看目镜调节反光镜镜面角度(在天然的光线下观察，一般用平面反光镜；若以灯光为光源，则一般多用凹面反光镜)。开闭光圈，调节光线强弱，直至视野内得到最均匀最适宜的照明为止。

一般染色标本油镜检查时，光度宜强，可将光圈开大，聚光器上升到最高，反光镜调至最强；未染色标本，在低倍镜或高倍镜观察时，应适当地缩小光圈，下降聚光器，调节反光镜，使光线减弱，否则光线过强不易观察。

(3) 低倍镜观察。低倍物镜(8×或 10×)视野面广，焦点深度较深，为易于发现目标确定检查位置，故应先用低倍镜观察为宜。操作步骤如下：

① 先将标本玻片置于载物台上(注意标本朝上)，并将标本部位处于物镜的正下方，转动粗调螺旋，上升载物台使物镜至距标本约 0.5cm 处。

② 左眼看目镜，同时以反时针方向慢慢旋转粗调节螺旋使载物台缓慢上升，至视野内出现物像后，改用细调节螺旋，上下微微转动，仔细调节焦距和照明，直至视野内获得清晰的物像，及时确定需进一步观察的部位。

③ 移动推动器。将所要观察的部位置于视野中心，准备换高倍镜观察。

(4) 高倍镜观察。将高倍物镜(40×)转至镜筒下方(在转换物镜时，要从侧面注视。以防低倍镜未对好焦距而造成镜头与玻片相撞)，调节光圈和聚光镜，使光线亮度适中，再仔细反复转动微调螺旋，调节焦距，获得清晰物像，再移动推动器选择最满意的镜检部位将染色标本移至视野中央，待油镜观察。

(5) 油镜观察。

① 用粗调螺旋提起镜筒，转动转换器将油镜转至镜筒正下方。在标本镜检部位滴上一滴香柏油。右手顺时针方向慢慢转动粗调螺旋，上升载物台，并及时从侧面注视使油浸物镜浸入油中，直到几乎与标本接触时为止(注意切勿压到标本，以免压碎玻片，甚至损坏油镜头)。

② 左眼看目镜，右手反时针方向微微转动粗调螺旋，下降载物台(注意：此时只准下降载物台，不能向上调动)，当视野中有模糊的标本物像时，改用细调螺旋，并移动标本直至标本物像清晰为止。

③ 如果向上转动粗调螺旋已使镜头离开油滴又尚未发现标本时，可重新按上述步骤操作直到看清物像为止。

④ 观察完毕，下降载物台，取下标本片。先用擦镜纸擦去镜头上的油，然后再用擦镜纸沾少量二甲苯擦去镜头上残留油迹，最后再用擦镜纸擦去残留的二甲苯。切忌用手或其他纸擦镜头，以免损坏镜头，可用绸布擦净显微镜的金属部件。

⑤ 将各部分还原，反光镜垂直于镜座，将接物镜转成八字形，再向下旋。罩上镜套，然后放回镜箱中。

四、目镜测微尺、镜台测微尺、血球计数板及其使用方法

1. 目镜测微尺

目镜测微尺(图 5-9)是一块圆形玻片，在玻片中央把 5mm 长度刻成 50 等分，或把 10mm 长度刻成 100 等分。测量时，将其放在接目镜中的隔板上(此处正好与物镜放大的中间像重叠)来测量经显微镜放大后的细胞物像。由于不同目镜、物镜组合的放大倍数不相同，目镜测微尺每格实际表示的长度也不一样，因此目镜测微尺测量微生物大小时须先用置于镜台上的镜台测微尺校正，以求出在一定放大倍数下，目镜测微尺每小格所代表的相对长度。

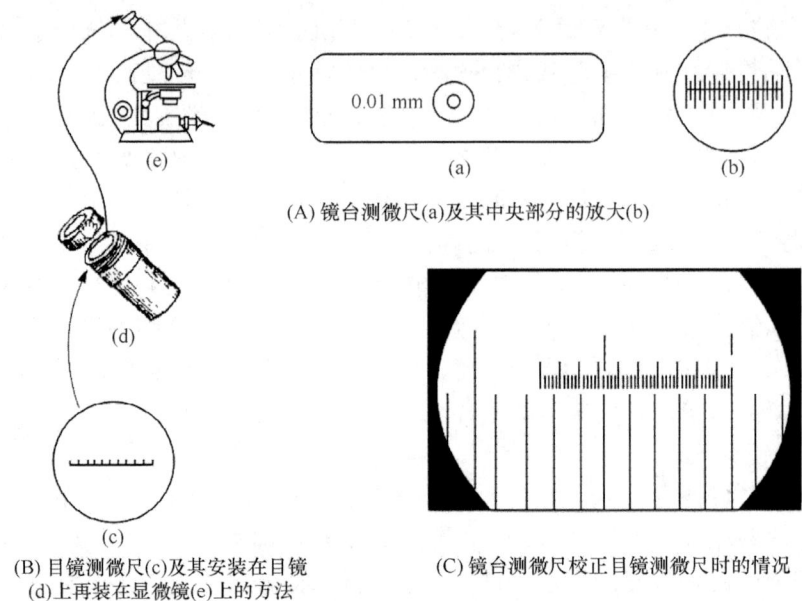

(A) 镜台测微尺(a)及其中央部分的放大(b)

(B) 目镜测微尺(c)及其安装在目镜(d)上再装在显微镜(e)上的方法

(C) 镜台测微尺校正目镜测微尺时的情况

图 5-9 目镜测微尺和镜台测微尺

2. 镜台测微尺

镜台测微尺(图 5-9)是中央部分刻有精确等分线的载玻片，一般将 1mm 等分为 100 格，每格长 10μm(即 0.01mm)，是专门用来校正目镜测微尺的。校正时，将镜台测微尺放在载物台上，由于镜台测微尺与细胞标本是处于同一位置，都要经过物镜和目镜的两次放大成像进入视野，即镜台测微尺随着显微镜总放大倍数的放大而放大，因此从镜台测微尺上得到的读数就是细胞的真实大小，所以用镜台测微尺的已知长度在一定放大倍数下校正目镜测微尺，即可求出目镜测微尺每格所代表的长度，然后移去镜台测微尺，换上待测标本片，用校正好的目镜测微尺在同样放大倍数下测量微生物大小。

$$目镜测微尺每小格长度(\mu m)= \frac{两对重合线间镜台测微尺格数 \times 10}{两对重合线间目镜测尺格数}$$

3. 血球计数板

血球计数板是一块特制的厚载玻片，载玻片上有 4 条槽，从而构成 3 个平台。中间的平台较宽，其中间又被一短横槽分隔成两半，每个半边上面各有一个方格网(图 5-10)。每个方格网共分 9 大格，其中间的一大格(又称为计数室)常被用作微生物的计数。计数室的刻度有两种：一种是大方格分为 16 个中方格，而每个中方格又分成 25 个小方格；另一种是一个大方格分成 25 个中方格，而每个中方格又分成 16 个小方格。但是不管计数室是哪一种构造，它们都有一个共同特点，即每个大方格都由 400 个小方格组成(图 5-11)。

每个大方格边长为 1mm，则每一大方格的面积为 $1mm^2$，每个小方格的面积为 $1/400mm^2$，盖上盖玻片后，盖玻片与计数室底部之间的高度为 0.1mm，所以每个计数室(大方格)的体积为 $0.1mm^3$，每个小方格的体积为 $1/4000mm^3$。使用血球计数板直接计数时，先要测定每个小方格(或中方格)中微生物的数量，再换算成每毫升菌液(或每克样品)中微生物细胞的数量。

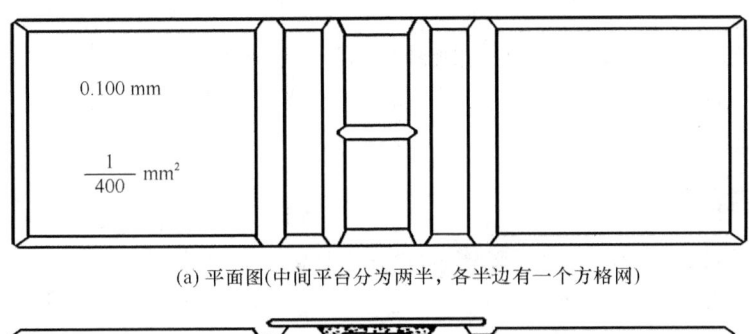

(a) 平面图(中间平台分为两半,各半边有一个方格网)

(b) 侧面图(中间平台与盖玻片之间有高度为0.1 mm的间隙)

图 5-10　血球计数板的构造

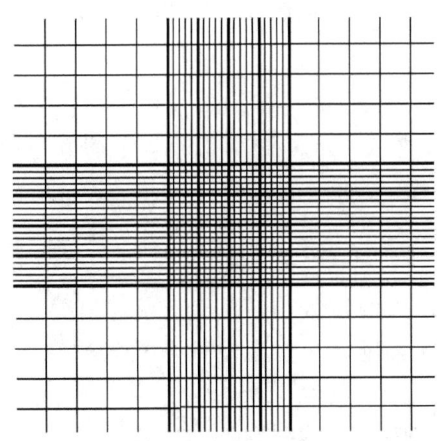

图 5-11　血球计数板计数网的分区和分格

计数时，通常数五个中方格的总菌数，然后求得每个中方格的平均值，再乘上 25 或 16，就得出一个大方格中的总菌数，然后再换算成 1mL 菌液中的总菌数。

以 25 个中方格的计数板为例，设 5 个中方格中的总菌数为 A，菌液稀释倍数为 B，则 1mL 菌液中的总菌数=$A/5 \times 25 \times 10^4 \times B = 50000 A \times B$(个)。同理，如果是 16

个中方格的计数板，1mL 菌液中的总菌数=$A/5×16×10^4×B$=$32000A×B$(个)。

五、注意事项

(1) 显微镜镜头的保护和保养。

(2) 使用显微镜时应根据不同的物镜而调节光线。

Ⅱ 细菌、放线菌和酵母菌个体形态的观察

一、仪器和材料

(1) 显微镜、擦镜纸、香柏油或液体石蜡、二甲苯。

(2) 示范片：大肠杆菌(杆状)、小球菌(球状)、硫酸盐还原菌(弧形)、枯草芽孢杆菌、放线菌、酵母等。

二、实验内容和操作方法

(1) 严格按照光学显微镜操作方法，依低倍、高倍和油镜的次序观察杆状、球状、弧状和丝状的细菌示范片，用铅笔分别绘出各种细菌的形态图。

(2) 同法逐个观察放线菌的示范片，分别绘出其形态图。

(3) 同法逐个观察酵母菌示范片，分别绘出其形态图。

实验 32　水中细菌菌落数和大肠菌群数的测定

一、实验目的

(1) 学习水样的采取方法、水样细菌总数测定的方法和平板菌落计数的原则。

(2) 学习水中大肠菌群数的测定方法。

二、实验原理

细菌菌落总数是指水样经过处理，在一定条件培养后，所得 1mL 检验样中所含细菌菌落的总数。本实验应用平板菌落计数技术测定水中细菌总数。由于水中细菌种类繁多，它们对营养和其他生长条件的要求差别很大，不可能找到一种培养基在一种条件下，使水中所有的细菌均能生长繁殖。因此，以一定的培养基平板上生长出来的菌落而计算出来的水中细菌总数仅是一种近似值。目前一般是采用普通肉膏蛋白胨琼脂培养基。

大肠菌群是肠道中普遍存在和数量最多的一群细菌，常将其作为人畜粪便污染的标志。水被大肠菌群污染，就有可能存在病原菌污染，所以，大肠菌群是重要的水质卫生指标。水中大肠菌群数是以液体稀释培养计数法测定，即 100mL 检

样中大肠菌群最可能数(most probable number，MPN)。

三、仪器与试剂

仪器：

培养箱，试管，杜氏小管，三角烧瓶，带玻璃塞瓶，培养皿，吸管等。

试剂：

(1) 肉膏蛋白胨琼脂培养基。蛋白胨 1g，牛肉膏 0.5g，氯化钠 0.5g，琼脂 1.5g，蒸馏水 100mL，pH 7.2～7.4。121℃灭菌 15min，备用。

(2) 乳糖胆盐发酵培养液。蛋白胨 2g，猪胆盐 0.5g，乳糖 1g，0.5%中性红水溶液 0.5mL，蒸馏水 100mL，pH 7.4。分装到三角瓶和试管中，并放入一倒置杜氏小管。115℃灭菌 15min，备用。双料发酵管除蒸馏水外，其他成分加倍，三倍料发酵管各组分用量增加至三倍。

(3) 乳糖发酵培养液。蛋白胨 2g，乳糖 1g，0.04%溴甲酚紫溶液 2.5mL，蒸馏水 100mL，pH 7.4。先调 pH 7.4 后再加入溴甲酚紫，115℃灭菌 15min，备用。

(4) 伊红美蓝琼脂培养基(EMB)。蛋白胨 1g，乳糖 1g，磷酸氢二钾 0.2g，琼脂 2g，2%伊红 Y 溶液 2mL，0.65%美蓝溶液 1mL，蒸馏水 100mL，pH 7.4。将蛋白胨、磷酸氢二钾、琼脂溶解于蒸馏水中，121℃灭菌 15min，备用。临用前加入乳糖并融化琼脂，冷却后再加入伊红美蓝液。

(5) 品红亚硫酸钠(远藤氏)培养基。蛋白胨 10g，磷酸氢二钾 3.5g，乳糖 10g，琼脂 20～30g，蒸馏水 1000mL，pH 7.2～7.4。先将 20～30g 琼脂加到 900mL 蒸馏水中，加热溶解，然后加入磷酸氢二钾及蛋白胨，混匀，使其溶解，再用蒸馏水补充到 1000mL，调节溶液 pH 为 7.2～7.4。趁热用脱脂棉或绒布过滤，再加入乳糖，混匀，定量分装于 250mL 或 500mL 锥形瓶内，置于高压灭菌器中，在 121℃灭菌 15min，储存于冷暗处备用。

(6) 无菌生理盐水。

四、实验内容

1. 水中细菌总数的测定

1) 水样的采取

(1) 取样瓶的灭菌。准备好清洁的容量为 100mL 的磨砂口带塞瓶，瓶的颈部和上部用牛皮纸覆盖，并用线捆好，然后 160～170℃干热灭菌 2h。

(2) 自来水的采取。为了取得典型的水样，取自来水样时，至少应先放水 5min，以冲去水龙头口所带的微生物。另外，水管中的细菌数目易发生变化，先放 5min，以获得主流管有代表性的水样。取样时，用右手握瓶，左手启开瓶塞，用覆盖瓶口的纸托住瓶塞。接取水样后，连覆盖纸一起将瓶塞塞好，将纸盖上，并用线扎紧。

(3) 池水、河水或湖水的采取。应取距水面 10～15cm 的深层水样，先将灭菌的带玻璃塞瓶瓶口向下浸入水中，然后翻转过来，除去玻璃塞，水即流入瓶中。盛满后，将瓶塞盖好，再从水中取出，最好立即检查，否则需放入冰箱中保存。

2) 细菌总数测定

(1) 自来水。

① 用灭菌吸管吸取 1mL 水样，注入灭菌培养皿中。共做 3 个平皿。

② 分别倾注约 15mL 已溶化并冷却到 45℃左右的肉膏蛋白胨琼脂培养基，并立即在桌上作平面旋摇，使水样与培养基充分混匀。

③ 另取一空的灭菌培养皿，倾注肉膏蛋白胨琼脂培养基 15mL 作空白对照。

④ 培养基凝固后，倒置于 37℃温箱中，培养 24h，进行菌落计数。

⑤ 3 个平板的平均菌落数即为 1mL 水样的细菌总数。

(2) 池水、河水或湖水等。

① 稀释水样以无菌操作，取水样 10mL 放于含有 90mL 灭菌生理盐水的三角烧瓶内，充分摇匀成 1∶10 的均匀稀释液。取 1mL 上述稀释液注入含 9mL 灭菌生理盐水的试管内、摇匀，做成 1∶100 的稀释液，再自第一管取 1mL 至下一管灭菌生理盐水内，如此稀释到第三管，稀释度分别为 10^{-2}、10^{-3} 与 10^{-4}。稀释倍数视水样污浊程度而定，以培养后平板的菌落数在 30～300 个之间的稀释度最为合适，若三个稀释度的菌数均多到无法计数或少到无法计数，则需继续稀释或减小稀释倍数。

一般中等污秽水样，取 10^{-1}、10^{-2}、10^{-3} 三个连续稀释度，污秽严重的取 10^{-2}、10^{-3}、10^{-4} 三个连续稀释度。

② 自最后三个稀释度的试管中各取 1mL 稀释水加入空的灭菌培养皿中，每一稀释度做 3 个培养皿。

③ 各倾注 15mL 已溶化并冷却至 45℃左右的肉膏蛋白胨琼脂培养基，立即放在桌上摇匀。

④ 凝固后倒置于 37℃培养箱中培养 24h。

3) 菌落计数方法

(1) 先计算相同稀释度的平均菌落数。若其中一个平板有较大片状菌苔生长时，则不应采用，而应以无片状菌苔生长的平板作为该稀释度的平均菌落数。若片状菌苔的大小不到平板的一半，而其余的一半菌落分布又很均匀时，则可将此一半的菌落数乘 2 以代表全平板的菌落数，然后再计算该稀释度的平均菌落数。

(2) 首先选择平均菌落数在 30～300 个之间的，当只有一个稀释度的平均菌落数符合此范围时,则以该平均菌落数乘其稀释倍数即为该水样的细菌总数(见表 5-12)。

(3) 若有两个稀释度的平均菌落数均在 30~300 个之间,则按两者菌落总数之比值来决定。若其比值小于 2,应采取两者的平均数;若大于 2,则取其中较小的菌落总数(见表 5-12)。

(4) 若所有稀释度的平均菌落数均大于 300 个,则应按稀释度最高的平均菌落数乘以稀释倍数(见表 5-12)。

(5) 若所有稀释度的平均菌落数均小于 30 个,则应按稀释度最低的平均菌落数乘以稀释倍数(见表 5-12)。

(6) 若所有稀释度的平均菌落数均不在 30~300 个之间,则以最接近 300 个或 30 个的平均菌落数乘以稀释倍数(见表 5-12)。

表 5-12　计算菌落总数方法举例

例次	不同稀释度的平均菌落数			两个稀释度菌落数之比	菌落总数/(个/mL)	备注
	10^{-1}	10^{-2}	10^{-3}			
1	1 365	164	20	—	16 400 或 1.6×10^4	
2	2 760	295	46	1.6	37 750 或 3.8×10^4	两位以后的数字采取四舍五入的方式去掉
3	2 890	271	60	2.2	27 100 或 2.7×10^4	
4	无法计数	1 650	513	—	513 000 或 5.1×10^5	
5	27	11	5	—	270 或 2.7×10^2	
6	无法计数	305	12	—	30 500 或 3.1×10^4	

2. 水中大肠菌群的测定

1) 自来水

(1) 初发酵实验:在两个装有已灭菌的 50mL 三倍料乳糖胆盐发酵培养液的大试管或烧瓶中(内有倒管),以无菌操作各加入已充分混匀的水样 100mL。在 10 支装有已灭菌的 5mL 三倍料乳糖胆盐发酵培养液的试管中(内有倒管),以无菌操作加入充分混匀的水样 10mL,混匀后置于 37℃恒温箱内培养 24h。

(2) 平板分离:上述各发酵管经培养 24h 后,将产气的发酵管中的发酵液在 EMB 平板或远藤氏平板上画线分离,置于 35~37℃培养 18~24h。

(3) 革兰氏染色及镜检:于上述平板上长出的菌落中挑取 1~2 个大肠菌群可疑菌落进行镜检和革兰氏染色。可疑菌落的特征如下:

a. 伊红美蓝培养基上:深紫黑色,具有金属光泽的菌落;紫黑色,不带或略带金属光泽的菌落;淡紫红色,中心色较深的菌落。

b. 品红亚硫酸钠培养基上：紫红色，具有金属光泽的菌落；深红色，不带或略带金属光泽的菌落；淡红色，中心色较深的菌落。

取上述特征的群落进行革兰氏染色：

a. 用已培养 18~24h 的培养物涂片，涂层要薄；

b. 将涂片在火焰上加温固定，待冷却后滴加结晶紫溶液，1min 后用水洗去；

c. 滴加助色剂，1min 后用水洗去；

d. 滴加脱色剂，摇动玻片，直至无紫色脱落为止(约 20~30s)，用水洗去；

e. 滴加复染剂，1min 后用水洗去，晾干、镜检，呈紫色者为革兰氏阳性菌，呈红色者为阴性菌。

(4) 复发酵实验：上述涂片镜检的菌落如为革兰氏阴性无芽孢的杆菌，则挑选该菌落的另一部分接种于装有乳糖发酵培养液的试管中(内有倒管)，每管可接种分离自同一初发酵管(瓶)的最典型菌落 1~3 个，然后置于 37℃ 恒温箱中培养 24h。观察产气情况。

(5) 结果：凡是在乳糖胆盐发酵管产酸、产气，在指示性培养基上能生长的，革兰氏染色为阴性的无芽孢杆菌，在复发酵管中产酸、产气的，即说明有大肠菌群的细菌存在——大肠菌群阳性；有一项不符的，即说明无大肠菌群的细菌存在——大肠菌群阴性。

根据有大肠杆菌细菌存在的初发酵管的管数，查相应的大肠杆菌检索表(表 5-13)，报告每 100mL 待检样品中大肠菌群细菌的最近似数。

表 5-13 大肠菌群检索表

10mL 水量的阳性管数	100mL 水量的阳性瓶数		
	0	1	2
	1L 水样中大肠菌群数	1L 水样中大肠菌群数	1L 水样中大肠菌群数
0	<3	4	11
1	3	8	18
2	7	13	27
3	11	18	38
4	14	24	52
5	18	30	70
6	22	36	92
7	27	43	120
8	31	51	161
9	36	60	230
10	40	69	>230

注：接种水样总量 300mL(100mL 2 份，10mL 10 份)

2) 水源水

(1) 于各装有 5mL 三倍浓缩乳糖蛋白胨培养液的 5 个试管中(内有倒管),分别加入 10mL 水样;于各装有 10mL 乳糖蛋白胨培养液的 5 个试管中(内有倒管),分别加入 1mL 水样;再于各装有 10mL 乳糖蛋白胨培养液的 5 个试管中(内有倒管),分别加入 1mL 1∶10 稀释的水样。共计 15 管,三个稀释度。将各管充分混匀,置于 37℃恒温箱内培养 24h。

(2) 平板分离和复发酵实验的检验步骤同"自来水检验方法"。

(3) 根据证实总大肠菌群存在的阳性管数,查表 5-14 "最可能数(MPN)表",即求得每 100mL 水样中存在的总大肠菌群数。我国目前系以 1L 为报告单位,故 MPN 值再乘以 10,即为 1L 水样中的总大肠菌群数。

表 5-14 100mL 检样中大肠菌群最可能数(MPN)检索表

检样量				大肠菌群最近似数
10mL×3	1mL×3	0.1mL×3	0.01mL×3	(个/100mL)
0	0			<3
0	1			3
0	2			6
0	3			10
1	0			4
1	1			7
1	2			12
1	3			16
2	0			9
2	1			15
2	2			20
2	3			30
3	0			25
3	1			45
3	2			110
3	3			250
	0	0		<30
	0	1		30
	0	2		60
	0	3		100
	1	0		40
	1	1		70
	1	2		120
	1	3		160
	2	0		90
	2	1		150
	2	2		200
	2	3		300

检样量				大肠菌群最近似数
10mL×3	1mL×3	0.1mL×3	0.01mL×3	(个/100mL)
	3	0		250
	3	1		450
	3	2		1100
	3	3		2500
		0	0	<300
		0	1	300
		0	2	600
		0	3	1000
		1	0	400
		1	1	700
		1	2	1200
		1	3	1600
		2	0	900
		2	1	1500
		2	2	2000
		2	3	3000
		3	0	2500
		3	1	4500
		3	2	11000
		3	3	25000

例如，某水样接种 10mL 的 5 管均为阳性；接种 1mL 的 5 管中有 2 管为阳性；接种 1:10 的水样 1mL 的 5 管均为阴性。从最可能数(MPN)表中查检验结果 5～2～0，得知 100mL 水样中的总大肠菌群数为 49 个，故 1L 水样中的总大肠菌群数为 49×10=490 个。

对污染严重的地表水和废水，初发酵实验的接种水样应做 1:10、1:100、1:1000 或更高倍数的稀释，检验步骤同"水源水检验方法"。

如果接种的水样量不是 10mL、1mL 和 0.1mL，而是较低或较高的三个浓度的水样量，也可查表求得 MPN 指数，再经下面公式换算成每 100mL 的 MPN 值：

$$\text{MPN值} = \text{MPN值数} \times \frac{10(\text{mL})}{\text{接种量最大的一管}(\text{mL})}$$

大肠菌群检验的程序如图 5-12 所示。

五、思考题

(1) 你所测的水源水的污秽程度如何？

(2) 典型的大肠杆菌菌落特征是什么？

(3) 伊红美蓝培养基中含有哪几种主要成分？在检测大肠菌群时各起什么作用？

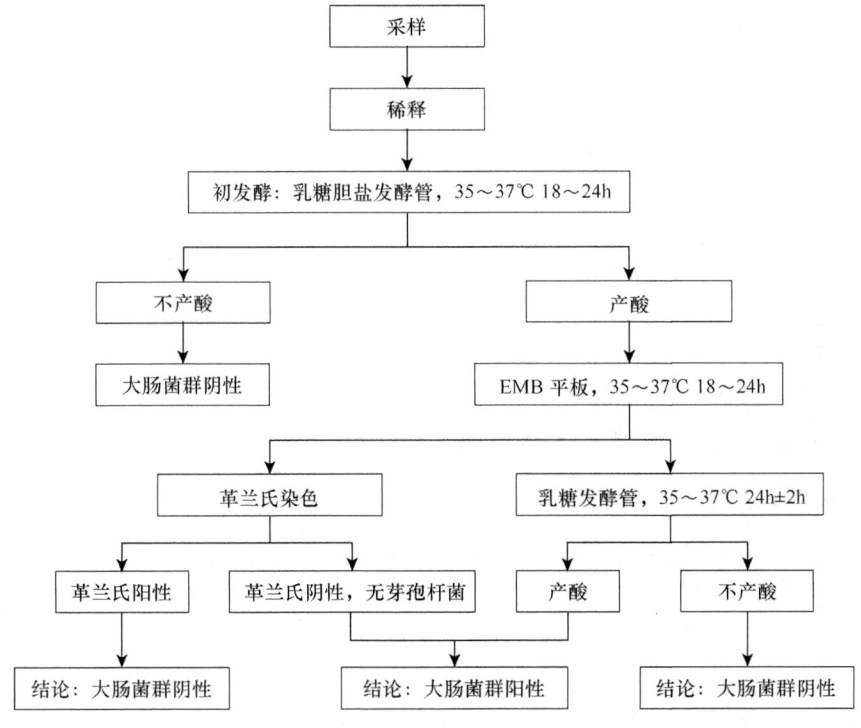

图 5-12 大肠菌群检验程序

第6章 仪器分析实验

实验33 水中铁测定条件的选择

一、实验目的

(1) 初步熟悉可见分光光度计的使用方法;
(2) 熟悉测绘吸收光谱的一般方法。

二、基本原理

在建立一个新吸收光谱时,必须进行一系列条件实验,包括显色化合物的吸收光谱的曲线(简称吸收光谱)绘制,选择合适的测定波长、显色剂浓度和溶液pH以及显色化合物的影响等。此外,还要研究显色化合物符合朗伯-比尔定律的浓度范围、干扰离子的影响及其排除的方法等。

在 pH=3~9 的溶液中,Fe^{2+} 与邻二氮菲(phen)生成稳定的橙红色络合物[λ_{max}=508nm,ε=1.1×10^{4}L/(mol·cm),lgβ_3=21.3(20℃)]:

$$Fe^{2+} + 3phen \longrightarrow Fe(phen)_3^{2+}$$
橙红色

Fe^{3+} 与邻二氮菲生成 1:3 的淡蓝色络合物[邻二氮菲-Fe(Ⅲ),lgβ_3=14.1],故显色前应先用盐酸羟胺将 Fe^{3+} 还原为 Fe^{2+},其反应为

$$2Fe^{3+} + 2NH_2OH·HCl \longrightarrow 2Fe^{2+} + N_2\uparrow + 2H_2O + 4H^+ + 2Cl^-$$

本实验利用分光光度计能连续变换波长的性能,测定邻二氮菲-Fe(Ⅱ)的吸收光谱,确定 λ_{max}。通过实验了解在 λ_{max} 处显色剂用量、溶液的pH、显色时间、温度、显色化合物的稳定性以及溶液中共存离子的影响等,此外还要了解测定方法的适用范围、准确度、灵敏度等。本实验以水中微量铁(Fe^{2+})与邻二氮菲反应的几个条件实验为例,使学生学会如何确定测定条件和如何研究一个分光光度方法。

三、仪器与试剂

仪器:
(1) 可见光分光光度计。
(2) 具塞磨口比色管 50mL。

(3) 移液管 1mL、2mL、5mL。

试剂：

(1) 铁标准储备溶液(Fe^{2+}=100μg/mL)。准确称取 0.7022g 分析纯硫酸亚铁铵 $[(NH_4)_2Fe(SO_4)_2·6H_2O]$，放入烧杯中，加入 20mL(1+1)盐酸，溶解后移入 1000mL 容量瓶中，用去离子水稀释至刻度，混匀。此溶液中铁含量为 100μg/mL。

(2) (1+1)盐酸。

(3) 15%(m/V)邻二氮菲水溶液(新鲜配制)。

(4) 10%(m/V)盐酸羟胺($NH_2OH·HCl$)水溶液(新鲜配制)。

(5) 缓冲溶液(pH=4.6)。将 68g 乙酸钠溶于约 500mL 蒸馏水中，加入 29mL 冰乙酸稀释至 1L。

(6) 0.1mol/L NaOH 溶液。

四、实验步骤

1. 吸收光谱的绘制

(1) 吸取 1.00mL 铁标准储备溶液(Fe^{2+}=100μg/mL)，同时取 1.00mL 去离子水(空白实验)，分别放入 50mL 比色管中，加入 1.0mL 10% $NH_2OH·HCl$ 溶液，混匀。放置 2min 后，加入 2.0mL 15%邻二氮菲溶液和 5.0mL 缓冲溶液，用水稀释至刻度，混匀。

(2) 在可见光分光光度计上，将反应溶液和空白溶液分别盛于 1cm 比色皿中，安放于仪器中比色皿架上。按仪器使用方法操作，从 420~560nm，每隔 10nm 测定一次。每次用空白溶液调零，测定溶液的吸光度值。

(3) 在吸收峰 510nm 附近，再每隔 2nm 测定一点。记录不同波长处的吸光度值。

2. 显色络合物的稳定性实验

(1) 取 1.0mL 铁标准储备溶液(Fe^{2+}=100μg/mL)，同时吸取 1.0mL 去离子水做空白。分别放入 50mL 比色管中，加入 1.0mL 10% $NH_2OH·HCl$ 溶液，混匀。放置 2min 后，加入 2.0mL 0.15%邻二氮菲溶液和 5.0mL 缓冲溶液，用去离子水稀释至刻度，混匀。

(2) 在选定的波长下(λ_{max})，用 1cm 比色皿，以空白试剂调吸光度值为零，立即测定吸光度值。

(3) 然后放置 30min、1.5h 和 4h，再分别测定吸光度值，记录。

3. 显色剂用量的确定

(1) 依次吸取 1.0mL 铁标准储备液(Fe^{2+}=100μg/mL)和 1mL 10% $NH_2OH·HCl$

溶液各 7 份，放入 7 个 50mL 比色管中，混匀。放置 2min。分别加入 0.0mL(空白)、0.10mL、0.30mL、0.50mL、1.00mL、2.00mL 及 4.00mL 0.15%邻二氮菲溶液和 5.0mL 缓冲溶液，以去离子水稀释至刻度，混匀。

(2) 在可见分光光度计上，用 1cm 比色皿，以不含显色剂溶液为空白，在 λ_{max} 处测定吸光度值，记录。

4. 显色溶液酸度的选择

(1) 吸取 1.0mL 铁标准储备液(Fe^{2+}=100μg/mL)和 1mL 10% $NH_2OH \cdot HCl$ 溶液各 8 份，依次放入 8 个 50mL 比色管中，混匀。静置 2min。再加 2.0mL 0.15%邻二氮菲溶液，混匀。分别加入 0.2mL、5mL、10mL、25mL、30mL 和 40mL 0.1mol/L NaOH 溶液，用去离子水稀释至刻度混匀。在 λ_{max} 处，用 1cm 比色皿，以去离子水为参比，测定吸光度值，记录。

(2) 然后用 pH 计或精密 pH 试纸分别测定 pH，记录。

五、数据处理

(1) 吸收光谱绘制(表 6-1)。

表 6-1　不同波长下对应的吸光度值测定结果记录

波长 λ/nm	420	430	440	450	460	470	480	490	500	510	520	530	540	550	560
吸光度 A															
波长 λ/nm	502	504	506	508	510	512	514	516	518						
吸光度 A															

以波长为横坐标，对应的吸光度为纵坐标，将测得值逐个描绘在坐标纸上并连成光滑曲线，即得吸收光谱。从曲线上查得溶液的最大吸收波长 λ_{max}，即为测量铁的测量波长(又称工作波长)。

(2) 显色络合物的稳定性(表 6-2)。

表 6-2　显色络合物稳定性的实验数据

放置时间/h	立即	0.50	1.5	4.0
吸光度 A				

在坐标纸上，以放置时间为横坐标，对应的吸光度为纵坐标，绘制放置时间 t-吸光度 A 关系曲线。

(3) 显色剂用量的确定(表 6-3)。

在坐标纸上，以邻二氮菲的加入量(mL)为横坐标，对应的吸光度值为纵坐标，绘制显色剂用量-吸光度关系曲线。从中找出适宜的显色剂用量。

表 6-3 显色剂用量实验数据

0.15%邻二氮菲溶液/mL	0.10	0.30	0.50	1.0	2.0	4.0
吸光度 A						
适宜的显色剂用量						

(4) 显色溶液 pH 的确定(表 6-4)。

表 6-4 显色溶液酸度实验数据

0.1mol/L NaOH 溶液用量/mL	0	2	5	10	20	25	30	40
溶液 pH								
吸光度 A								
适宜的 pH 区间								

在坐标纸上,以 pH 为横坐标,对应的吸光度为纵坐标,作 pH-吸光度关系曲线。从中找出适宜的 pH 区间。

六、注意事项

(1) 本实验旨在学会分光光度法测定水中微量物质时的最基本操作条件、原理和方法以及可见光分光光度计的使用。因此,要仔细阅读仪器说明书,了解仪器的构造和各个按键的功能;在使用时,一定要遵守操作规程和听从老师的指导。

(2) 在每次测定前,应首先作比色皿配对性实验。方法是:将同样厚度的 4 个比色皿分别编号,都装空白溶液,在 508nm 处测定各比色皿的吸光度(或透光率),结果应相同。若有显著差异,应将比色皿重新洗涤后再装空白溶液测定,直到吸光度(或透光率)一致。若经多次洗涤后,仍有显著差异,则用下法校正:

① 以吸光度最小的比色皿为 0,测定其余 3 个比色皿的吸光度值作为校正值。

② 测定水样或溶液时,以吸光度为零的比色皿作空白,用其他各皿装溶液,测各吸光度值减去所用比色皿的校正值,溶液吸光度测量值的校正示例见表 6-5。

表 6-5 溶液吸光度测量值的校正示例

比色皿	空白溶液校正值(A)	显色溶液测得值(A)	校正后测得值(A)
1	0.0	0.0	空白
2	0.0044	0.2041	0.200
3	0.0088	0.4089	0.400
4	0.0223	0.6234	0.601

(3) 拿取比色皿时,只能用手指捏住毛玻璃的两面,手指不得接触其透光面。盛好溶液(至比色皿高度的 4/5 处)后,先用滤纸轻轻吸去外部的水(或溶液),再用擦镜纸轻轻擦拭透光面,直至洁净透明。另外,还应注意比色皿内不得黏附小气

(4) 测量之前，比色皿需用被测溶液荡洗 2～3 次。然后再盛溶液。比色皿用毕后应立即取出，用自来水及蒸馏水洗净、倒立晾干。

(5) 绘制吸收光谱时应选择恰当的坐标比例，曲线应光滑。

七、思考题

(1) 根据实验数据，计算在最大波长下，邻二氮菲-Fe(II)的摩尔吸收系数。你的计算值与文献值 $\varepsilon=1.1\times10^4$ L/(mol·cm)是否一致？如不一致，请作解释。

(2) 本次实验中用可见分光光度计测得的最大吸收波长与文献值 λ_{max}=508nm 是否有差别？如有差别，请解释原因。

(3) 单色光不纯对吸收光谱的测定有何影响？

实验 34　水中铁的测定(邻二氮菲吸收光谱法)

一、实验目的

(1) 进一步熟悉分光光度法的使用方法。
(2) 学会吸收光谱法中测定条件的选择方法。

二、实验原理

采用邻二氮菲法测定水中微量铁时，先用酸将以水合氢氧化物形式存在的铁溶解，采用还原剂(盐酸羟胺)把 Fe^{3+} 还原成 Fe^{2+}，亚铁在 pH 3～9 之间的溶液中与邻二氮菲生成稳定的橙红色络合物[λ_{max}=508nm，$\varepsilon=1.1\times10^4$ L/(mol·cm)]，该络合物在暗处可稳定半年。

将一系列不同浓度标准溶液显色后，测定其相应的吸光度，绘制浓度-吸光度曲线(标准曲线)。最后将水样在相同的条件下显色，测得吸光度，从标准曲线上求得被测组分的含量。在 508nm 处测定吸光度值，用标准曲线法可求得水样中 Fe^{2+} 的含量。若用盐酸羟胺($NH_2OH\cdot HCl$)等还原剂将水中 Fe^{3+} 还原为 Fe^{2+}，则本法可测定水中总铁、Fe^{2+} 和 Fe^{3+} 的各自含量。此法适用于一般环境水和废水中铁的监测，最低检出浓度为 0.03mg/L，测定上限为 5.00mg/L。对铁离子大于 5.00mg/L 的水样，可适当稀释后再按本方法进行测定。

三、仪器及试剂

仪器：

(1) 可见分光光度计。

(2) 容量瓶 100mL 2 支。

(3) 具塞磨口比色管 50mL 10 支。

试剂：

(1) 铁标准储备液(Fe^{2+}=100μg/mL)。准确称取 0.7022g 分析纯硫酸亚铁铵 $[(NH_4)_2Fe(SO_4)_2·6H_2O]$，放入烧杯中，加入 20mL(1+1)盐酸，溶解后移入 1000mL 容量瓶中，用去离子水稀释至刻度，混匀。此溶液中铁含量为 100μg/mL，Fe^{2+}的量浓度为 $1.79×10^{-3}$mol/L。

(2) (1+1)盐酸。

(3) 铁标准使用液(Fe^{2+}=10μg/mL)。用吸量管准确吸取 10.0mL 铁标准储备液至 100mL 容量瓶中，用去离子水稀释至刻度。此溶液铁含量为 10μg/mL。

(4) 0.15%(*m/V*)邻二氮菲水溶液(新鲜配制)。

(5) 10%(*m/V*)盐酸羟胺($NH_2OH·HCl$)水溶液(新鲜配制)。

(6) 缓冲溶液(pH=4.6)。将 68g 乙酸钠溶于约 500mL 蒸馏水中，加入 29mL 冰乙酸稀释至 1L。

四、实验步骤

1. 标准曲线绘制

(1) 用吸量管准确吸取 0.00mL(空白实验)、0.50mL、1.00mL、2.50mL、3.50mL、5.00mL 和 7.00mL 铁标准使用液(含铁 10μg/mL)，分别放入 50mL 比色管中。各加入 1mL 10% $NH_2OH·HCl$ 溶液，混匀。静置 2min 后，再各加入 2.0mL 0.15%邻二氮菲溶液和 5.0mL 缓冲溶液，用水稀释至刻度，混匀，放置 10min。

(2) 在可见分光光度计上，在 508nm 处，用 1cm 比色皿，以水为参比调零，测定吸光度并作空白校正。

(3) 将所有吸光值扣除空白值，以铁含量为横坐标，对应的吸光度为纵坐标，绘制标准曲线。

2. 水样中铁的测定

(1) 总铁的测定。

用移液管吸取 25mL 水样，放入 50mL 比色管中，接着按绘制标准曲线程序测定吸光度值。在标准曲线上查出水样中总铁含量(共做 3 份平行样)。

(2) Fe^{2+}的测定。

用移液管吸取 25mL 水样，放入 50mL 比色管中，不加 $NH_2OH·HCl$ 溶液，以下按绘制标准曲线步骤进行，测定吸光度值，在标准曲线上查出水样中 Fe^{2+} 的含量。

(3) 计算。

$$铁(mg/L)=\frac{m}{V}$$

$$或铁(mg/L)=\frac{C_{标,Fe}\times 50}{V}$$

式中：m——标准曲线上查出总铁或 Fe^{2+} 的量，μg；

$C_{标,Fe}$——标准曲线上查出总铁或 Fe^{2+} 的含量，mg/L；

V——水样的体积，mL；

50——水样稀释最终体积，mL。

五、数据处理

(1) 标准曲线绘制(终体积 50mL)(表 6-6)。

表 6-6　标准曲线数据

铁标准溶液(10μg/mL)	1	2	3	4	5	6	7
加入量/mL	0.0	0.50	1.00	2.50	3.50	5.00	7.00
铁含量/μg	0.0	5.0	10.0	25.0	35.0	50.0	70.0
铁浓度/(mg/L)	0.0	0.10	0.20	0.50	0.70	1.00	1.40
吸光度 A	0.0						

绘制标准曲线。

(2) 水样的测定(表 6-7 和表 6-8)。

表 6-7　水样中总铁测定数据

	水样编号	1	2	3
总铁	吸光度 A			
	铁含量/μg			
	铁含量/(mg/L)			
	平均含量/(mg/L)			

表 6-8　水样中 Fe^{2+} 测定数据

	水样编号	1	2	3
Fe^{2+}	吸光度 A			
	Fe^{2+} 含量/μg			
	Fe^{2+} 含量/(mg/L)			
	平均含量/(mg/L)			

六、思考题

(1) 本实验中配制铁标准溶液的硫酸亚铁铵是分析纯试剂，显色时为什么还要加盐酸羟胺？

(2) 本实验吸取各溶液时，哪些应用移液管或吸量管？哪些可用量筒？为什么？

(3) 试根据绘制标准曲线的实验数据，计算回归方程 $C=aA+b$ 中的 a 和 b。

实验35 自来水中锰的测定(甲醛肟光度法)

锰(Mn)有钢铁样的金属光泽。锰的化合物有多种价态，主要有二价、三价、四价、六价和七价。锰是生物必需的微量元素之一。

地下水中由于缺氧，锰以可溶态的二价锰形式存在，而在地表水中还有可溶性三价锰的络合物和四价锰的悬浮物存在。在环境水样中锰的含量在数微克每升至数百微克每升，很少有超过 1mg/L 的。锰盐毒性不大，但水中锰可使衣物、纺织品和纸留下难看的斑痕，因此一般工业用水锰含量不允许超过 0.1mg/L。锰的主要污染源是黑色金属矿山、冶金、化工排放的废水。

锰的测定方法有原子吸收法、高碘酸氧化光度法和甲醛肟光度法。

原子吸收法灵敏度高，可直接用于水中锰的测定；测量高锰酸盐的紫红色的光度法选择性较好，经常被采用；甲醛肟光度法适合于饮用水以及未受污染的地表水的测定，为 ISO 的标准方法和我国标准分析方法(HJ/T 344—2007)，灵敏度比高锰酸盐法高。

一、实验目的

(1) 熟悉分光光度法的使用方法；

(2) 掌握用分光光度法测定锰的原理和方法。

二、实验原理

在 pH=9.0~10.0 的碱性溶液中，锰(Ⅱ)被溶解氧氧化为锰(Ⅳ)，与甲醛肟生成棕色络合物。

$$Mn^{4+} + 6H_2C=NOH \Longrightarrow [Mn(H_2C=NO)_6]^{2-} + 6H^+$$

该络合物的最大吸收波长为 450nm，其摩尔吸光系数为 $1.0×10^4$。锰浓度在 4.0mg/L 以内，浓度和吸光度之间呈线性关系。

本法适用于饮用水及未受严重污染的地表水总锰的测定，不适宜高度污染的工业废水的测定。该方法的标准曲线范围为 2～4.0μg/50mL，测定浓度范围为 0.05～4.0mg/L，最低检出浓度为 0.01mg/L。

铁、铜、钴、镍、钒、铈均与甲醛肟形成络合物，干扰锰的测定，加入盐酸羟胺和 EDTA 可减少其干扰。在本实验条件下，测定 20μg 锰时，铁 200μg；铜、钴、镍、铀、钍、铬、钼、钨各 50μg；钙 20mg；镁 10mg；铝 1mg；氯根、硝酸根、硫酸根、磷酸根、碳酸根各 50mg；氟 2mg 均不干扰测定。10μg 钒产生 7.5% 正干扰；20μg 铈产生 4.0% 负干扰。

三、仪器与试剂

仪器：

(1) 分光光度计。

(2) pH 计。

(3) 50mL 比色管。

试剂：

(1) 16%(m/V)氢氧化钠溶液。称取 16g NaOH 溶解于水中，稀释至 100mL。

(2) 1mol/L Na$_2$-EDTA 溶液。称取 37.2g 二水合乙二胺四乙酸二钠盐(Na$_2$-EDTA·2H$_2$O)置烧杯中，加入试剂 16%氢氧化钠溶液约 50mL，边加边搅拌，至完全溶解，以水稀释至 100mL，储存于聚乙烯瓶中。

(3) 甲醛肟溶液。称取 10g 盐酸羟胺溶解在约 50mL 水中，加 35%(m/V)甲醛溶液 5mL，用水稀释至 100mL。将此溶液储存于冰箱中，储存期至少为 1 个月。

(4) 过硫酸钾。

(5) 氨-盐酸羟胺混合溶液。

① 4.7mol/L 氨溶液。取 70mL 氨水，用水稀释至 200mL。

② 6mol/L 盐酸羟胺溶液。将 41.7g 盐酸羟胺溶于水中并稀释至 100mL。

将上述试剂①、②等体积混合。

(6) 硝酸。

(7) (1+1)盐酸溶液。

(8) 0.4%(m/V)硝酸溶液。

(9) 锰标准储备液(Mn，100μg/mL)。称取 0.1702g 一级硫酸锰(MnSO$_4$·2H$_2$O)溶于水中，加入 5mL 硫酸，转移此溶液于 500mL 容量瓶中，用水稀释至标线。溶液每毫升含锰 100μg。

(10) 锰标准溶液(Mn，10.0μg/mL)。移取锰标准储备液 10.00mL 置 100mL 容量瓶中，用水稀释至标线。此溶液每毫升含锰 10.0μg，临用现配。

四、实验步骤

1. 样品的保存

水样中的二价锰在中性或碱性条件下，能被空气氧化为更高的价态而产生沉淀，并被容器器壁吸附。因此，测定总锰的水样，应在采样时加硝酸酸化至 pH<2；测定可过滤性锰的水样，应在采样现场用 0.45μm 有机微孔滤膜过滤，再用硝酸酸化至 pH<2 保存。

2. 样品预处理

(1) 经酸化至 pH≈1 的清洁水，一般可直接用于测定。

(2) 含有悬浮二氧化锰和有机锰的水样，需进行预处理。

取一定量水样置锥形瓶中，每 100mL 水样加硝酸 1mL，过硫酸钾 0.5g 及数粒玻璃珠，加热煮沸约 30min，稍冷后，以快速定性滤纸过滤，用 0.4%(m/V)硝酸洗涤数次，然后用 0.4%(m/V)硝酸稀释到一定体积。

3. 标准曲线绘制

(1) 取 7 支 50mL 比色管，分别加入 0mL、0.20mL、0.50mL、1.00mL、2.00mL、3.00mL、4.00mL 锰标准溶液，用水稀释至约 40mL。

(2) 分别加入 1mol/L Na$_2$-EDTA 溶液 0.5mL，甲醛肟溶液 0.5mL，16%(m/V)氢氧化钠溶液 1.8mL。摇匀，放置 5~10min。

(3) 分别加入氨-盐酸羟胺混合溶液 3mL。加水至刻度，摇匀，放置 20min。显色完毕后，摇动时有大量气体产生，要慢慢将比色管盖打开，防止溶液溅出。

(4) 将显色后的溶液倒入 50mm 比色皿中，于 450nm 波长处，以水作参比测量吸光度。并作空白校正。

(5) 以锰含量为横坐标，相应的吸光度为纵坐标，绘制标准曲线。

4. 样品测定

视锰含量分取一定体积水样置 100mL 烧杯中，用 16%(m/V)氢氧化钠溶液在 pH 计上调节水样 pH 至 7 左右。然后转移至 50mL 比色管中。水稀释至约 40mL，以下步骤同标准曲线的绘制。

5. 原始数据记录(表 6-9)

表 6-9　标样和水样测定 A 值

标液加入量	0.0mL	0.20mL	0.50mL	1.0mL	2.0mL	3.0mL	4.0mL	水样 1	水样 2
A									

五、数据处理

(1) 标准曲线绘制(表 6-10)。

表 6-10 标准曲线绘制(终体积 50mL、锰=10μg/mL)

标准使用液加入量/mL	0.0	0.20	0.50	1.0	2.0	3.0	4.0
锰含量的浓度/μg	0.0	2.0	5.0	10	20	30	40
吸光度值 A							
$A-A_0$							

(2) 计算。

$$锰(Mn, mg/L) = \frac{m}{V}$$

式中：m——由校准曲线查得锰含量，μg；
V——水样体积，mL。

六、注意事项

(1) 所有玻璃器皿使用前均需用(1+1)盐酸浸泡，再用水冲洗干净。

(2) 显色完毕后，摇动时有大量气体产生，要慢慢将容量瓶盖打开，防止溶液溅出。

七、思考题

(1) 查阅文献，写出原子吸收法和高碘酸钾氧化光度法测定锰的原理及简单步骤。

(2) 对于含有悬浮二氧化锰和有机锰的水样，应该如何处理？

实验 36 水中氨氮的测定(纳氏试剂光度法)

氮是蛋白质、核酸、某些维生素等有机物中的重要组分。纯净天然水体中的含氮物质是很少的，水体中含氮物质的主要来源是生活污水和某些工业污水。当含氮有机物进入水体后，由于微生物和氧的作用，可以逐步分解或氧化为无机氮(NH_3)、铵(NH_4^+)、亚硝酸盐(NO_2^-)和最终产物(NO_3^-)。

$$含氮有机物 \xrightarrow{微生物} 蛋白质、氨基酸、氨等$$

$$NH_3(NH_4^+) \xrightarrow{亚硝酸菌} NO_2^- \xrightarrow{硝酸菌} NO_3^-$$

氨和铵中的氮称为氨氮，亚硝酸盐中的氮称为亚硝酸盐氮，硝酸盐中的氮称为硝酸盐氮。这3种形态氮的含量也都可以作为水中指标，分别代表有机氮转化为无机氮的各个不同阶段。随着含氮物质的逐步氧化分解，水体中的微生物和其他有机污染物被分解破坏，因而达到净化水体的作用。

水中有机氮、氨氮、亚硝酸盐氮和硝酸盐氮等几项指标的相对含量，在一定程度上反映了含氮有机物在水体的时间长短，从而对探讨水体污染历史、它们的分解趋势和水体自净情况有一定参考价值，其意义见表6-11。

表 6-11 三种形态氮表达的环境化学意义

NH_3-N	NO_2^--N	NO_3^--N	环境化学意义
−	−	−	洁净水
+	−	−	水体受到新近污染
+	+	−	水体受到污染不久，且污染物正在分解中
+	+	+	污染物已分解，但未完全自净
−	+	+	污染物已基本分解完毕但未自净
−	−	+	污染物已无机化，水体已基本自净
+	−	+	有新近污染，在此之前污染已基本自净
+	+	+	以前受到污染，正在自净过程中，且又有新污染

注：表中"+"表示检出，"−"表示未检出。

一、实验目的

(1) 了解水中氨氮测定的意义；
(2) 掌握纳氏试剂光度法测定水样中低浓度氨氮的原理和操作。

二、实验原理

水样中的氨氮在碱性条件下与纳氏试剂作用生成黄棕色络合物，在425nm波长处进行光度测定。

水样的色度、浊度和其他干扰物的存在会影响氨氮的测定，必须作适当的处理。对比较清洁的水样，可采用絮凝沉淀法，对污染严重的水样，则应采用蒸馏法以消除干扰。

氨氮与纳氏试剂的反应式如下：

$$2K_2[HgI_4] + NH_3 + 3KOH \rightleftharpoons [Hg_2O \cdot NH_2]I + 2H_2O + 7KI$$

脂肪胺、芳香胺、醛类、丙酮、醇类和有机氯胺等有机化合物以及铁、锰、镁和硫等无机离子，因产生异色或浑浊而引起干扰，水中颜色和浑浊亦影响比色，因此应进行预处理。水样经适当的预处理，本实验方法可用于地表水、地下水、工业废水和生活污水中氨氮的测定。本方法的最低检出浓度为 0.025mg/L，测定上限为 2mg/L。采用目视比色法，最低检出浓度为 0.02mg/L。

三、仪器与试剂

仪器：

(1) 氨氮蒸馏装置(图 6-1)。

(2) 分光光度计。

(3) 50mL 比色管。

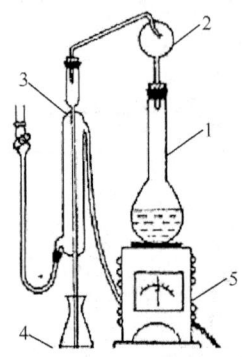

1. 凯氏烧瓶；2. 氮球；3. 冷凝管；4. 吸收瓶；5. 电炉

图 6-1 氨氮测定蒸馏图

试剂(实验用水均为无氨水)：

(1) 无氨水的制备。每升蒸馏水中加 0.1mL 浓硫酸，在全玻璃蒸馏器中重蒸馏，弃去 50mL 初馏液，接取其馏出液于具塞磨口的玻璃瓶中，密塞保存。

(2) 盐酸溶液(c_{HCl}=1mol/L)。取 8.33mL 的浓盐酸，加入适量的水，稀释至 100mL。

(3) 氢氧化钠溶液(c_{NaOH}=1mol/L)。称量 40g 氢氧化钠固体，放入烧杯中，用 330mL 左右蒸馏水溶解，冷却至室温。稀释至 1L。

(4) 轻质氧化镁(MgO)：将氧化镁加热至 500℃，以除去碳酸盐。

(5) 0.05%(m/V)溴百里酚蓝指示液(pH=6～7.6)。

(6) 防沫剂(如液状石蜡油)。

(7) 硼酸吸收液。称取 20g 硼酸(H_3BO_3)溶于无氨水中，稀释至 1000mL。

(8) 纳氏试剂。称取 20g 碘化钾溶于约 25mL 水中，边搅拌边分次少量加入二氯化汞($HgCl_2$)结晶粉末约 10g，至出现朱红色沉淀不易溶解时，改为滴加饱和二氯化汞溶液，充分搅拌，当出现微量朱红色沉淀不再溶解时，停止滴加氯化汞溶液。另取 60g 氢氧化钾溶于水，稀释至 250mL，冷却至室温后，将上述溶液徐徐加入氢氧化钾溶液中，同时不断搅拌。用水稀释至 400mL，混匀。静置过夜，将上清液移入聚乙烯瓶中，密塞保存。

(9) 酒石酸钾钠溶液。称取 50g 酒石酸钾钠($KNaC_4H_4O_8·4H_2O$)溶于无氨水中。加热煮沸以驱除氨，放冷，稀释至 100mL。

(10) 铵标准储备溶液(NH_3-N，1.00mg/mL)。称取 3.819g 在 100℃干燥过的无水氯化铵，溶于无氨水中，转入 1000mL 容量瓶中，稀释至标线。此溶液每毫升含氨氮 1.00mg。

(11) 铵标准使用溶液(NH_3-N，0.010mg/mL)。取 5.00mL 铵标准储备液于 500mL 容量瓶中，用无氨蒸馏水稀至标线。此溶液每毫升含氨氮 0.010mg。

四、实验步骤

1. 蒸馏预处理

(1) 取 50mL 硼酸溶液于 250mL 容量瓶中作为吸收液。

(2) 分取 250mL 接近中性水样(如果氨氮含量较高,可分取适量并加无氨水至 250mL,使其含量不超过 2.5mg)移入凯氏烧瓶,加数滴溴百里酚蓝指示液,用氢氧化钠或盐酸溶液调 pH=7 左右。加入 0.25g 轻质氧化镁和数粒玻璃珠,立即连接氨氮球和冷凝管,导管下端插入吸收液面下,加热蒸馏,至馏出液达 200mL 左右时,停止蒸馏,定容至 250mL。

(3) 空白液的蒸馏:以无氨水代替水样,其他步骤和水样预蒸馏步骤相同。

2. 标准曲线的绘制

吸取 0mL、0.50mL、1.00mL、3.00mL、5.00mL、7.00mL 和 10.0mL 铵标准使用液于 50mL 比色管中,用无氨蒸馏水稀至标线,加 1.0mL 酒石酸钾钠溶液,摇匀。加 1.5mL 纳氏试剂,摇匀。放置 10min 后,在 420nm 处,光程为 20mm 的比色皿,以水为参比,测量吸光度。

绘制以氨氮含量对吸光度的标准曲线。

3. 水样的测定

分取适量经蒸馏预处理后的馏出液,加入 50mL 比色管中,加一定量 1mol/L 氢氧化钠溶液以中和硼酸,稀释至标线。加 1.0mL 酒石酸钾钠溶液,摇匀。加 1.5mL 纳氏试剂,摇匀。放置 10min,同标准曲线步骤测量吸光度。按上述步骤测定空白馏出液,并加以扣除。

五、计算

由水样的吸光度减去空白实验的吸光度后,由标准曲线上查得氨氮含量(mg),结果计算如下:

$$氨氮(NH_3\text{-}N,\ mg/L) = \frac{m}{V} \times 1000$$

式中:m——标准曲线上查得的氨氮含量,mg;

V——水样体积,mL。

六、注意事项

(1) 纳氏试剂中碘化汞和碘化钾的比例对显色反应的灵敏度有较大影响。静置后生成的沉淀应去除。

(2) 滤纸中常含痕量铵盐,使用时注意用无氨水洗涤,所用玻璃器皿应避免实验室空气中氨的沾污。

(3) 蒸馏时应避免发生暴沸,否则造成馏出液温度升高,氨吸收不完全。

(4) 防止在蒸馏时产生泡沫,必要时可加几滴液状石蜡油于凯氏烧瓶中。

(5) 水样如含余氯,则应加入适量 0.35%硫代硫酸钠溶液,每 0.5mL 可除去 0.25mg 余氯。

实验 37　水中凯氏氮的测定

凯氏氮是指以凯氏(Kjeldahl)法测得的含氮量。它包括了氨氮和在此条件下能被转化为铵盐而测定的有机氮化物。此类有机氮化合物主要是指蛋白质、胨、氨基酸、核酸、尿素以及大量合成的氮为负三价态的有机氮化合物。它不包括叠氮化合物联氮、偶氮、脒、硝酸盐、亚硝酸盐、腈、硝基、亚硝基、肟和卡巴腙的含氮化合物。由于一般水中存在的有机氮化合物多为前者,因此,在测定凯氏氮和氨氮后,其差值称之为有机氮。

测定凯氏氮或有机氮,主要是为了了解水体受污染状况,尤其是在评价湖泊和水库的富营养化时,是一个有意义的指标。

一、实验目的

(1) 了解水中凯氏氮测定的意义;
(2) 掌握水中凯氏氮测定方法与原理。

二、实验原理

水样中加入硫酸并加热消解,使有机物中的胺基氮转变为硫酸氢铵,游离氨和铵盐也转变为硫酸氢铵。消解时加入适量硫酸氢钾以提高沸腾速度,增加消解速率,并加硫酸铜为催化剂,以缩短消解时间。消解后的液体,加氢氧化钠使其成碱性蒸馏出氨,以纳氏比色法或滴定法测定。

三、仪器与试剂

仪器:

(1) 可见光分光光度计。
(2) 蒸馏装置。
(3) 50mL 比色管。

试剂：

(1) 浓硫酸。

(2) 硫酸钾。

(3) 硫酸铜溶液。称取 5g 五水硫酸铜($CuSO_4 \cdot 5H_2O$)溶于水，稀释至 100mL。

(4) 氢氧化钠溶液。称取 500g 氢氧化钠溶于水，稀释至 1L。

(5) 硼酸溶液。称取 20g 硼酸溶于水，稀释到 1L。

(6) 盐酸溶液(c_{HCl}=1mol/L)。

(7) 氢氧化钠溶液，$C(NaOH)$=1mol/L。

(8) 轻质氧化镁(MgO)。将氧化镁加热至 500℃，以除去碳酸盐。

(9) 0.05%(m/V)溴百里酚蓝指示液(pH=6~7.6)。

(10) 防沫剂(如液状石蜡油)。

(11) 硼酸吸收液。称取 20g 硼酸(H_3BO_3)溶于无氨水中，稀释至 1000mL。

(12) 纳氏试剂。称取 20g 碘化钾溶于约 25mL 水中，边搅拌边分次少量加入二氯化汞($HgCl_2$)结晶粉末约 10g，至出现朱红色沉淀不易溶解时，改为滴加饱和二氯化汞溶液，充分搅拌，当出现微量朱红色沉淀不再溶解时，停止滴加氯化汞溶液。另取 60g 氢氧化钾溶于水，稀释至 250mL，冷却至室温后，将上述溶液徐徐加入氢氧化钾溶液中，同时不断搅拌。用水稀释至 400mL，混匀。静置过夜，将上清液移入聚乙烯瓶中，密塞保存。

(13) 酒石酸钾钠溶液。称取 50g 酒石酸钾钠($KNaC_4H_4O_8 \cdot 4H_2O$)溶于无氨水中。加热煮沸以驱除氨，放冷，稀释至 100mL。

(14) 铵标准储备溶液。称取 3.819g 在 100℃干燥过的无水氯化铵，溶于无氨水中，转入 1000mL 容量瓶中，稀释至标线。此溶液含氨氮 1.00 mg/mL。

(15) 铵标准使用溶液。取 5.00mL 铵标准储备液于 500mL 容量瓶中，用无氨蒸馏水稀释至标线。此溶液含氨氮 0.010 mg/mL。

四、实验步骤

(1) 取样体积的确定，见表 6-12。

表 6-12 取样体积

水样中的凯氏氮含量/(mg/L)	取样体积/mL	水样中的凯氏氮含量/(mg/L)	取样体积/mL
<10	250	20~50	50.0
10~20	100	50~100	25.0

(2) 消解：分取适量水样于 500mL 凯氏瓶中，加入 10mL 浓硫酸，2mL 硫酸铜溶液，6g 硫酸钾和数粒玻璃珠，混匀。置通风橱内加热煮沸，至冒三氧化硫白

烟,并使溶液变清(无色或淡黄色),调节热源保持沸腾 30min,放冷,加 250mL 水,混匀。

(3) 蒸馏:将凯氏烧瓶成 45°斜置,缓缓沿壁加入 40mL 氢氧化钠溶液,使在瓶底形成碱液层,连接氮球和冷凝管,以 50mL 硼酸溶液为吸收液,导管尖端插入液面下。加热蒸馏,收集馏出液达 200mL 时,停止蒸馏。

(4) 标准曲线的绘制。

吸取 0mL、0.50mL、1.00mL、3.00mL、5.00mL、7.00mL 和 10.0mL 铵标准使用液于 50mL 比色管中,用无氨蒸馏水稀释至标线,加 1.0mL 酒石酸钾钠溶液,摇匀。加 1.5mL 纳氏试剂,摇匀,放置 10min 后,在 420nm 处,光程为 20mm 的比色皿,以水为参比,测量吸光度。

绘制以氨氮含量对吸光度的标准曲线。

(5) 水样的测定。

分取适量经蒸馏预处理后的馏出液,加入 50mL 比色管中,加一定量 1mol/L 氢氧化钠溶液以中和硼酸,稀释至标线。加 1.0mL 酒石酸钾钠溶液,摇匀。加 1.5mL 纳氏试剂,摇匀。放置10min,同标准曲线步骤测量吸光度。按上述步骤测定空白馏出液,并加以扣除。

(6) 空白实验:以水代替水样,与水样测定相同步骤操作,进行空白测定。

五、结果计算

由水样的吸光度减去空白实验的吸光度后,由标准曲线上查得凯氏氮含量(mg),结果计算如下:

$$凯氏氮(mg/L) = \frac{m}{V} \times 1000$$

式中:m——标准曲线上查得的凯氏氮含量,mg;

V——水样体积,mL。

六、注意事项

(1) 蒸馏时避免暴沸,防止倒吸。

(2) 蒸馏时保持溶液为碱性,必要时添加氢氧化钠溶液。

实验 38 水中亚硝酸盐氮的测定[N-(1-萘基)-乙二胺光度法]

亚硝酸盐氮是氮循环的中间产物,不稳定。在水环境不同的条件下,可氧化成硝酸盐氮，也可被还原成氨。亚硝酸盐氮在水中受微生物作用很不稳定，采集后应立即分析或冷藏以抑制生物影响。

一、实验目的

(1) 了解水中亚硝酸盐氮测定的意义；
(2) 掌握水中亚硝酸盐氮测定方法与原理。

二、实验原理

在磷酸介质中，pH 为 1.8±0.3 时，亚硝酸盐与对氨基苯磺酰胺(简称磺胺)反应生成重氮盐，再与 N-(1-萘基)-乙二胺偶联生成红色染料，在波长 540nm 处有最大吸收。

$$NH_2SO_2C_6H_4NH_2 \cdot HCl + HNO_2 \xrightarrow{\text{重氮化}} NH_2SO_2C_6H_4N \equiv NCl + 2H_2O$$

$$NH_2SO_2C_6H_4N \equiv NCl + C_{10}H_7NHCH_2CH_2NH_2 \cdot HCl \xrightarrow{\text{偶联}}$$

$$NH_2SO_2C_6H_4N \equiv NNHCH_2CH_2(C_{10}H_7) \cdot 2HCl$$
(红色染料)

氯胺、氯、硫代硫酸盐、聚磷酸钠和高铁离子有明显干扰。水样呈碱性(pH≥11)时，可加酚酞指示剂，滴加磷酸溶液至红色消失；水样有颜色或悬浮物，加氢氧化铝悬浮液并过滤。

本法适用于饮用水、地面水、生活污水、工业废水中亚硝酸盐的测定，最低检出浓度为 0.003mg/L；测定上限为 0.20mg/L。

三、仪器与试剂

仪器：

(1) 分光光度计。
(2) G-3 玻璃砂芯漏斗。

试剂：

(1) 显色剂。于 500mL 烧杯中加入 250mL 水和 50mL 磷酸，加入 20.0g 对氨基苯磺酰胺；再将 1.00g N-(1-萘基)-乙二胺二盐酸盐溶于上述溶液中，转移至 500mL 容量瓶中，用水稀释至标线，混匀。此溶液储于棕色瓶中，保存在 2~5℃，至少可稳定一个月。

(2) 磷酸。

(3) 高锰酸钾标准溶液($1/5K_2MnO_4$，0.050mol/L)。溶解 1.6g 高锰酸钾于 1200mL 水中，煮沸 0.5~1h，使体积减少到 1000mL 左右放置过夜，用 G-3 玻璃砂芯漏斗过滤后，储于棕色试剂瓶中避光保存，待标定。

(4) 草酸钠标准溶液(1/2Na$_2$C$_2$O$_4$,0.0500mol/L)。溶解经 105℃烘干 2h 的优级纯或基准试无水草酸钠 3.3500g 于 750mL 水中,移入 1000mL 容量瓶中,稀释至标线。

(5) 亚硝酸盐氮标准储备液(NO$_2^-$-N,0.25mg/mL)。称取 1.232g 亚硝酸钠溶于 150mL 水中,移至 1000mL 容量瓶中,稀释到标线。每毫升约含 0.25mg 亚硝酸盐氮。本溶液加入 1mL 三氯甲烷,保存在 2~5℃,至少稳定一个月。

标定:在 300mL 具塞锥形瓶中,移入 50.00mL 0.050mol/L 高锰酸钾溶液,5mL 浓硫酸,插入高锰酸钾液面下加入 50.00mL 亚硝酸钠标准储备液,轻轻摇匀,在水浴上加热至 70~80℃,按每次 10.00mL 的量加入足够的草酸钠标准溶液,使红色褪去并过量,记录草酸钠标液的用量(V_2)。然后用高锰酸钾标液滴定过量的草酸钠至溶液呈微红色,记录高锰酸钾标液的总用量(V_1)。

用 50mL 水代替亚硝酸盐氮标准储备液,如上操作,用草酸钠标液标定高锰酸钾的浓度(C_1,mol/L)。

$$C_1(1/5KMnO_4)=\frac{0.0500\times V_4}{V_3}$$

$$亚硝酸盐氮的浓度(NO_2^--N, mg/L)=\frac{(V_1C_1-0.0500\times V_2)\times 7.00\times 1000}{50.00}$$
$$=140V_1C_1-7.00\times V_2$$

式中:C_1——经标定的高锰酸钾溶液的浓度(1/5KMnO$_4$),mol/L;

V_1——滴定亚硝酸盐氮储备液时,加入高锰酸钾溶液的总量,mL;

V_2——滴定亚硝酸盐氮储备液时,加入草酸钠溶液的量,mL;

V_3——滴定水时,加入高锰酸钾标液的总量,mL;

V_4——滴定空白时,加入草酸钠标液的总量,mL;

7.00——亚硝酸盐氮(1/2N)的摩尔质量,g/mol;

50.00——亚硝酸盐标准储备液取用量,mL;

0.0500——草酸钠标准溶液的浓度(1/2Na$_2$C$_2$O$_4$),mol/L。

(6) 亚硝酸盐氮标准中间液(NO$_2^-$-N,50μg/mL)。分取适量亚硝酸盐标准储备液(使含 12.5mg 亚硝酸盐氮),置于 250mL 棕色容量瓶中,稀释至标线,可保存一周。此溶液每毫升含 50μg 亚硝酸盐氮。

(7) 亚硝酸盐氮标准使用液(NO$_2^-$-N,1μg/mL)。取 10.00mL 中间液,置于 500mL 容量瓶中,稀释至标线。每毫升含 1.00μg 亚硝酸盐氮。

(8) 氢氧化铝悬浮液。溶解 125g 硫酸铝钾[KAl(SO$_4$)$_2$·12H$_2$O]于 1000mL 水中,加热至 60℃,在不断搅拌下,徐徐加入 55mL 氨水,放置约 1h 后,移入 1000mL 的量筒中,用水反复洗涤沉淀数次,澄清后,把上清液全部倾出,只留稠的悬浮物，最后加入 100mL 水，使用前振荡混匀。

四、实验步骤

1. 标准曲线的绘制

在一组 6 支 50mL 的比色管中，分别加入 0mL、1.00mL、3.00mL、5.00mL、7.00mL 和 10.0mL 亚硝酸盐标准使用液，用水稀释至标线，加入 1.0mL 显色剂，密塞，混匀。静置 20min 后，在 2h 内，于波长 540nm 处，用光程长 10mm 的比色皿，以水为参比，测量吸光度。

从测定的吸光度减去空白吸光度后，获得校正吸光度，绘制以氮为含量(μg)对校正吸光度的标准曲线，或用最小二乘法计算回归方程：

$$Y=bX+a$$

式中：Y——标准溶液吸光度(A)与试剂空白液吸光度(A_0)之差，即

$$Y=A-A_0$$

X——亚硝酸根含量；

b——回归方程斜率；

a——回归方程截距。

2. 水样的测定

当水样 pH≥11 时，加入 1 滴酚酞指示剂，边搅拌边逐滴加入(1+9)磷酸溶液，至红色消失。

水样如有颜色或悬浮物，可向每 100mL 水中加入 2mL 氢氧化铝悬浮液，搅拌，静置，过滤弃去 25mL 初滤液。

分取经预处理的水样于 50mL 比色管中(如含量较高，则分取适量，用水稀释至标线)，加 1.0mL 显色剂，然后按标准曲线绘制的相同步骤操作，测量吸光度。

3. 空白实验

以水代替水样进行测定。

五、数据处理

亚硝酸盐氮的含量计算公式如下：

$$\text{亚硝酸盐氮}(NO_2^-, \text{mg/L}) = \frac{(A-A_0-a) \times d}{b \times V}$$

式中：A——水样的吸光度；

a——截距；

b——斜率；

A_0——空白吸光度；

d——稀释倍数；

V——取样体积，mL。

六、注意事项

(1) 如水样经预处理后还有颜色，则分取两份体积相同的经预处理的水样，一份加 1.0mL 显色剂，另一份改加 1mL(1+9)磷酸溶液。由加显色剂的水样测得的吸光度减去空白实验测得的吸光度，再减去改加磷酸溶液的水样所测得的吸光度后，获得校正吸光度，以进行色度校正。

(2) 显色试剂除以混合液加入外，亦可分别配制和依次加入，具体方法如下：

① 对氨基苯磺酰胺溶液：称取 5g 对氨基苯磺酰胺(磺胺)，溶于 50mL 浓盐酸和约 350mL 水样的混合液中，稀释至 500mL，此溶液稳定。

② N-(1-萘基)-乙二胺二盐酸盐溶液：称取 500mg N-(1-萘基)-乙二胺二盐酸盐溶液于 500mL 水中，储于棕色瓶内，置冰箱中保存。当颜色明显加深时应重新配制，如有沉淀则过滤。

于 50mL 水样(或标准管)中加入 1.0mL 对氨基苯磺酰胺溶液，混匀。放置 2～8min，加 1.0mL N-(1-萘基)-乙二胺二盐酸盐溶液，混匀。放置 10min 后，于 540nm 波长测量吸光度。

(3) 显色剂有毒，避免与皮肤接触或吸入体内。

七、思考题

(1) 配制显色剂时，能否将重氮试剂和偶合试剂分别配制？

(2) 如果水样中少有浑浊或稍有颜色，对测定结果有何影响？应如何消除？

实验 39　水中硝酸盐氮的测定(酚二磺酸光度法)

水中硝酸盐氮是在有氧环境下各种形态含氮化合物中最稳定的氮化合物，亦是含氮有机物经无机化作用最终分解产物。亚硝酸盐经氧化生成硝酸盐，硝酸盐在无氧条件下，亦可受微生物作用还原为亚硝酸盐。

制革废水、酸洗废水、某些生化出水可含大量硝酸盐。

一、实验目的

(1) 了解水中硝酸盐氮测定的意义；

(2) 掌握水中硝酸盐氮测定方法与原理。

二、实验原理

利用硝酸盐在无水情况下与酚二磺酸反应，生成硝基二磺酸酚，在碱性溶液中生成黄色化合物，进行定量测定。

$$HSO_3-C_6H_3(OH)-SO_3H + HNO_3 \longrightarrow HSO_3-C_6H_2(OH)(NO_2)-SO_3H + H_2O$$

$$HSO_3-C_6H_2(OH)(NO_2)-SO_3H + 3KOH \longrightarrow KSO_3-C_6H_2(=O)(=N-OK)-SO_3K + 3H_2O$$
（黄色）

水中的氯化物、亚硝酸盐、铵盐、有机物和碳酸盐可产生干扰，测定前应做预处理。本法适用于饮用水、地下水和清洁地面水中的硝酸盐氮。最低检出浓度为 0.02mg/L，测定上限为 2.0mg/L。

三、仪器与试剂

仪器：

(1) 分光光度计。

(2) 瓷蒸发皿(75～100mL)。

试剂：

(1) 酚二磺酸。称取 25g 苯酚(C_6H_5OH)置于 500mL 锥形瓶中，加 150mL 浓硫酸使之溶解，再加 75mL(含 13% SO_3)的发烟硫酸，充分混合。瓶口插一漏斗，小心置瓶于沸水浴中加热 2h，得淡棕色稠液，储于棕色瓶中，密塞，保存。(发烟硫酸亦可用浓硫酸代替，增加沸水浴至 6h)。

(2) 氨水。

(3) 硝酸盐标准储备液(NO_3^--N，0.100mg/mL)。称取 0.7218g 经 105～110℃干燥 2h 的硝酸钾溶于水，移入 1000mL 容量瓶中，稀释至标线，混匀。加 2mL 三氯甲烷作保存剂，混匀，至少可稳定 6 个月。此溶液每毫升含 0.100mg 硝酸盐氮。

(4) 硝酸盐标准使用液(NO_3^--N，0.010mg/mL)。吸取 50.00mL 硝酸盐标准储备液，置蒸发皿内，加 0.1mol/L 氢氧化钠溶液调节 pH 为 8，在水浴上蒸发至干；加 2mL 酚二磺酸，用玻璃棒研磨蒸发皿内壁，使残渣与试剂充分混合，放置片刻，再研磨一次，放置 10min，加入少量水，移入 500mL 棕色容量瓶中，稀释至标线。

可保存 6 个月。此溶液每毫升含 0.010mg 硝酸盐氮。(注：此溶液应同时制备两份，用以检查硝化完全与否，如发现浓度存在差异时，应重新吸取标准储备液进行制备)

(5) 硫酸银溶液。称取 4.397g 硫酸银溶于水，移至 1000mL 容量瓶中，稀释至标线。1.00mL 溶液可去除 1.00mg 氯离子。

(6) 氢氧化铝悬浮液。溶解 125g 硫酸铝钾[$KAl(SO_4)_2 \cdot 12H_2O$]于 1000mL 水中，加热至 60℃，在不断搅拌下，徐徐加入 55mL 氨水，放置约 1h 后，移入 1000mL 的量筒中，用水反复洗涤沉淀数次，澄清后，把上清液全部倾出，只留稠的悬浮物，最后加入 300mL 水，使用前振荡混匀。

(7) 高锰酸钾溶液。称取 3.16g 高锰酸钾溶于水，稀释至 1L。

四、实验步骤

1. 校准曲线的绘制

于 10 支 50mL 比色管中，按表 6-13 所示加入硝酸盐氮标准使用液，加水至约 40mL，加入 3mL 氨水使其成碱性，稀释至标线，混匀。在波长 410nm 处，选用不同的比色皿，以水为参比，测量吸光度。

分别计算不同比色皿光程长的吸光度对硝酸盐氮含量的标准曲线，分别绘制标准曲线。

表 6-13 标准系列中所用标准使用液体积

序号	1	2	3	4	5	6	7	8	9	10
标液体积/mL	0	0.10	0.30	0.50	0.70	1.00	3.00	5.00	7.00	10.0
NO_3^- 含量/μg	0	1.00	3.00	5.00	7.00	10.0	30.0	50.00	70.0	100.0
比色皿光程长/mm	10 或 30	30	30	30	30	10 或 30	10	10	10	10

2. 水样的测定

(1) 干扰的消除。

① 水样浑浊或带色时，可在 100mL 水样中加入 2mL 氢氧化铝悬浮液，密塞振摇，静置数分钟，弃去 20mL 初滤液。

② 若含有氯离子，可向水样中滴加硫酸银溶液，充分混合，至不再出现沉淀为止，过滤，弃去 20mL 初滤液。

注：a. 如不能获得澄清滤液，可将已加硫酸银溶液后的试样在近 80℃的水浴中加热，并用力振摇，使沉淀充分凝聚，冷却后再进行过滤。

b. 如同时需去除带色物质，则可在加入硫酸银溶液混匀后，再加入 2mL 氢氧化铝悬浮液，充分振摇，放置片刻待沉淀后过滤。

③ 亚硝酸盐的干扰：当亚硝酸盐氮含量超过 0.2mg/L 时，向 100mL 水样中加入 1mL 0.5mol/L 硫酸，混匀后，滴加高锰酸钾至淡红色保持 15min 不褪色为止，使亚硝酸盐氧化为硝酸盐，最后从硝酸盐氮测定结果中减去亚硝酸盐氮量。

(2) 测定。

取 50.0mL 经预处理的水样于蒸发皿中，必要时用 0.5mol/L 硫酸或 0.1mol/L 氢氧化钠溶液调 pH，调节至微碱性(pH=8)，置水浴上蒸发至干。加入 1.0mL 酚二磺酸，用玻璃棒研磨，使试剂与蒸发皿内残渣充分接触，放置片刻，再研磨一次，放置 10min，加入约 10mL 水。

在搅拌下加入 3~4mL 氨水，使颜色最深，将溶液移入 50mL 比色管中，稀释至标线，混匀。在波长 410nm 处，选用 10mm 或 30mm 的比色皿，以水为参比，测量吸光度。

五、结果计算

根据标准曲线，计算含量。

$$硝酸盐氮(N，mg/L) = \frac{m}{V} \times 1000$$

式中：m——从标准曲线上查得的硝酸盐氮的量；
　　　V——分取水样体积，mL。

经去除氯离子的水样，计算如下：

$$硝酸盐氮(N，mg/L) = \frac{m}{V} \times \frac{V_1 + V_2}{V_1} \times 1000$$

式中：V_1——水样体积量，mL；
　　　V_2——硫酸银溶液加入量，mL。

六、注意事项

(1) 配制酚二磺酸时，需要注意：①当苯酚颜色变深时，应进行蒸馏精制；②市售发烟硫酸含 SO_3 超过 13%，应以浓硫酸稀释至 13%；③无发烟硫酸时，亦可用浓硫酸代替，但应增加在沸水浴中加热时间至 6h。④制得的试剂尤应注意防止吸收空气中的水汽，以免随着硫酸浓度的降低，影响硝基化反应的进行，使测定结果偏低。

(2) 如吸光度值超过标准曲线范围，可将显色溶液用水进行稀释，然后再测量吸光度，计算式乘以稀释倍数。

实验 40　总氮的测定(过硫酸钾氧化-紫外分光光度法)

氮类可以引起水体中生物和微生物大量繁殖，消耗水中的溶解氧，使水体恶化，出现富营养化。总氮是衡量水质的重要指标之一。常见的测定方法有：①有机氮和无机氮(氨氮、硝酸盐氮和亚硝酸盐氮)加和得之；②过硫酸钾氧化-紫外分光光度法。

一、实验目的

(1) 学习紫外-可见分光光度计的原理和操作；
(2) 掌握总氮的测定原理和方法。

二、实验原理

水样在60℃以上的水溶液中按下式反应，生成氢离子和氧。

$$2K_2S_2O_8 + 2H_2O \longrightarrow 4KHSO_4 + O_2$$

$$KHSO_4 \longrightarrow K^+ + HSO_4^-$$

$$HSO_4^- \longrightarrow H^+ + SO_4^{2-}$$

加入氢氧化钠用以中和氢离子，使过硫酸钾分解完全。

在120～124℃的碱性介质中，用过硫酸钾作氧化剂，不仅可将水中的氨氮和亚硝酸盐氮转化为硝酸盐，同时也将大部分有机氮转化为硝酸盐，而后用紫外-可见分光光度计分别于波长220nm和275nm处测吸光度。按 $A=A_{220}-2A_{275}$ 计算硝酸盐氮的吸光度值，从而计算总氮(TN)的含量。其摩尔吸光系数为 1.47×10^3 L/(mol·cm)。

水样中含有六价铬离子及 Fe^{3+} 时，可加入5%盐酸羟胺溶液1～2mL以消除其对测定的影响；含有碳酸盐及碳酸氢盐对测定会有影响，可加入一定量的盐酸消除。

本方法主要适用于湖泊、水库、江河水中总氮的测定。方法检测下限为0.05mg/L；测定上限为4mg/L。

三、仪器与试剂

仪器：

(1) 紫外-可见分光光度计。
(2) 高压灭菌器。
(3) 25mL 具塞磨口比色管。

试剂：

(1) 无氨水：每升水中加入0.1mL浓硫酸，蒸馏。收集馏出液于玻璃容器中。

或用新制备的去离子水。

(2) 碱性过硫酸钾：称取 40g 过硫酸钾($K_2S_2O_8$)，15g 氢氧化钠，溶于无氨水中，稀释至 1000mL。储于聚乙烯瓶中，可保存一周。

(3) (1+9)盐酸。

(4) 20%氢氧化钠。称取 20g 氢氧化钠溶于无氨水中，稀释至 100mL。

(5) 硝酸钾标准储备液(NO_3^--N，100μg/mL)：称取 0.7218g 经 105～110℃烘干 4h 硝酸钾溶于无氨水中，移入 1000mL 容量瓶中，定容。此溶液每毫升含 100μg 硝酸盐氮。加入 2mL 三氯甲烷为保护剂，稳定 6 个月。

(6) 硝酸钾标准使用液(NO_3^--N，10μg/mL)：吸取 10mL 硝酸钾标准储备液，以无氨水稀释至 100mL。此溶液每毫升含 10μg 硝酸盐氮。

四、实验步骤

1. 标准曲线的绘制

(1) 分别吸取 0mL、0.50mL、1.00mL、2.00mL、3.00mL、5.00mL、7.00mL、8.00mL 硝酸钾标准使用液于 25mL 比色管中，稀释至 10mL。

(2) 加入 5mL 碱性过硫酸钾溶液，塞紧磨口塞，用纱布扎住，以防塞子蹦出。

(3) 将比色管放入高压灭菌器内，加热半小时，放气使压力指针回零。然后升温至 120～124℃，开始计时，半小时后关闭。

(4) 自然冷却，开阀放气，移去外盖，取出比色管放冷。

(5) 加入(1+9)盐酸 1mL，稀释至 25mL。

(6) 在紫外-可见分光光度计上，以水为参比，用 10mm 石英比色皿分别在 220nm 和 275nm 波长处测吸光度，用校正的吸光度绘制标准曲线或用最小二乘法计算回归方程。

2. 水样的测定

取适量水样于 25mL 比色管中，按与校准曲线相同的步骤操作，测得吸光度。

五、数据计算

根据标准曲线得出的曲线方程($y=bx+a$)，计算总氮含量。

$$总氮(TN, mg/L) = \frac{(A_{220} - 2A_{275} - A_0 - a)}{b \times V} \times d$$

式中：A_{220}——水样在 220nm 波长下测得的吸光度；

A_{275}——水样在 275nm 波长下测得的吸光度；

A_0——空白吸光度；

a——截距；
b——斜率；
V——水样取样体积，mL；
d——稀释倍数。

六、注意事项

(1) $A_{275}/A_{220} \times 100\%$ 应小于 20%，否则予以鉴别。

(2) 玻璃器皿可用 10% 盐酸浸泡，然后用蒸馏水冲洗。

(3) 过硫酸钾氧化后可能出现沉淀，可取上清液进行比色。

(4) 如使用民用高压锅代替高压灭菌器时，在顶压阀放气后，开始计时，注意把火焰调低。如用电炉加热，则电炉功率应大于 1000W 小于 2000W。

实验 41 水中氰化物的测定(异烟酸-吡唑啉酮光度法)

氰化物在水体中存在的形式是多样的，可分为简单氰化物和络合氰化物两种。简单的氰化物有 KCN、NaCN、NH_4CN 等，此类氰化物易溶于水，氰基以 CN^- 和 HCN 的形式存在，二者之比取决于 pH。大多数天然水中，HCN 占优势，络合氰化物常见的有：锌氰络合物 $[Zn(CN)_4]^{2-}$、镉氰络合物 $[Cd(CN)_4]^{2-}$、银氰络合物 $[Ag(CN)_2]^-$、镍氰络合物 $[Ni(CN)_4]^{2-}$、铜氰络合物 $[Cu(CN)_4]^{2-}$、钴氰络合物 $[Co(CN)_6]^{3-}$ 和铁氰络合物 $[Fe(CN)_6]^{3-}$ 等，虽然络合氰化物毒性比简单氰化物毒性小，但由于它能分解出简单氰化物，所以仍然有毒。

氰化物属于剧毒物，对人体毒性主要是与高铁细胞色素氧化酶结合，生成氰化高铁细胞色素氧化酶而使之失去传递氧的功能，引起组织缺氧窒息。

HCN 分子对水生生物有很大的毒性。锌氰络合物、镉氰络合物在非常稀的溶液中几乎全部离解，这种溶液在水体 pH 呈中性时，对鱼类有剧毒。虽然络合离子比 HCN 的毒性作用小很多，然而含有锌氰络合阴离子和镉氰络合阴离子的水溶液对鱼类的剧毒作用主要是由未离解离子的毒性造成的。铁氰络合物非常稳定，没有明显毒性，但在稀溶液中，经阳光照射，能迅速发生光解反应产生有毒的 HCN。

氰化物主要污染来源是电镀、选矿、焦化、小煤气制造、石油化工、有机玻璃合成、杀虫剂制备等工业排放出来的废水，氰化物可能以 HCN、CN^- 和络合氰离子形式存在水体中。

一、实验目的

(1) 掌握水中氰化物的测定方法和操作技术。

(2) 了解水中氰化物的来源及对实物的影响。

二、实验原理

水样经蒸馏后，氰化物被吸收在碱溶液中，在弱酸性条件下，用氯胺 T 与氰化物转化为氯化氰，再与异烟酸-吡唑啉酮试剂作用，生成蓝色染料，其色度与氰化物的含量成正比，在 638nm 波长有最大吸收，可采用比色法测定其浓度。

硫离子引起的负干扰及硫氰酸根引起的干扰在水样经蒸馏后可以避免。本方法适用于测定清洁水和污染水中游离和部分络合氰的含量，最低检出浓度为 0.004mg/L，测定上限为 0.25mg/L。

三、仪器与试剂

仪器：

(1) 500mL 全玻璃蒸馏器。

(2) 25mL 具塞比色管。

(3) 可见光分光光度计。

试剂：

(1) 试银灵指示剂。称取 0.02g 试银灵(对二甲氨基亚苄基罗丹宁，$C_{12}H_{12}N_2OS_2$)于 100mL 丙酮中。

(2) 0.1% NaOH 溶液。

(3) 1% NaOH 溶液。

(4) 2% NaOH 溶液。

(5) 0.05%甲基橙指示剂溶液。

(6) 15%酒石酸。

(7) 10%硝酸锌[$Zn(NO_3)_2 \cdot 6H_2O$]溶液。

(8) 1%氯胺 T 溶液。称取 1g 氯胺 T($C_7H_7SO_2 \cdot NClNa \cdot 3H_2O$)溶于 100mL 蒸馏水中，使用时配制。

(9) 异烟酸-吡唑啉酮溶液。

① 异烟酸溶液。称取 1.5g 异烟酸($C_6H_5NO_2$)溶于 24mL 2% NaOH 溶液中，加水稀释至 100mL。

② 吡唑啉酮溶液。称取 0.25g 吡唑啉酮(3-甲基-1-苯基-5-吡唑啉酮，$C_{10}H_{10}ON_2$)溶于 20mL N,N-二甲基甲酰胺[$HCON(CH_3)_2$]中。

临用前，将上述吡唑啉酮和异烟酸按 1：5 混合均匀。

(10) 缓冲溶液(pH=7)。称取 34.0g 无水磷酸二氢钾(KH_2PO_4)和 35.5g 磷酸氢二钠($Na_2HPO_4 \cdot 12H_2O$)溶于蒸馏水中定容至 1L。

(11) 0.0100mol/L AgNO₃ 标准溶液。

(12) 氰化钾标准储备溶液。称取 0.25g 氰化钾溶于 0.1% 氢氧化钠溶液中，并用 0.1% 氢氧化钠溶液稀释至 100mL，摇匀。避光保存于棕色瓶中。

吸取 10.00mL 氰化钾储备液于锥形瓶中，加入 50mL 水和 1mL 2%氢氧化钠溶液，加入 0.2mL 试银灵指示液，用 0.0100mol/L AgNO₃ 标准溶液滴定，到溶液由黄色刚变为橙红色止，记录 AgNO₃ 溶液的用量，同时，另取 10mL 实验用水代替氰化钾储备液做空白实验，记录 AgNO₃ 溶液用量，氰化钾浓度计算如下：

$$氰化钾浓度(mg/L) = \frac{C \times (V_0 - V_1) \times 52.04}{10.00}$$

式中：C——AgNO₃ 标准溶液浓度，mol/L；

V_1——滴定氰化钾标准储备液时，AgNO₃ 标准溶液用量，mL；

V_0——空白实验时，AgNO₃ 标准溶液用量，mL；

52.04——氰离子(2CN⁻)的摩尔质量，g/mol；

10.00——氰化钾标准储备液体积，mL。

(13) 氰化钾标准中间液(CN⁻，10.00μg/mL)。按下式计算配制 500mL 氰化钾中间液所需氰化钾标准储备液体积：

$$V = \frac{10.00 \times 500}{T \times 1000}$$

式中：T——1mL 氰化钾标准储备液所含 CN⁻ 量，mg。

(14) 氰化钾标准使用液(CN⁻，1.00μg/mL)。临使用时，吸取氰化钾标准中间液 10.0mL 于棕色瓶中，用 0.1% NaOH 溶液稀释。

四、实验步骤

1. 样品蒸馏

(1) 按图 6-2 装置，取 200mL 水样(氰化物含量较高时，可取适量水样，加蒸馏水至 200mL)置于 500mL 全玻璃蒸馏器中，放入数粒玻璃珠，加入 10mL 10% 的硝酸锌水溶液、7~8 滴甲基橙指示剂溶液，并迅速加入 5mL 酒石酸溶液，立即盖好瓶塞，使溶液由橙黄色变为红色，迅速进行蒸馏。蒸馏速度控制在 2~3mL/min，收集蒸馏液于接收容器(容器需有刻度)中，该容器预先加 10mL 1% NaOH 溶液作为吸收液，务必使冷凝管下端插入吸收液中，收集蒸馏液至接

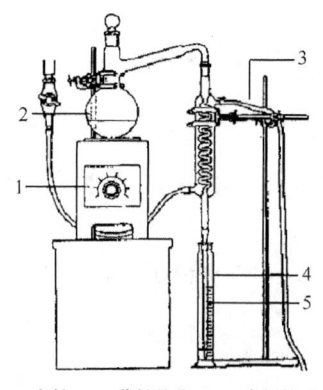

1. 电炉；2. 蒸馏烧瓶；3. 冷凝管出水口；4. 接收瓶；5. 馏出液导管

图 6-2 氰化物蒸馏装置

近 100mL 时停止，用少量水洗馏出液导管，取出接收瓶用水稀释至标线，混合均匀，得到样品蒸馏液。

(2) 用实验用水取代水样，按步骤(1)做空白实验，得到空白蒸馏液。

2. 绘制标准曲线

(1) 另取 25mL 具塞比色管 8 支，分别加入氰化物标准溶液 0mL、0.20mL、0.50mL、1.00mL、2.00mL、3.00mL、4.00mL、5.00mL，加 0.1mol/L NaOH 溶液到 10mL。

(2) 向各管中加入 5mL 磷酸盐缓冲溶液，混匀，迅速加入 0.2mL 氯胺 T 溶液，立即盖塞子，混匀，放置 3～5min。

(3) 向管中加 5mL 异烟酸-吡唑啉酮溶液，混匀。加水稀释至标线，摇匀。在 25～35℃水浴中加热 40min。

(4) 用分光光度计，在 $\lambda=638nm$ 处，用 1cm 比色皿，水为参比，测定标准溶液和样品的吸光度，吸光度扣除空白值，绘制标准曲线。

3. 样品测量

分别取 10.00mL 样品蒸馏液和 10.00mL 空白蒸馏液，然后按照绘制标准曲线步骤(2)～(4)进行操作，测定吸光度。

五、数据处理

1. 标准曲线的绘制

以标准系列溶液测得的吸光度为纵坐标，以相应的溶液浓度为横坐标作图即得到标准曲线。

2. 水中氰化物浓度计算

从标准曲线上查出相应的氰化物含量。

$$\text{氰化物浓度(以 CN}^-\text{计)(mg/L)} = \frac{m_a - m_b}{V} \times \frac{V_2}{V_1}$$

式中：m_a——从标准曲线上查出水样蒸馏液的氰化物含量，μg；

m_b——从标准曲线上查出空白蒸馏液的氰化物含量，μg；

V——原始样品的体积，mL；

V_1——水样蒸馏液体积，mL；

V_2——比色时所取的水样蒸馏液体积，mL。

六、注意事项

(1) 由于氰化物具有很强的毒性，因此，在实验过程中要注意安全，实验完成后要认真洗手。

(2) 在水样中加入酒石酸呈酸性和锌盐后蒸馏，简单的氰化物及很少一部分铁氰络合物等可被蒸出，因此测定的结果可较好地表示水中氰化物的浓度。

(3) 水中氰化物在加酸后生成氰化物，很容易随水蒸气蒸出，故需收集蒸馏液占水样总体积的 1/3~1/5 即可获得较好的回收率，但应注意冷凝管下端要插入氢氧化钠吸收液的液面下，使吸收完全。

(4) 当水样在酸性蒸馏时，若有较多挥发性酸蒸出，则应增加氢氧化钠浓度。同时，在制作标准曲线时，所有碱液浓度应相同。

(5) pH=7.0 的缓冲溶液的比例不同会影响显色时间，其最佳选择如本实验所述。一般显色时温度在 20~35℃，若实验温度过低时，磷酸盐的缓冲液会析出结晶而改变溶液的 pH，因此，需在水浴中使结晶溶解，混匀后方可使用。

(6) 当氰化物以 HCN 存在时，很容易挥发，因此在显色过程中加入缓冲液后，每一步操作都要迅速，并随时盖紧塞子。

七、思考题

(1) 水样的蒸馏为何要在酸性条件下进行，冷凝管的下端为何要浸入 NaOH 吸收液的液面下？

(2) 在整个实验过程中最需要注意的事项是哪一个？

实验 42　水中六价铬及总铬的测定

Ⅰ　水中六价铬的测定

一、实验目的

(1) 掌握用分光光度法测定六价铬和总铬的原理和方法；
(2) 熟悉应用分光光度计。

二、实验原理

工业废水中铬的化合物的常见价态有+6 价和+3 价两种。已知+6 价铬有致癌性，易被人体吸收并在体内蓄积，因此认为+6 价铬比+3 价铬的毒性要大得多，为强毒性。另外，据研究，尽管+3 价铬毒性较低，但对鱼类的毒性却很大。由于铬的毒性及危害与其价态有关，因此，测定水体中的铬的化合物必须进行不同价态铬含量分析。

废水中铬的测定常用分光光度法,其原理基于:在酸性溶液中,+6价铬离子与二苯碳酰二肼反应,生成紫红色化合物,其最大吸收波长为540nm,吸光度与浓度的关系符合比尔定律,可用分光光度法进行+6价铬含量的测定。反应方程如下:

$$Cr^{6+} + O=C\begin{matrix}NH-NH-C_6H_5\\NH-NH-C_6H_5\end{matrix} \longrightarrow O=C\begin{matrix}NH-NH-C_6H_5\\N=N-C_6H_5\end{matrix} + Cr^{3+}$$

紫红色络合物

如将试样中的+3价铬先用高锰酸钾氧化成+6价铬,过量的高锰酸钾再用亚硝酸钠分解,最后用尿素再分解过量的亚硝酸钠。经这样处理后的试样,加入二苯碳酰二肼显色剂后,应用分光光度法即可测得总铬含量。将总铬含量减去上述所直接测得的+6价铬含量,即得+3价铬含量。

实验中,Mo^{6+}、V^{5+}、Fe^{3+}等有干扰,其中Mo^{6+}干扰较小,Fe^{3+}的干扰可用加入磷酸的办法消除,V^{5+}与显色剂生成的干扰物的颜色则可通过发色后放置 10~15min 的办法消除。

三、仪器与试剂

仪器:

(1) 分光光度计、比色皿。

(2) 50mL 具塞比色管、移液管、容量瓶等。

试剂:

(1) 丙酮。

(2) (1+1)硫酸。

(3) (1+1)磷酸。

(4) 0.2%(m/V)氢氧化钠。

(5) 氢氧化锌共沉淀剂:称取硫酸锌($ZnSO_4 \cdot 7H_2O$)8g,溶于 100mL 水中;称取氢氧化钠 2.4g,溶于 120mL 水中。将以上两溶液混合。

(6) 4%(m/V)高锰酸钾溶液。

(7) 铬标准储备液:称取于 120℃干燥 2h 的重铬酸钾(优级纯)0.2829g,用水溶解,移入 1000mL 容量瓶中,用水稀释至标线,摇匀。六价铬的浓度为 0.10mg/mL。

(8) 铬标准使用液:吸取 5.00mL 铬标准储备液于 500mL 容量瓶中,用水稀释至标线,摇匀。此溶液六价铬浓度为 1.00μg/mL,使用当天配制。

(9) 20%(m/V)尿素溶液。

(10) 2%(m/V)亚硝酸钠溶液。

(11) 二苯碳酰二肼溶液：称取二苯碳酰二肼($C_{13}H_{14}N_4O$，简称 DPC)0.2g，溶于 52mL 丙酮中，加水稀释至 100mL，摇匀，储于棕色瓶中，置于冰箱中保存。颜色变深后不能再用。

四、测定步骤

1. 水样预处理

(1) 对不含悬浮物、低色度的清洁地面水，可直接进行测定。

(2) 如果水样有色但不深，可进行色度校正。即另取一份试样，加入显色剂以外的各种试剂，以 2mL 丙酮代替显色剂，用此溶液作为测定试样溶液吸光度的参比溶液。

(3) 对混浊、色度较深的水样，应加入氢氧化锌共沉淀剂并进行过滤处理。

(4) 水样中存在次氯酸盐等氧化性物质时，干扰测定，可加入尿素和亚硝酸钠消除。

(5) 水样中存在低价铁、亚硫酸盐、硫化物等还原性物质时，可将 Cr^{6+} 还原为 Cr^{3+}，此时，调节水样 pH 至 8，加入显色剂溶液，放置 5min 后酸化显色，并以同法作标准曲线。

2. 标准曲线的绘制

取 9 支 50mL 比色管，依次加入 0mL、0.20mL、0.50mL、1.00mL、2.00mL、4.00mL、6.00mL、8.00mL 和 10.00mL 铬标准使用液，用水稀释至标线，加入(1+1)硫酸 0.5mL 和(1+1)磷酸 0.5mL，摇匀。加入 2mL 显色剂溶液，摇匀。5~10min 后，于 540nm 波长处，用 1cm(或 3cm)比色皿，以水为参比，测定吸光度并作空白校正。以吸光度为纵坐标，相应六价铬含量为纵坐标绘出标准曲线。

3. 水样测定

取适量(含 Cr^{6+} 少于 50μg)无色透明或经过预处理的水样于 50mL 比色管中，用水稀释至标线，测定方法同标准溶液。进行空白校正后，根据所测吸光度从标准曲线上查得 Cr^{6+} 含量。

五、计算

$$Cr^{6+} (mg/L) = \frac{m}{V}$$

式中：m——从标准曲线上查得的 Cr^{6+} 量，μg；

V——水样体积，mL。

Ⅱ 总铬的测定

一、实验目的

同"水中六价铬的测定"。

二、实验原理

用高锰酸钾将水样中的三价铬氧化为六价铬,再用"水中六价铬的测定"的方法测定。

三、实验试剂

(1) 硝酸。
(2) 硫酸。
(3) 三氯甲烷。
(4) (1+1)氢氧化铵溶液。
(5) 5%(m/V)铜铁试剂:称取铜铁试剂[$C_6H_5N(NO)ONH_4$] 5g,溶于冰冷水中稀释至100mL。临用时现配。
(6) 其他试剂同"水中六价铬的测定"的实验试剂(1)、(2)、(3)、(5)~(10)。

四、测量步骤

1. 水样预处理

(1) 一般清洁地面水可直接用高锰酸钾氧化后测定。

(2) 对含大量有机物的水样,需进行消解处理。即取 50mL 或适量含铬少于 50μg 水样,置于 150mL 烧杯中,加入 5mL 硝酸和 3mL 硫酸,加热蒸发至冒白烟。如溶液仍有色,再加入 5mL 硝酸,重复上述操作,至溶液清澈,冷却。用水稀释至 10mL,用氢氧化铵溶液中和至 pH 到 1~2,移入 50mL 容量瓶中,用水稀释至标线,摇匀,供测定。

(3) 如果水样中钼、钒、铁、铜等含量较大,先用铜铁试剂-三氯甲烷萃取除去,然后进行消解处理。

2. 高锰酸钾氧化三价铬

取 50.0mL 或适量(铬含量少于 50μg)清洁水样或经预处理的水样(如不到 50.0mL,用水补充至 50.0mL)于 150mL 锥形瓶中,用氨水和硫酸溶液调至中性,加入几粒玻璃珠,加入(1+1)硫酸和(1+1)磷酸各 0.5mL,摇匀。加入 4%高锰酸钾溶液 2 滴，如紫色消退，则继续滴加高锰酸钾至紫红色不褪。加热煮沸至溶液剩余约 20mL。冷却后，加入 1mL 20%尿素溶液，摇匀。用滴管加 2%亚硝酸钠溶液，每加一滴充分摇匀，至紫色刚好消失。稍停片刻，待溶液内气泡逸尽，转移至 50mL 比色管中，稀释至标线，供测定。

标准曲线的绘制、水样的测定和计算同"水中六价铬的测定"。

五、注意事项

(1) 用于测定铬的玻璃器皿不应用重铬酸钾洗液洗涤。

(2) Cr^{6+} 与显色剂的显色反应一般控制酸度在 $0.05\sim0.3mol/L(1/2H_2SO_4)$ 范围，以 0.2mol/L 时显色最好。显色前，水样应调至中性。显色温度和放置时间对显色有影响，在 15℃时，5~15min 颜色即可稳定。

(3) 如测定清洁地面水样，显色剂可按以下方法配制：溶解 0.2g 二苯碳酰二肼于 100mL 95%的乙醇中，边搅拌边加入(1+9)硫酸 400mL。该溶液在冰箱中可存放一个月。用此显色剂，在显色时直接加入 2.5mL 即可，不必再加酸。但加入显色剂后，要立即摇匀，以免 Cr^{6+} 可能被乙醇还原。

六、思考题

(1) 测定总铬时，加入 $KMnO_4$ 溶液，如果溶液颜色褪去，为什么还要继续补加 $KMnO_4$？

(2) 如污水中含有较多有机物，应该如何处理？

(3) 如加入 $KMnO_4$ 溶液过多，还原时，应加入尿素溶液，然后再逐滴加入亚硝酸钠溶液，为什么？

实验 43　水中磷的测定(钼锑抗分光光度法)

一、实验目的

(1) 掌握总磷的测定方法与原理。
(2) 了解水体中过量的磷对水环境的影响。

二、实验原理

本方法用过硫酸钾(或硝酸-高氯酸)为氧化剂，将未经过滤的水样消解，然后用钼酸铵分光光度法测定总磷。总磷包括溶解的、颗粒的、有机的和无机磷。

在中性条件下用过硫酸钾(或硝酸-高氯酸)使试样消解，将所含磷全部氧化为正磷酸盐。在酸性介质中，正磷酸盐与钼酸铵反应，在锑盐存在下生成磷钼杂多酸后，立即被抗坏血酸还原成磷钼蓝，生成蓝色的络合物，于 710nm 最大吸收波长处分光光度法测定。

反应方程式如下:

$$12(NH_4)_2MoO_4 + H_2PO_4^- + 24H^+ \xrightarrow{K(SbO)C_4H_4O_6} [H_2PMo_{12}O_{40}]^- + 24NH_4^+ + 12H_2O$$

$$H^+[H_2PMo_{12}O_{40}]^- + C_6H_8O_6 \longrightarrow H_3PO_4 \cdot 10MoO_3 \cdot Mo_2O_5 + C_6H_6O_6 + H_2O$$

本方法适用于地面水、污水和工业废水,本方法参考国标法 GB 11893—89。取 25mL 水样,本方法的最低检出浓度为 0.01mg/L,测定上限为 0.6mg/L。在酸性条件下,砷、铬、硫干扰测定,可用硫代硫酸钠除去砷;通氮气可以除去硫化物;以亚硫酸钠除去六价铬。

三、仪器与试剂

仪器:

(1) 高压灭菌器或一般压力锅($1.1 \sim 1.4 kg/cm^2$)。

(2) 50mL 比色管。

(3) 分光光度计。

注:所有玻璃器皿均用稀盐酸或稀硝酸浸泡。

试剂:

(1) 硝酸。

(2) 高氯酸,优级纯,密度为 1.68g/mL。

(3) (1+1)硫酸(V/V)。

(4) 0.5mol/L 硫酸,将 27mL 硫酸加入到 973mL 水中。

(5) 氢氧化钠溶液,1mol/L,将 40g 氢氧化钠溶于水并稀释至 1000mL。

(6) 氢氧化钠溶液,6mol/L,将 240g 氢氧化钠溶于水并稀释至 1000mL。

(7) 过硫酸钾溶液,50g/L,将 5g 过硫酸钾($K_2S_2O_8$)溶于水,并稀释至 100mL。

(8) 抗坏血酸溶液,100g/L,将 10g 抗坏血酸溶于水中,并稀释至 100mL。此溶液储于棕色的试剂瓶中,在冷处可稳定几周,如不变色可长时间使用。

(9) 钼酸盐溶液:将 13g 钼酸铵[$(NH_4)_6Mo_7O_{24} \cdot 4H_2O$]溶于 100mL 水中,将 0.35g 酒石酸锑钾[$K(SbO)C_4H_4O_6 \cdot 1/2H_2O$]溶于 100mL 水中。

在不断搅拌下分别把上述钼酸铵溶液、酒石酸锑钾溶液徐徐加到 300mL (1+1)硫酸中,混合均匀。此溶液储存于棕色瓶中,在冷处可保存三个月。

(10) 浊度-色度补偿液,混合二体积(1+1)硫酸和一体积 100g/L 抗坏血酸。使用当天配制。

(11) 磷标准储备溶液(P,50.0μg/mL),称取 0.2197g 于 110℃干燥 2h 在干燥器中冷却的磷酸二氢钾(KH_2PO_4),用水溶解后转移到 1000mL 容量瓶中,加入大约 800mL 水,加 5mL 0.5mol/L 硫酸,然后用水稀释至标线,混匀。1.00mL 此标准溶液含 50.0μg 磷。本溶液在玻璃瓶中可储存至少六个月。

(12) 磷标准使用溶液(P，2.0μg/mL)。将 10.00mL 磷标准储备溶液转移至 250mL 容量瓶中，用水稀释至标线并混匀。1.00mL 此标准溶液含 2.0μg 磷。使用当天配制。

(13) 酚酞溶液，10g/L，将 0.5g 酚酞溶于 50mL 95%的乙醇中。

四、采样和样品

(1) 采取 500mL 水样后加入 1mL 0.5mol/L 硫酸调节样品的 pH，使之低于或等于 1，或不加任何试剂于冷处保存。

注：含磷量较少的水样，不要用塑料瓶采样，因磷酸盐易吸附在塑料瓶壁上。

(2) 试样的制备：

取 25mL 样品于比色管中。取时应仔细摇匀，以得到溶解部分和悬浮部分均具有代表性的试样。如样品中含磷浓度较高，试样体积可以减少。

五、测定步骤

1. 测定

(1) 消解

a. 过硫酸钾消解：向试样中加 4mL 过硫酸钾，将比色管的盖塞紧后，用一小块布和线将玻璃塞扎紧(或用其他方法固定)，放在大烧杯中置于高压灭菌器中加热，待压力达 $1.1kg/cm^2$，相应温度为 120℃时，保持 30min 后停止加热。待压力表读数降至零后，取出冷却。然后用水稀释至标线。

注：如用硫酸保存水样。当用过硫酸钾消解时，需先将试样调至中性。若用过硫酸钾消解不完全，则用硝酸-高氯酸消解。

b. 硝酸-高氯酸消解：取 25mL 试样于锥形瓶中，加数粒玻璃珠，加 2mL 硝酸在电热板上加热浓缩至 10mL。冷后加 5mL 硝酸，再加热浓缩至 10mL，冷却。最后加 3mL 高氯酸，加热至高氯酸冒白烟，此时可在锥形瓶上加小漏斗或调节电热板温度，使消解液在瓶内壁保持回流状态，直至剩下 3～4mL，冷却。

加水 10mL，加 1 滴酚酞指示剂，滴加氢氧化钠溶液至刚好呈微红色，再滴加 0.5mol/L 硫酸溶液使微红刚好褪去，充分混匀，移至具塞刻度管中，用水稀释至标线。

注：① 用硝酸-高氯酸消解需要在通风橱中进行。高氯酸和有机物的混合物经加热易发生危险，需将试样先用硝酸消解，然后再加入高氯酸消解。

② 绝不可把消解的试样蒸干。

③ 如消解后有残渣时，用滤纸过滤于具塞比色管中。

④ 水样中的有机物用过硫酸钾氧化不能完全破坏时，可用此法消解。

(2) 发色

分别向各份消解液中加入 1mL 抗坏血酸溶液混匀，30s 后加 2mL 钼酸盐溶液充分混匀。

注：① 如试样中含有浊度或色度时，需配制一个空白试样(消解后用水稀释至标线)，然后向试样中加入 3mL 浊度-色度补偿液，但不加抗坏血酸溶液和钼酸盐溶液。然后从试样的吸光度中扣除空白试样的吸光度。

② 砷大于 2mg/L 干扰测定，用硫代硫酸钠去除；硫化物大于 2mg/L 干扰测定，通氮气去除；铬大于 50mg/L 干扰测定，用亚硫酸钠去除。

(3) 测量

室温下放置 15min 后，使用光程为 30mm 比色皿，在 700nm 波长下，以水做参比，测定吸光度。扣除空白实验的吸光度后，从标准曲线上查得磷的含量。

注：如显色时室温低于 13℃，可在 20~30℃ 水浴上显色 15min 即可。

(4) 标准曲线的绘制

取 7 支具塞比色管分别加入 0.0mL、0.50mL、1.00mL、3.00mL、5.00mL、10.0mL、15.0mL 磷酸盐标准使用溶液，加水至 25mL，然后按测定步骤(2)进行处理。以水做参比，测定吸光度。扣除空白实验的吸光度后，和对应的磷的含量绘制标准曲线。

2. 空白试样

用蒸馏水代替试样，进行空白实验，并加入与测定时相同体积的试剂。

六、结果的表示

总磷含量以 $C(P, mg/L)$ 表示，按下式计算：

$$C(P, mg/L) = \frac{m}{V}$$

式中：m——试样测得含磷量，μg；

V——测定用试样体积，mL。

七、思考题

总磷测定时，有哪些影响因素？

实验 44　水中二氧化硅的测定(硅钼蓝光度法)

一、实验目的

掌握硅钼蓝光度法测定硅的原理和方法。

二、实验原理

在 pH 约 1.2 时,钼酸铵与硅酸反应,生成黄色可溶的硅钼杂多酸络合物 $[H_4Si(Mo_3O_{10})_4]$。在形成黄色硅钼杂多酸后,加入 1,2,4-氨基-2-萘酚-4-磺酸还原剂时,其被还原成硅钼蓝。在一定浓度范围内,其蓝色与水样中二氧化硅的浓度成正比,可于波长 660nm 处测定其吸光度并与硅标准曲线对照,或与永久性标准色阶进行目视比色对照,求得二氧化硅的浓度。

本法最小检出浓度为 40μg/L 二氧化硅,检出上限 2mg/L 二氧化硅。

色度及浊度干扰测定可以采用补偿法(不加钼酸铵的水样为参比)予以消除。

丹宁、大量的铁、硫化物和磷酸盐干扰测定,加入草酸能破坏磷钼酸,消除其干扰并降低丹宁的干扰。在测定条件下,加入草酸(3 mg/mL),样品中含铁 20mg/L、硫化物 10mg/L、磷酸盐 0.8mg/L、丹宁酸 30mg/L 以下时,不干扰测定。

样品储存及实验过程中尽量少与玻璃器皿接触。用玻璃器皿时,应先进行全程序空白实验,用扣除空白的方法消除玻璃器皿的影响。

三、仪器与试剂

仪器:

(1) 铂坩埚 30~50mL。

(2) 分光光度计。

(3) 50mL 具塞比色管。

试剂:

(1) 还原剂。溶解 500mg l-氨基-2-萘酚-4-磺酸(1-amino-2-naphtho-4-sulfonic acid)和 1g 亚硫酸钠于 50mL 水中,必要时稍加温,然后将此溶液加入含有 30g 亚硫酸氢钠($NaHSO_3$)的 150mL 水溶液中,过滤入聚乙烯瓶中,放入冰箱并避光保存。当发现溶液颜色变深即不宜使用。

(2) (1+1)盐酸溶液。

(3) 10%钼酸铵试剂。溶解 10g 钼酸铵$[(NH_4)_6Mo_7O_{24}·4H_2O]$于水中(搅拌并微热),稀释至 100mL。如有不溶物可过滤,用氨水调节至 pH 7~8。

(4) 7.5g/L 草酸溶液。溶解 7.5g 草酸($H_2C_2O_4·2H_2O$)于水中,稀释至 100mL。

(5) 二氧化硅储备液(SiO_2,1.00mg/mL)。称取高纯石英砂(SiO_2)0.2500g,置于铂坩埚中,加入无水碳酸钠 4g,混匀,于高温炉中在 1000℃熔融 1h,取出冷却后,放于塑料烧杯中用热水浸取。用水洗净坩埚与盖移入 250mL 容量瓶中,用水稀释至标线,混匀,储于聚乙烯瓶中,密封保存。此溶液每毫升含1.00mg 二氧化硅(SiO_2)。

(6) 二氧化硅标准溶液(SiO_2,10.0μg/mL)。取二氧化硅储备液 10.00mL 移入 1000mL 容量瓶中,稀释到标线,用聚乙烯瓶密封保存。此溶液每毫升含 10.0μg 二氧化硅。

四、实验步骤

1. 标准曲线的绘制

取二氧化硅标准溶液 0mL、0.10mL、0.50mL、1.00mL、3.00mL、5.00mL、7.00mL、10.00mL,分别移于 50mL 比色管中,加水稀释至标线。迅速顺次加入(1+1)盐酸溶液 1.0mL 和钼酸铵试剂 2.0mL。至少上下倒转 6 次使之混合均匀,然后放置 5~10min。加入 2.0mL 草酸溶液,充分混匀。从加入草酸计算时间,在 2~15min 内加入 2.0mL 还原剂,充分混匀。5min 后,在 660nm 波长处,用 10mm 比色皿,以水为参比,测定吸光度。经空白校正后绘制标准曲线。

2. 水样的测定

取适量清澈透明水样(或经 0.45μm 滤膜过滤)于 50mL 比色管中,按与标准曲线绘制相同的操作方法进行测定。

若水样稍带颜色,则取水样两份,其中一份供测定用,另一份除不加钼酸铵试剂外,其余操作均相同。由前者测得的吸光度减去不加钼酸铵的水样的吸光度后,查得二氧化硅含量,以消除色度的影响。

五、结果计算

$$二氧化硅(SiO_2,mg/L)=\frac{m \times 1000}{V}$$

式中:m——由校准曲线查得的二氧化硅量,mg;
  V——水样体积,mL。

六、注意事项

(1) 高盐浓度的水对色度可造成影响,使强度增加。测定此类样品时,应使用样品离子强度大致相同的标准溶液以消除其影响。

(2) 硅钼蓝最大吸收波长位于近红外区,在波长 600~815nm 范围内均可进行测定,加大波长可以提高灵敏度。

(3) 显色时间及稳定时间经实验表明,加入显色剂 15min 后即发色完全,显色溶液可继续保持稳定达 24h。

(4) 溶液的酸度对吸光度有明显影响,因此应严格按规程要求准确加入一定量盐酸溶液，使 pH 保持在 1~2。

(5) 新配制的还原剂应为浅黄色，颜色变深即不宜使用，有沉淀析出时，可经过滤后再用。还原剂应在冰箱中低温避光保存。

七、思考题

(1) 用硅钼蓝比色法测定硅时，如何消除磷酸盐的干扰？

(2) 配制还原剂时，加亚硫酸钠的作用是什么？溶液浑浊为什么进行过滤？

实验 45　水中甲醛的测定(乙酰丙酮分光光度法)

一、实验目的

学习掌握水中甲醛的测定方法。

二、实验原理

甲醛在过量铵盐存在下，与乙酰丙酮生成黄色的化合物，该有色物质在 414 nm 波长处有最大吸收。有色物质在 3h 内吸光度基本不变。

化学反应式为

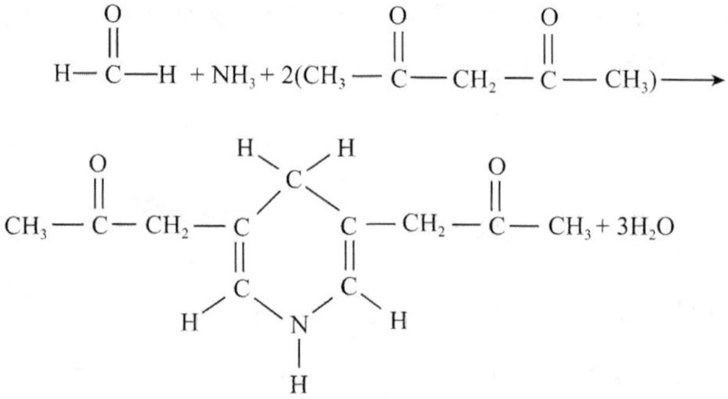

$$HCHO + NH_3 + 2(CH_3-CO-CH_2-CO-CH_3) \longrightarrow$$

$$CH_3-CO-CH_2-C(=\text{ring})-CH_2-CO-CH_3 + 3H_2O$$

水样中乙醛质量浓度小于 3mg/L，丙醛、丁醛、丙烯醛等分别小于 5mg/L 时不干扰测定。此外当甲醇为 20mg/L，苯酚为 50mg/L，游离氰为 1mg/L 时未见干扰。

该方法适用于地表水、地下水和工业废水中甲醛的测定，不适用于印染废水。当试样体积为 25mL，比色皿光程为 10mm，方法检出限为 0.05mg/L，测定范围为 0.20~3.20mg/L。

三、仪器和试剂

仪器：

(1) 全玻璃蒸馏器 500mL。

(2) 具塞比色管 25mL。

(3) 恒温水浴锅。

(4) 分光光度计。

试剂:

(1) 氢氧化钠(NaOH,1mol/L)。称取 110g 氢氧化钠,溶于 100mL 水中,摇匀,移入聚乙烯容器中,密闭放置至溶液清亮。量取上层清液 54mL,用水稀释至 1000mL,混匀。

(2) 硫酸溶液($1/2\ H_2SO_4$,1mol/L)。量取硫酸 30mL,缓缓注入 1000mL 水中,冷却,混匀。

(3) 硫酸溶液($1/2\ H_2SO_4$,6mol/L)。量取硫酸 180mL,缓缓注入 850mL 水中,冷却,混匀。

(4) 碘溶液($1/2\ I_2$,0.05mol/L)。称取 6.35g 纯碘和 20g 碘化钾,先溶于少量水,然后用水稀释至 1000mL。碘溶液应保存在带塞的棕色瓶中,并放置在暗处。

(5) 乙酰丙酮溶液:将 50g 乙酸铵(CH_3COONH_4)、6mL 冰乙酸(CH_3COOH)及 0.5mL 乙酰丙酮($C_5H_8O_2$)试剂溶于 100mL 水中。此溶液在 4℃冷藏可稳定保存一个月。

注:乙酰丙酮的纯度对空白实验吸光度有影响。乙酰丙酮应当无色透明,必要时须进行蒸馏精制。

(6) 重铬酸钾标准溶液($1/6K_2Cr_2O_7$,0.0500mol/L)。准确称取在 110~130℃烘 2 h 并冷却至室温的优级纯重铬酸钾 2.4516 g,用水溶解后移入 1000mL 容量瓶中,用水稀释至标线,摇匀。

(7) 淀粉指示剂(m/V,10g/L)。称取 1g 淀粉,加 5mL 水使其成糊状,在搅拌下将糊状物加到 90mL 沸腾的水中,煮沸 1~2min,冷却,稀释至 100mL。临用现配。

(8) 硫代硫酸钠标准溶液($Na_2S_2O_3$,0.05mol/L)。称取 12.5g 硫代硫酸钠($Na_2S_2O_3·5H_2O$)溶于煮沸并冷却后的水中,稀释至 1000mL。加入 0.4g 氢氧化钠,储于棕色瓶内,放置 2 周后过滤,使用前用重铬酸钾标准溶液标定。

其标定方法如下:于 250 mL 碘量瓶内,加入约 1 g 碘化钾(KI)及 50mL 的水,加入 20.00 mL 重铬酸钾基准溶液,加入 1mol/L 硫酸溶液 5mL,混匀,于暗处放置 5min。用硫代硫酸钠溶液滴定,待滴定至溶液呈淡黄色时,加入 1 mL 淀粉指示剂,继续滴定至蓝色刚好褪去溶液呈亮绿色为终点,记下用量(V_1)。硫代硫酸钠标准溶液浓度,由下式计算:

$$C_1 = \frac{C_2 \times V_2}{V_1} \tag{1}$$

式中：C_1——硫代硫酸钠标准溶液浓度，mol/L；

C_2——重铬酸钾基准溶液浓度，0.0500mol/L；

V_1——滴定时消耗硫代硫酸钠溶液体积，mL；

V_2——取用重铬酸钾基准溶液体积，mL。

(9) 甲醛(HCHO)标准储备液。吸取 2.8mL 甲醛试剂(甲醛含量为 36%～38%)，用水稀释至 1000mL，摇匀。配制好的溶液置 4℃冷藏可保存半年。临用前标定。

标定：移取 20.00mL 甲醛标准储备液于 250mL 碘量瓶中，加入 50.0mL 碘溶液，加入 1mol/L 氢氧化钠溶液 15mL，混匀，放置 15min。加 1mol/L 硫酸溶液 20mL，混匀，再放置 15min。以硫代硫酸钠标准溶液进行滴定，滴至溶液呈淡黄色时，加 1mL 淀粉指示剂，继续滴定至蓝色刚好褪去，记下用量(V)。

同时，另准确移取 20.00mL 水代替甲醛标准储备液，按同样方法进行空白实验，记下硫代硫酸钠标准溶液用量(V_0)。

甲醛标准储备液的质量浓度，由下式计算：

$$甲醛(HCHO，mg/mL) = \frac{(V_0 - V) \times C_1 \times 15.02 \times 1000}{20.00} \quad (2)$$

式中：V_0——空白实验消耗硫代硫酸钠标准溶液体积，mL；

V——标定甲醛储备液消耗硫代硫酸钠标准溶液体积，mL；

C_1——硫代硫酸钠标准溶液浓度，mol/L；

15.02——甲醛(1/2HCHO)的摩尔质量，g/mol；

1000——1g 等于 1000mg；

20.00——移取甲醛标准储备液的体积，mL。

注①：淀粉溶液应在滴定近终点时加入。

②：滴定应在碘量瓶中进行，并应避免阳光照射。滴定时不应过度摇晃。

(10) 甲醛标准使用溶液(10μg/mL)。在容量瓶中将甲醛标准储备液逐级用水稀释成每毫升含 10μg 甲醛的标准使用溶液。临用时配制。

四、样品处理

1. 采集与保存

样品采集于硬质玻璃瓶或聚乙烯瓶中，采集时应使水样从瓶口溢出后盖上瓶塞塞紧。采样后在每升样品中加入 1mL 浓硫酸，使样品的 pH≤2，并在 24h 内分析。

2. 试样的制备

(1) 无色、不浑浊的清洁地表水和地下水调至中性后，可直接测定。

(2) 受污染的地表水、地下水和工业废水需进行蒸馏,方法如下:

移取 100.0mL 试样于蒸馏瓶内,加 15mL 水,加 3~5mL 浓硫酸及数粒玻璃珠,用 100mL 容量瓶接收馏出液。待蒸出约 95mL 馏出液时,调节加热温度,降低蒸馏速度,直到馏出液接近 100mL 时,停止蒸馏,取下接收瓶,用水稀释至标线,摇匀备用。

注:①在试样预蒸馏时,向试样中加入 15mL 水,防止有机物含量高的水样在蒸至最后时,有机物在硫酸介质中发生炭化现象而影响甲醛的测定。

②对某些不适于在酸性条件蒸馏的特殊水样,例如含氰化物较高的废水或染料废水、制漆废水等,可用 1mol/L 氢氧化钠溶液先将水样调至弱碱性(pH=8 左右),进行蒸馏。

五、实验步骤

1. 标准曲线的绘制

(1) 取 6 支 25mL 具塞比色管,分别加入 0mL、0.50mL、1.00mL、3.00mL、5.00mL、8.00mL 甲醛标准使用溶液,加水至 25mL。

(2) 在上述比色管中分别加入 2.50mL 乙酰丙酮溶液,摇匀。于 45~60℃水浴中加热 15min,取出冷却。

(3) 用 10mm 比色皿,在波长 414 nm 处,以水为参比测量吸光度。

(4) 将系列标准液测得的吸光度 A_s 值扣除空白实验的吸光度 A_b 值,得到校正吸光度 A_r,以校正吸光度 A_r 为纵坐标,以 25mL 标准液中含有的甲醛量 m 为横坐标,绘制校准曲线,或用最小二乘法计算回归方程。

$$A_r = bm + a \tag{3}$$

式中:A_r——校正吸光度;

m——甲醛量,μg;

a——回归方程的截距;

b——回归方程的斜率。

2. 水样测定

准确移取适量试样(含甲醛在 80μg 以内,体积不超过 25mL)于 25mL 具塞比色管中,用水稀释至刻度。按标准曲线绘制方法进行测定,减去空白实验所测得的吸光度,从校准曲线上查出试样中的甲醛量或利用回归方程计算甲醛量。

3. 空白实验

用 25.00mL 水代替试样,按试样操作的相同步骤进行平行操作。

六、结果计算

样品中甲醛质量浓度计算：

$$甲醛(HCHO，mg/L) = \frac{m}{V} \tag{4}$$

式中：m——从校准曲线上查得或利用方程(3)计算的甲醛量，μg；

V——试样的体积，mL。

实验 46 水中挥发酚的测定(4-氨基安替比林光度法)

根据酚类能否与水蒸气一起蒸出，分为挥发酚和不挥发酚。挥发酚通常是指沸点在 230℃以下的酚类。人体摄入一定量酚类时，可出现急性中毒症状；长期饮用被酚污染的水，可引起头昏、出疹、瘙痒、贫血及各种神经系统症状。水中含低浓度酚类时，可使生长在其中的鱼的肉有异味，浓度高于 5mg/L 时则造成中毒死亡。含酚废水不宜用于农田灌溉，否则会使农作物枯死或减产。水中含微量酚类，在加氯消毒时，可产生特异的氯酚臭。

酚类主要来自炼油、煤气洗涤、炼焦、造纸、合成氨、木材防腐和化工等废水。

一、实验目的

(1) 了解挥发酚的性质；
(2) 掌握挥发酚的测定方法。

二、实验原理

酚类的分析各国普遍采用国际标准化组织颁布的 4-氨基安替比林比色法。酚类化合物与 4-氨基安替比林在碱性介质中，和氧化剂铁氰化钾作用，生成红色的安替比林染料。这种染料的色度在水溶液中能稳定约 30min，其水溶液在 510nm 波长处有最大吸收。若用氯仿萃取，可使颜色稳定 4h，提高测定的灵敏度，在 460nm 进行光度测定。

各种芳香胺、氧化性物质、还原性物质、重金属离子、水样的色度和浊度，均对本方法有干扰，因此，对含有这些物质的水样必须经过蒸馏除去干扰。

用玻璃仪器采集水样。水样采集后应及时检查有无氧化剂存在。必要时加入过量的硫酸亚铁，立即加磷酸酸化至 pH=4.0，并加入适量硫酸铜(1g/L)以抑制微生物对酚类的生物氧化作用，同时应冷藏(5~10℃)，在采集后 24h 内进行测定。

本实验方法适用于饮用水、地面水、地下水和工业废水中挥发酚的测定。其测定范围为 0.002~6mg/L。用光程长为 20mm 比色皿测量，酚的浓度低于 0.1mg/L 时，采用氯仿萃取法；浓度高于 0.1mg/L 时，采用直接分光光度法。

三、仪器与试剂

仪器：

(1) 500mL 锥形分液漏斗。

(2) 500mL 全玻璃蒸馏器。

(3) 50mL 比色管。

(4) 分光光度计。

试剂：

(1) 无酚水。于 1L 水中加入 0.2g 经 200℃活化 0.5h 的活性炭粉末，充分振摇后，放置过夜。用双层中速滤纸过滤，或加氢氧化钠使水呈强碱性，并滴加高锰酸钾溶液至紫红色，移入蒸馏瓶中加热蒸馏，收集馏出液备用。

注：无酚水应储于玻璃瓶中，取用时应避免与橡胶制品(橡皮塞或乳胶管)接触。

(2) 苯酚标准储备液。称取 1.00g 无色苯酚(C_6H_5OH)溶于水，移入 1000mL 容量瓶中，稀释至标线。置 4℃冰箱内保存，至少稳定 1 个月。使用前需标定。

储备液的标定：吸取 10.00mL 苯酚储备液于 250mL 碘量瓶中，加水稀释至 100mL，加 10.0mL 0.1mol/L 溴酸钾-溴化钾溶液，立即加入 5mL 盐酸，盖好瓶塞，轻轻摇匀，于暗处放置 10min。加入 1g 碘化钾，密塞，再轻轻摇匀，放置暗处 5min。用硫代硫酸钠标准溶液滴定至淡黄色，加入 1mL 淀粉溶液，继续滴定至蓝色刚好褪去，记录用量；同时以水代替苯酚储备液做空白实验，记录硫代硫酸钠标准溶液用量。

苯酚储备液浓度由下式计算：

$$苯酚(mg/mL) = 15.68 \times C \times \frac{V_1 - V_2}{V}$$

式中：V_1——空白实验中硫代硫酸钠标准滴定溶液用量，mL；

V_2——滴定苯酚储备液时，硫代硫酸钠标准溶液滴定溶液用量，mL；

V——取用苯酚储备液体积，mL；

C——硫代硫酸钠标准滴定溶液浓度，mol/L；

15.68——1/6 C_6H_5OH 摩尔质量，g/mol。

(3) 苯酚标准中间液(0.010mg/mL)。取适量苯酚标准储备液稀释至每毫升含0.010mg 苯酚。使用时当天配制。

(4) 苯酚标准使用液(1.00μg/mL)。吸取苯酚标准中间液稀释10倍，配制后在2h内使用。

(5) 溴酸钾-溴化钾标准溶液(0.1000mol/L)。称取2.784g溴酸钾溶于水，加入10g溴酸钾使溶解，移入1000mL容量瓶中，稀释至标线。

(6) 碘酸钾标准溶液(1/6 KIO_3=0.0250mol/L)。称取预先经180℃烘干的碘酸钾0.8917g溶于水，移入1000mL容量瓶中，稀释至标线。

(7) 硫代硫酸钠标准溶液($Na_2S_2O_3 \approx 0.025$mol/L)。称取6.2g硫代硫酸钠($Na_2S_2O_3 \cdot 5H_2O$)溶于煮沸放冷的水中，加入0.2g碳酸钠，稀释至1000mL，临用前，用碘酸钾溶液标定。

标定：分取20.00mL碘酸钾溶液置于250mL碘量瓶中，加水稀释至100mL，加1g碘化钾，再加5mL(1+5)硫酸，加塞，轻轻摇匀。放置暗处5min，然后用硫代硫酸钠溶液滴定至淡黄色，加1mL淀粉溶液，继续滴定至蓝色刚褪去为止，记录硫代硫酸钠溶液用量。

按下式计算硫代硫酸钠溶液浓度(mol/L)：

$$C(Na_2S_2O_3)(mol/L) = \frac{C \times V_4}{V_3}$$

式中：V_3——硫代硫酸钠标准溶液消耗量，mL；

V_4——移取碘酸钾标准溶液量，mL；

C——碘酸钾标准溶液浓度，mol/L。

(8) 缓冲溶液(pH≈10)：称取20g氯化铵溶于1000mL氨水中，加塞，置冰箱中保存。

注：应避免氨挥发所引起pH的改变，注意在低温下保存和取用后立即加塞盖严，并根据使用情况适量配制。

(9) 2% 4-氨基安替比林溶液。称取2g 4-氨基安替比林($C_{11}H_{13}N_3O$)溶于水，稀释至100mL，置冰箱中保存，可使用1周。

注：固体试剂易潮解、氧化，宜保存在干燥器中。

(10) 8%铁氰化钾溶液。称取8g铁氰化钾溶于水，稀释至1000mL，置冰箱内保存，可使用1周。

(11) 1%淀粉溶液。称取1g可溶性淀粉，用少量水调成糊状，加沸水至100mL，冷后，置冰箱内保存。

(12) 10%硫酸铜溶液：称取 50g 硫酸铜($CuSO_4 \cdot 5H_2O$)溶于水，稀释至 500mL。

(13) 10%磷酸溶液：量取 50mL 磷酸，用水稀释至 500mL。

(14) 甲基橙指示液：称取 0.05g 甲基橙溶于 100mL 水中。

四、实验步骤

1. 水样保存

用玻璃仪器采集水样。水样采集后应及时检查有无氧化剂存在。必要时加入过量的硫酸亚铁，立即加磷酸酸化至 pH=4.0，并加入适量硫酸铜(1g/L)以抑制微生物对酚类的生物氧化作用，同时应冷藏(5~10℃)，在采集后 24h 内进行测定。

2. 水样蒸馏

量取 250mL 水样置于蒸馏瓶中，加数粒小玻璃珠以防爆沸，再加入 2 滴甲基橙指示液，用 10%磷酸溶液调节至 pH=4(溶液呈橙红色)，加 5.0mL 10%硫酸铜溶液(如采样时已加过硫酸铜，则适量补加)。

注：如加入硫酸铜溶液后产生较多量的黑色硫化铜沉淀，则应摇匀后放置片刻，待沉淀后，再滴加硫酸铜溶液，直到不再产生沉淀为止。

连接冷凝器加热蒸馏，至蒸馏出约 225mL 时，停止加热，放冷。向蒸馏瓶中加入 25mL 水，继续蒸馏至馏出液为 250mL 为止。如图 6-3 所示。

注：蒸馏过程中，如发现甲基橙的红色褪色后，应在蒸馏结束后，再加 1 滴甲基橙指示液。如发现蒸馏后残液不呈酸性，则应重新取样，增加磷酸加入量，进行蒸馏。

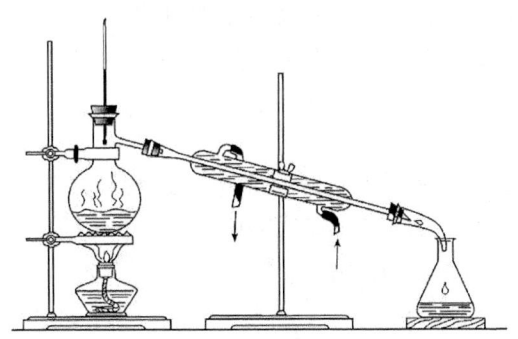

图 6-3　蒸馏实验装置图

3. 水样中酚含量大于 0.1mg/L 时的测定(4-氨基安替比林直接光度法)

(1) 标准曲线的绘制

于一组 8 支 50mL 比色管中，分别加入 0mL、0.50mL、1.00mL、3.00mL、5.00mL、

7.00mL、10.00mL、12.50mL 苯酚标准中间液,加水至 50mL 标线。加 0.5mL 缓冲溶液,混匀,此时 pH 为 10.00±0.2,加 4-氨基安替比林溶液 1.0mL,混匀。再加 1.0mL 铁氰化钾溶液,充分混匀,放置 10min 后立即在 510nm 波长、用光程为 20mm 比色皿、以水为参比测量吸光度。经空白校正后,绘制吸光度对苯酚含量(μg)的标准曲线。

(2) 水样的测定

分取适量的馏出液放入 50mL 比色管中,稀释至 50mL 标线。用与绘制标准曲线相同步骤测定吸光度,最后减去空白实验所得吸光度,并用校正后的吸光度值在标准曲线上查出水样中苯酚的含量(μg)。

(3) 空白实验

以水代替水样,经蒸馏后,按与水样测定相同步骤进行测定,以其结果作为水样测定的空白校正值。

4. 水样中酚含量小于 0.1mg/L 时的测定(4-氨基安替比林萃取光度法)

(1) 标准曲线的绘制

于一组 8 个 500mL 分液漏斗中分别加入 100mL 水,依次加入 0mL、0.50mL、1.00mL、3.00mL、5.00mL、7.00mL、10.00mL 和 15.00mL 酚标准溶液,再分别加水至 250mL。加 2.0mL 氨-氯化铵缓冲溶液,混匀。加 1.5mL 4-氨基安替比林溶液,混匀,再加 1.5mL 铁氰化钾溶液,充分混匀后放置 10min。

准确加入 10.00mL 氯仿,加塞后剧烈振荡 2min,静置分层,用干脱脂棉花擦拭干分液漏斗颈管内壁,于颈管内塞一小团干脱脂棉花和滤纸,放出氯仿层。弃去最初滤出的数滴萃取液后,直接放入 2cm 的比色皿。以未加酚标准溶液的氯仿萃取液为参比,于波长 460nm 处测量各瓶萃取液的吸光度,绘制吸光度对苯酚含量(μg)的标准曲线。

(2) 水样的测定

分取适量的馏出液于 500mL 分液漏斗中,加水至 250mL,用上述相同步骤显色、萃取、测定吸光度,再减去空白实验吸光度,并用校正后的吸光度值在标准曲线上查出水样中苯酚的含量(μg)。

(3) 空白实验

以水代替水样,经蒸馏后,按与水样测定相同步骤进行测定,以其结果作为水样测定的空白校正值。

五、结果计算

$$挥发酚(以苯酚计,mg/L) = \frac{m}{V}$$

式中：m——由水样的校正吸光度，从标准曲线上查得的苯酚含量，μg；

V——移取馏出液体积，mL。

注：如水样含挥发酚较高，移取适量水样并加水至 250mL 进行蒸馏，则在计算时应乘以稀释倍数。

六、注意事项

(1) 水样中酚类化合物不稳定，取样后应在 4h 内进行测定，否则要于每升水样中加 5mL 的 40%氢氧化钠溶液或 2g 固体氢氧化钠以防分解。

(2) 如水样中有氧化物(可加入碘化钾及酸，看其是否有游离碘来检验)，可加入过量的硫酸亚铁除去。如有硫化物，可用硫酸把水样调至 pH=4.0，搅拌曝气，再加入 1g 硫酸铜(1L 水样)。

(3) 本法不能测定某些对位酚。

(4) 水中挥发酚经过蒸馏，可消除颜色、浑浊度等干扰。但当水样中含氧化剂、油、硫化物等干扰物质时，应在蒸馏前先做适当的预处理。方法如下：

① 氧化剂(如游离氯)：当水样经酸化后滴于碘化钾-淀粉试纸上出现蓝色时，说明存在氧化剂。遇此情况，可加入过量的硫酸亚铁。

② 硫化物：水样中含少量硫化物时，用磷酸把水样 pH 调至 4.0(用甲基橙或 pH 计指示)，加入适量硫酸铜(1g/L)使其生成硫化铜而被除去。当含量较高时，则应用磷酸酸化的水样置于通风柜内进行搅拌曝气，使其生成硫化氢逸出。

③ 油类：将水样移入分液漏斗中，静置分离出浮油后，加粒状氢氧化钠调节至 pH=12～12.5。用四氯化碳萃取(每升样品用 40mL 四氯化碳萃取两次)，弃去四氯化碳层，萃取后的水样移入烧杯中，在通风柜中于水浴上加温以除去残留的四氯化碳，用磷酸调节至 pH 4.0。当石油类浓度较高时，用正己烷处理较四氯化碳为佳。

④ 甲醛、亚硫酸盐等有机或无机还原性物质：可分取适量水样于分液漏斗中，加硫酸溶液使水样呈酸性，分次加入 50mL、30mL、30mL 乙醚或二氯甲烷萃取酚，合并二氯甲烷或乙醚层于另一分液漏斗中，分次加入 4mL、3mL、3mL 10%氢氧化钠溶液进行反萃取，使酚类转入氢氧化钠溶液中。合并碱萃取液，移入烧杯中，置于水浴上加热，以除去残余萃取溶剂，然后用水将碱萃取液稀释至原分取水样的体积。

(5) 乙醚为低沸点、易燃和具麻醉作用的有机溶剂，使用时要小心，周围应无明火，并在通风柜内操作。室温较高时，水样和乙醚应先置于冰水浴中降温后，再进行萃取操作，每次萃取应尽快地完成。

七、思考题

(1) 水中氧化性物质、还原性物质、金属离子、芳香胺、油及沥青对本分析方法有干扰,如何处理?试分别叙述。

(2) 本方法测定酚的 pH 控制在 10.0±0.2,当 pH 偏高或偏低对测定产生什么影响?

实验 47 水中阴离子洗涤剂的测定(亚甲蓝分光光度法)

一、实验目的

掌握测定水溶液中的阴离子表面活性剂的方法。

二、实验原理

阳离子染料亚甲蓝与阴离子表面活性剂作用,生成蓝色的盐类,统称亚甲蓝活性物质(MBAS)。该生成物可被氯仿萃取,其色度与浓度成正比,用分光光度计在波长 652nm 处测量氯仿层的吸光度。

阴离子表面活性剂是普通合成洗涤剂的主要活性成分,使用最广泛的阴离子表面活性剂是直链烷基苯磺酸钠(LAS)。本方法采用 LAS 作为标准物,其烷基碳链在 $C_{10} \sim C_{13}$ 之间,平均碳数为 12,平均分子量为 344.4。适用于测定饮用水、地面水、生活污水及工业废水中的低浓度亚甲蓝活性物质(MBAS),亦即阴离子表面活性物质。在实验条件下,主要被测物是 LAS、烷基磺酸钠和脂肪醇硫酸钠,但可能存在一些正的和负的干扰。当采用 10mm 光程的比色皿,试样体积为 100mL 时,本方法的最低检出浓度为 0.05mg/L LAS,检测上限为 2.0mg/L LAS。

三、仪器与试剂

仪器:

(1) 分光光度计:能在 652nm 进行测量,配有 5mm、10mm、20mm 比色皿。

(2) 分液漏斗:250mL,最好用聚四氟乙烯(PTFE)活塞。

(3) 索氏抽提器:150mL 平底烧瓶,Φ35×160mm 抽出筒,蛇形冷凝管。

注:玻璃器皿在使用前先用水彻底清洗,然后用 10%(m/m)的乙醇盐酸清洗,最后用水冲洗干净。

试剂:

(1) 氢氧化钠(NaOH)1mol/L。称取 4.0g 氢氧化钠溶于 100mL 水中。

(2) 硫酸(H_2SO_4)0.5mol/L。取浓硫酸 13.6mL,倒入盛有适量水的烧杯中,搅拌冷却，稀释至 1000mL。

(3) 氯仿($CHCl_3$)。

(4) 直链烷基苯磺酸钠储备溶液(LAS, 1.00mg/mL)。称取 0.100g 标准物 LAS(平均分子量 344.4，准确至 0.001g)溶于 50mL 水中，转移到 100mL 容量瓶中，稀释至标线并混匀。每毫升含 1.00mg LAS，保存于 4℃冰箱中。如需要，每周配制一次。

(5) 直链烷基苯磺酸钠标准溶液(LAS, 10μg/mL)。准确吸取 10.00mL 直链烷基苯磺酸钠储备溶液，用水稀释至 1000mL，每毫升含 10.0μg LAS。当天配制。

(6) 亚甲蓝溶液。先称取 50g 一水磷酸二氢钠($NaH_2PO_4 \cdot H_2O$)溶于 300mL 水中转移到 1000mL 容量瓶内，缓慢加入 6.8mL 浓硫酸摇匀。另称取 30mg 亚甲蓝(指示剂级)用 50mL 水溶解后也移入容量瓶，用水稀释至标线，摇匀。此溶液储存于棕色试剂瓶中。

(7) 酚酞指示剂溶液。将 1.0g 酚酞溶于 50mL 乙醇[C_2H_5OH, 95%(V/V)]中，然后边搅拌边加入 50mL 水，滤去形成的沉淀。

(8) 玻璃棉或脱脂棉。在索氏抽提器中用氯仿提取 4h 后，取出干燥，保存在清洁的玻璃瓶中待用。

四、水样保存和预处理

取样和保存样品应使用清洁的玻璃瓶，并事先经甲醇清洗过。短期保存，冷藏在 4℃冰箱中。如果样品需保存超过 24h，则应采取保护措施。加入 1%(V/V)的 40%(V/V)甲醛溶液，保存期为 4 天；用氯仿饱和水样，保存期可达 8 天。

本方法是测定水样中溶解态的阴离子表面活性剂。在测定前，应将水样预先经中速定性滤纸过滤以去除悬浮物。吸附在悬浮物上的表面活性剂不计在内。

五、实验步骤

1. 标准曲线绘制

取一组分液漏斗 10 个，分别加入 100mL、99mL、97mL、95mL、93mL、91mL、89mL、87mL、85mL、80mL 水。然后分别移入 0mL、1.00mL、3.00mL、5.00mL、7.00mL、9.00mL、11.00mL、13.00mL、15.00mL、20.00mL 直链烷基苯磺酸钠标准溶液(含 LAS 10μg/mL)，摇匀。按下述"水样测定"步骤操作，将测得的吸光度扣除试剂空白值(零标准溶液的吸光度)后，与相应的 LAS 量(mg/L)绘制标准曲线。

2. 试样体积

为了直接分析水和废水样,应根据预计的亚甲蓝表面活性物质的浓度选用试样体积,见表6-14。

表 6-14 预计选用试样体积

预计的 MBAS 浓度/(mg/L)	试样量/mL	预计的 MBAS 浓度/(mg/L)	试样量/mL
0.05~2.0	100	10~20	10
2.0~10	20	20~40	5

当预计的 MBAS 浓度超过 2mg/L 时,按表 6-14 选取试样量,用水稀释至 100mL。

3. 水样测定

将待测水样(100mL)移至分液漏斗,以酚酞为指示剂,逐滴加入 1mol/L 氢氧化钠溶液至水溶液呈桃红色,再滴加 0.5mol/L 硫酸至桃红色刚好消失。

加入 25mL 亚甲蓝溶液摇匀后再移入 10mL 氯仿激烈振摇 30s。注意,放气时过分地摇动会发生乳化,加入少量异丙醇(小于 10mL)可消除乳化现象(加相同体积的异丙醇至所有的标准系列中),再慢慢旋转分液漏斗,使滞留在内壁上的氯仿液珠降落,静置分层。将氯仿相经脱脂棉吸水后放入比色皿中。

在 652nm 处,以氯仿为参比,测定样品、标准系列和空白实验的吸光度。测定时应使用相同光程的比色皿。每次测定后,用氯仿清洗比色皿。

以试样的吸光度减去空白实验的吸光度后,从标准曲线上查得 LAS 的质量。

4. 空白实验

按"水样测定"步骤进行空白实验,仅用 100mL 水代替试样。在实验条件下,每 10mm 光程长空白实验的吸光度不应超过 0.02,否则应仔细检查设备和试剂是否有污染。

六、结果计算

用亚甲蓝活性物质(MBAS)报告结果,以 LAS 计,平均分子量为 344.4。

计算:

$$\text{MBAS}(\text{以 LAS 计, mg/L}) = \frac{m}{V}$$

式中:m——从标准曲线上读取的 LAS 质量,μg;

V——试样的体积,mL。

七、干扰及其消除

(1) 实验室用玻璃器皿不能用各类洗涤剂清洗。使用前先用水彻底清洗,然后用(1+9)盐酸-乙醇洗涤,最后用水冲洗干净。

(2) 主要被测物以外的其他有机的硫酸盐、磺酸盐、羧酸盐、酚类以及无机的硫氰酸盐、氰酸盐、硝酸盐和氯化物等,它们或多或少地与亚甲蓝作用,生成可溶于氯仿的蓝色络合物,致使测定结果偏高。通过水溶液反洗可消除这些正干扰(有机硫酸盐、硫酸盐除外),其中氯化物和硝酸盐的干扰大部分被去除。

(3) 经水溶液反洗仍未除去的非表面活性物引起的正干扰,可借气提萃取法使阴离子表面活性剂从水相转移到有机相而加以消除。

(4) 一般存在于未经处理或一级处理的污水中的硫化物,它能与亚甲蓝反应,生成无色的还原物而消耗亚甲蓝试剂。可将试样调至碱性,滴加适量的过氧化氢(H_2O_2, 30%)避免其干扰。

(5) 存在季铵类化合物等阳离子物质和蛋白质时,阴离子表面活性剂将与其作用,生成稳定的络合物,而不与亚甲蓝反应,使测定结果偏低。这些阳离子类干扰物可采用阳离子交换树脂(在适当条件下)去除。

(6) 生活污水及工业废水中的一般成分,包括尿素、氨、硝酸盐,以及防腐用的甲醛和氯化汞(II),已表明不产生干扰。然而,并非所有天然的干扰物都能消除,因此被检物总体应确切地称为阴离子表面活性物质或亚甲蓝活性物质(MBAS)。

实验48 富营养化湖泊中藻类的检测(叶绿素 a 法)

一、实验目的

(1) 掌握叶绿素 a 的测定方法;
(2) 通过测定不同水体中藻类的叶绿素 a 浓度,得知其富营养化程度。

二、实验原理

"叶绿素 a 法"是生物监测浮游藻类的一种方法,是对浮游植物的一种定量测量方法。根据叶绿素的光学特征,叶绿素可分为 a、b、c、d 四类,其中叶绿素 a 存在于所有的藻类浮游植物中。由于其他三类叶绿素光合作用所吸收的光能最终都要传送给叶绿素 a,因此,叶绿素 a 是最重要的一类。叶绿素 a 的含量,在浮游藻类中大约占有机质干重的 1%~2%,是估算藻类生物量的一个良好指标。

叶绿素的实验室测量方法有分光光度法、荧光法、色谱法,其中以传统的分光光度法应用最为广泛。根据叶绿体色素提取液对可见光谱的吸收,利用分光光度计在某一特定波长下测定其吸光度,即可用公式计算出提取液中各色素的含量。

三、仪器与试剂

仪器:

(1) 分光光度计。

(2) 台式离心机。

(3) 真空泵。

(4) 离心管。

(5) 小研钵。

试剂:

(1) 90%的丙酮溶液。

(2) $MgCO_3$悬液(1g $MgCO_3$细粉悬浮于100mL蒸馏水中)。

(3) 水样:两种不同污染程度的湖水各2L。

四、实验步骤

1. 过滤水样

将布氏漏斗装好滤膜,取两种湖水各50~500mL减压过滤。待水样剩余若干毫升之前,加入0.2mL $MgCO_3$悬液,摇匀直至抽干水样。加入$MgCO_3$可增进藻细胞留在滤膜上,同时还可防止提取过程中叶绿素a被分解。如果过滤后的载藻滤膜不能马上进行提取处理,则应将其置于干燥器内,放冷暗处4℃保存,放置时间最多不能超过48h。

2. 提取

将滤膜放于小研钵内,加2~3mL 90%的丙酮溶液,破碎藻细胞。然后用移液管将匀浆液移入刻度离心管中,用5mL 90%丙酮冲洗2次,最后补加90%的丙酮于离心管中,使管内总体积为10mL。塞紧塞子并在管子外部罩上遮光物,充分振荡,放入冰箱内避光提取18~24h。

3. 离心

提取完毕后,置离心管于台式离心机上(3500r/min)离心10min,取出离心管。用移液管将上清液移入刻度离心管中,塞上塞子,在3500r/min下再离心10min。将上清液转入到10mL容量瓶中,用90%的丙酮定容。

4. 测定光密度

藻类叶绿素a具有其独特的吸收光谱(663nm),因此可用分光光度法测其含量。用移液管将提取液移入 1cm 比色皿中,以体积分数 90%的丙酮溶液作为空白,分别在 750nm、663nm、645nm、630nm 波长下测提取液的光密度(OD)。注意样品提取液的 OD_{663} 要求在 0.2～1.0 之间,如不在此范围,应调换比色皿,或改变过滤水样量。OD_{663} 小于 0.2 时,应改用较宽的比色皿或增加水样量;OD_{663} 大于 1.0 时,可稀释提取液或减少过滤水样的体积,使用 10mm 比色皿比色。

5. 叶绿素 a 浓度计算

将样品提取液在 663nm、645nm、630nm 波长下的光密度(OD_{663}、OD_{645}、OD_{630})分别减去在 750nm 下的光密度(OD_{750}),此值即为非选择性本底物光吸收校正值。

叶绿素 a 浓度计算公式如下:

(1) 样品提取液中的叶绿素 a 浓度[ρ_a(μg/L)]为

$$\rho_a = 11.64(OD_{663} - OD_{750}) - 2.16(OD_{645} - OD_{750}) + 0.1(OD_{630} - OD_{750})$$

(2) 水样中叶绿素 a 浓度为

$$\rho_{a水} = \frac{\rho_a \times V_{丙酮}}{V_{水样} \times b}$$

式中:ρ_a——样品提取液中叶绿素 a 浓度,μg/L;

$V_{丙酮}$——体积分数 90%的丙酮提取液体积,mL;

$V_{水样}$——过滤水样的体积,L;

b——比色皿的宽度,cm。

五、数据记录及处理

将测定结果记录在表 6-15。

表 6-15 结果记录

水样	OD_{750}	OD_{663}	OD_{645}	OD_{630}	叶绿素 a/(μg/L)
A 湖水					
B 湖水					

根据测定结果,参照表 6-16 指标,评价被测水样的富营养化程度。

表 6-16 富营养化指标标准

指标	类型		
	贫营养型	中营养型	富营养化型
叶绿素 a/(μg/L)	<4	4～10	10～100

六、思考题

(1) 比较两种水样中的叶绿素 a 浓度，并判断它们的污染程度。

(2) 如何保证水样叶绿素 a 浓度测定结果的准确性？主要应注意哪几方面的问题？

实验49　水中钠的测定(静态法)

一、实验目的

(1) 掌握电位法的基本原理。

(2) 学会使用离子选择电极的测量方法和数据处理方法。

二、方法原理

当钠离子选择性电极——pNa 电极与甘汞电极与参比电极同时浸入溶液后，即组成测量电池对。其中 pNa 电极的电位随溶液中钠离子的活度而改变。用一台高阻抗输入的毫伏计测量，即可获得与水样中钠离子活度相对应的电极电位，以 pNa 值表示：

$$pNa = -\lg \alpha_{Na^+} \tag{1}$$

pNa 电极的电位与溶液中钠离子活度的关系符合能斯特方程式：

$$E = E_0 + 2.3026 \frac{RT}{nF} \lg \alpha_{Na^+} \tag{2}$$

式中：E——pNa 电极所产生的电位，V；

　　　E_0——当钠离子活度为 1mol/L 时，pNa 电极所产生的电位，V；

　　　R——摩尔气体常数，8.314J/(K·mol)；

　　　T——热力学温度，K；

　　　F——法拉第常数，9.649×10^4 C/mol；

　　　n——参加反应的得失电子数；

　　　α_{Na^+}——溶液中钠离子的活度，mol/L。

离子活度与浓度关系为

$$\alpha = \gamma C \tag{3}$$

式中：α——离子的活度，mol/L

　　　γ——离子的活度系数；

　　　C——离子的浓度，mol/L

当溶液中钠离子浓度小于 10^{-3}mol/L 时，钠离子活度近似等于浓度，离子活度系数 $\gamma \approx 1$，当钠离子浓度大于 10^{-3}mol/L 时，离子活度 $\gamma \neq 1$，在测定中要注意活度系数的修正，为此水样应预先稀释，否则误差较大。

当测定溶液的 $\alpha_{Na^+} < 10^{-3}$mol/L，被测溶液和定位溶液的温度为20℃时，则式(2)可简化为

$$0.058 \lg \frac{C'_{Na^+}}{C_{Na^+}} = \Delta E \tag{4}$$

$$0.058(pNa - pNa') = \Delta E \tag{5}$$

$$\text{或} \quad pNa = pNa' + \frac{\Delta E}{0.058} \tag{6}$$

式中：ΔE——标准溶液的电位与样品溶液电位之差，V；

C'_{Na^+}——标准溶液的钠离子浓度，mol/L；

C_{Na^+}——样品溶液的钠离子浓度，mol/L；

pNa'——标准溶液中钠离子浓度所对应的 pNa 值；

pNa——样品溶液钠离子浓度所对应的 pNa 值。

为了减少温度的影响，定位溶液温度和水样温度相差不宜超过±5℃。测定水溶液中钠离子浓度时，应当特别注意氢离子以及钾离子的干扰。前者可以通过加入碱化剂，使被测溶液的 pH>10 来消除；后者必须严格控制 $C_{Na^+} : C_{K^+}$ 至少为 10:1，否则对测试结果会带来误差。本方法在电极和实验条件良好的情况下，仪表可指示出 0.23μg/L 的钠离子含量。

三、仪器与试剂

仪器：

(1) DWS-51 型钠离子计。

(2) 钠离子选择性电极。

(3) 甘汞电极。

(4) 试剂瓶(聚乙烯塑料制品)。

所用试剂瓶以及取样瓶都应用聚乙烯塑料制品，塑料容器用洗涤剂清洗。后用热的(1+1)盐酸浸泡半天，然后用 1 级试剂水冲洗干净后才能使用。各取样及定位用塑料容器都应专用，不宜更换不同浓度的定位溶液或互相混淆。

试剂：

(1) 氯化钠标准溶液的配制：

① pNa 2 标准储备液(C_{Na^+}=10^{-2}mol/L)。精确称取 1.1690g 经 250～350℃烘干 1～2h 的氯化钠(NaCl)基准试剂(或优级纯)溶于 1 级试剂水中，然后转入 2L 的容量瓶中并稀释至刻度，摇匀。

② pNa 4 标准溶液(C_{Na^+}=10^{-4}mol/L)。相当于 2.3mg Na$^+$/L。配制时取 pNa 2 标准储备液，用 1 级试剂水准确稀释至 100 倍。

③ pNa 5 标准溶液(C_{Na^+}=10^{-5}mol/L)。相当于 230μg Na$^+$/L。取 pNa 4 标准溶液，用 1 级级试剂水准确稀释至 10 倍。

(2) 碱化剂：二异丙胺液的含量应不少于 98%，直接储存于小塑料瓶中。

四、实验步骤

(1) 开启仪器，预热 0.5h。按仪器说明书进行校正。使仪器处于备用状态。准备好 pNa 电极和甘汞电极。

(2) 向分析中需使用的 pNa 4、pNa 5 标准溶液，Ⅰ级试剂水和水样中添加二异丙胺溶液，进行碱化，调整 pH 大于 10。

(3) 以 pNa 4 标准溶液定位，将碱化后的标准溶液摇匀。冲洗电极杯数次，将 pNa 电极和甘汞电极同时浸入该标准溶液进行定位。定位后重复校正 1～2 次。直至重复定位误差不超过以 pNa 4±0.02，然后以碱化后的 pNa 5 标准溶液冲洗电极和电极杯数次，再将 Na 电极和甘汞电极同时浸入 pNa 5 标准溶液中，待仪器稳定后旋动斜率校正按钮，使仪器指示 pNa 5±0.02～0.03，则说明仪器及电极均正常，可进行水样测定。

(4) 水样的测定。用碱化后的Ⅰ级试剂水冲洗电极和电极杯数次，使 pNa 计的读数在 pNa 6.5 以上。再以碱化后的被测水样冲洗电极和电极杯 2 次以上。最后重新取碱化后的被测水样。摇匀，将电极浸入被测水样中，摇匀，待仪器稳定后，记录读数。

若水样钠离子浓度大于 10^{-3}mol/L(Na$^+$>23mg/L)，则用Ⅰ级试剂水稀释后添加二异丙胺使 pH 大于 10，然后进行测定。

五、注意事项

(1) 所用试剂瓶以及取样瓶都应用聚乙烯塑料制品。各种标准溶液应储存于 5～20L 的聚乙烯塑料桶内，不用时应密封以防污染。

(2) 新买来的塑料瓶及桶都应用热(1+1)盐酸溶液处理，然后用高纯水反复冲洗多次才能使用。

(3) 各取样及定位用塑料容器都应专用，不宜经常更换不同钠离子浓度的定位标准溶液,或将钠离子浓度相差悬殊的各取样瓶相混。

(4) 经常使用的 pNa 电极。在测定完毕后应将电极放在碱化后的 pNa 4 标准溶液中备用。电极长时间不用,以干放为宜,但干放前,电极的敏感膜都应以一级试剂水冲洗干净,以防溶液侵蚀敏感膜。干放的电极或新电极,在使用前应在已加碱化剂(二异丙胺等)的 pNa 4 定位溶液中浸渍 1~2h 以上,电极不宜闲置过久。

电极定位时间过长、测定时反应迟钝、线性变差都是电极衰老或变坏的表现,应更换新电极。当使用无斜率标准功能的钠度计时,要求 pNa 电极的实际斜率不低于理论斜率的 98%,新的久置不用的 pNa 电极,应用沾有四氯化碳或乙醚的棉花擦净电极的头部,然后用水清洗,浸泡在 3%的盐酸溶液中 5~10min,用棉花擦洗,再用一级试剂水洗干净。并将电极浸在碱化后的 pNa 4 标准液中 1h 后使用。电极导线有机玻璃引出部分切勿受潮。

(5) 甘汞电极用完后应浸泡在与内充液浓度相同的氯化钾溶液中,不能长时间浸泡在纯水中,以防液部位微孔内氯化钾溶液被稀释,然后形成浓差电动势对所测结果带来误差。长期不用时应干放保存,并套上专用的橡皮套,防止变干而损坏电极,重新使用前,先在与内充液浓度相同的氯化钾溶液浸泡数小时。测定中如果发现读数不稳,可检查甘汞电极的接线是否牢固,是否有接触不良现象,陶瓷塞是否破裂或堵塞,有以上现象的可更换电极。

(6) 电极导线有机玻璃的引出部分切勿受潮。

(7) 为减少温度影响,定位溶液温度和水样温度相差不宜超过±5℃。

六、思考题

(1) 取样及定位溶液盛装容器为什么都要用聚乙烯塑料容器?

(2) 玻璃电极及甘汞电极,长期不用应如何存放,为什么?

(3) 在测试水样 pNa 值时,为什么都要在溶液中加入碱化剂?

实验 50　氟离子的测定(离子选择电极法)

氟化物在自然界广泛存在,也是人体正常组织成分之一。人每日从食物及饮水中摄取一定量的氟,摄入量过多对人体有害,可致急、慢性中毒。据国内一些地区的调查资料表明,在一般情况下,饮用含氟量 0.5~1.5mg/L 的水时,多数地区的氟斑牙患病率已高达 45%以上,且中、重度患者明显增多。而水中含氟量 0.5mg/L 以下的地区,居民龋齿患病率一般高达 50%~60%;水中含氟 0.5~1.0mg/L 的地区,仅为 30%~40%。水中痕量氟的测定可采用蒸馏比色法和氟离子选择电极法。前者费时，后者简便快捷。

一、实验目的

(1) 了解氟离子选择电极的构造及测定自来水中氟离子的实验条件；
(2) 掌握离子计的使用方法。

二、实验原理

氟离子选择电极是目前最成熟的一种离子选择电极。将氟化镧单晶[掺入微量氟化铕(Ⅱ)以增加导电性]封在塑料管的一端,管内装 0.1mg/L NaF 和 0.1mg/L NaCl 溶液，以 Ag-AgCl 电极为参比电极，构成氟离子选择电极。用氟离子选择电极测定水样时，以氟离子选择电极作指示电极，以饱和甘汞电极作参比电极，组成的电池为

Ag｜AgCl｜NaF(0.1mol/L)，NaCl(0.1mol/L)｜LaF$_3$ 单晶‖待测液‖KCl(饱和)，Hg$_2$Cl$_2$｜Hg

通常将氟电极接电位计的(−)极，饱和甘汞电极接(+)极，测得的电池的电位差为

$$E_{电池}=E_{SCE}-(E_{膜}+E_{Ag/AgCl})+E_a+E_j$$

在一定实验条件下(如溶液的离子强度、温度等)，外参比电极电位 E_{SCE}、活度系数 γ、内参比电极 $E_{Ag/AgCl}$、氟电极的不对称电位 E_a 以及液接电位 E_j 等都可以作为常数处理，而氟电极的膜电位 $E_{膜}$ 与 F$^-$ 获得的关系符合能斯特公式，因此上述电池的电动势 $E_{电池}$ 与试液中氟离子浓度的对数呈线性关系，当氟离子浓度在 $10^{-6}\sim 10^{-2}$mol/L 范围内，此关系式可用于定量测定。

氟离子选择电极具有较好的选择性。常见阴离子 NO$_3^-$、SO$_4^{2-}$、PO$_4^{3-}$、Ac$^-$、Cl$^-$、Br$^-$、I$^-$、HCO$_3^-$ 等不干扰，主要干扰物是 OH$^-$。产生干扰的原因，很可能是由于在膜表面发生如下反应：

$$LaF_3+3OH^- \longrightarrow La(OH)_3+3F^-$$

反应产物 F$^-$ 因电极本身的响应而造成干扰。在较高酸度时由于形成 HF$_2^-$ 而降低 F$^-$ 的离子活度，因此测定时，需控制试液的 pH 在 5～6 之间，通常用乙酸缓冲溶液控制。常见阳离子除易与 F$^-$ 形成稳定配位离子的 Fe^{3+}、Al^{3+}、Sn(Ⅳ)干扰外，其他不干扰。这几种离子的干扰可加入柠檬酸钠进行掩蔽。用氟离子选择电极测定的是溶液中离子的活度，因此必须加入大量电解质控制溶液的离子强度。

用氟电极测定饮用水中的氟含量时，需要测量的是离子活度，要使用总离子强度调节缓冲溶液(total ionic strength adjustment buffer, TISAB)来控制氟电极的最

佳使用条件。

测定离子活度的常用定量分析方法有标准曲线法和标准加入法。标准曲线法适用于大量样品的分析,它测定的是游离离子的总浓度,因此,要求标准溶液的组成应与试样溶液一致。标准加入法测定的是离子的总浓度,它仅需要一种标准溶液,操作简单快速,适用于组成比较复杂、份数较少的试样。为了获得正确的结果,所取待测液的体积和所加入标准溶液的体积均要求准确,而且加入标准溶液后,试液离子强度基本无变化。

三、仪器与试剂

仪器:

(1) 25 型 pH-mV 计或 pHS-25 型 pH 计离子计;
(2) 氟离子选择电极;
(3) 232 型甘汞电极;
(4) 电磁搅拌器。

试剂:

(1) 氟离子标准储备溶液。称取氟化钠(NaF)基准试剂(已于 105~110℃干燥处理 2h,冷却)0.2210g 于小烧杯中,用去离子水溶解后,转移至 1000mL 容量瓶中,用去离子水定容,摇匀后即储存于聚乙烯瓶中。此溶液每毫升含 100μg F^-。

(2) 氟离子标准使用溶液(F^-=10.00mg/L)。吸取 10.00mL 氟离子标准储备液于 100mL 容量瓶,用去离子水稀释定容,摇匀后即储存于聚乙烯瓶中。此溶液每毫升含 10μg F^-。

(3) 总离子强度调节缓冲液。取 58g NaCl 和 12g 柠檬酸钠于 1000mL 烧杯中,加入 500mL 去离子水,溶于 57mL 冰醋酸,搅拌至溶解,将烧杯放入冷水中,缓慢加入 6mol/L NaOH 溶液(约 125mL),调节 pH=5.0~5.5,冷却至室温,加去离子水至总体积为 1L。

四、实验步骤

(1) 氟离子选择电极使用前的准备。

氟离子选择电极在使用前,应放在含 10^{-3}mol/L NaF 溶液中浸泡 1~2h 进行活化,使用时,先用去离子水吹洗电极,再在去离子水中洗至电极的纯水电位。其方法是将电极浸入去离子水中,在离子计上测量其电位,然后更换去离子水,观察其电位变化。如此反复进行处理,直至其电位达到稳定并为它的纯水电位时为止,即氟电极在去离子水中的电位约 300mV(此值各支电极不一样)。

(2) 在测定前应使试样达到室温,并使试样和标准溶液的温度相同(温差不得超过±1℃)。

(3) 标准曲线绘制。

分别吸取 0mL、1.00mL、3.00mL、5.00mL、10.0mL、20.0mL 氟离子标准溶液,置于 50mL 比色管中,加入 10mL 总离子强度调节缓冲溶液,用水稀释至标线,摇匀,分别注入 100mL 聚乙烯杯中。各放入 1 只塑料搅拌棒,以浓度由低到高为顺序,分别依次插入电极,连续搅拌溶液,待电位稳定后,在继续搅拌时读取电位值 E。在每一次测量之前都要用水冲洗电极,并用滤纸吸干,在半对数坐标纸上绘制 $E(\text{mV})$–$\lg c_F(\text{mg/L})$ 校准曲线浓度标示在对数分格上,最低浓度标示在横坐标的起点线上。

(4) 一次标准加入法。

当样品组成复杂或成分不明时,宜采用一次标准加入法,以便减小基体的影响。先按步骤(3)测定出试样的电位值 E_1,然后向试样中加入一定量(与试样中氟含量相近)的氟化物标准溶液,在不断搅拌下读取平衡电位值 E_2。E_2 与 E_1 的毫伏值以相差 30~40mV 为宜。

结果的计算如下:

$$C_X = \frac{C_S \times V_S}{V_X + V_S} \times (10^{\Delta E/S} - 1)^{-1} \tag{1}$$

式中:C_X——待测溶液的浓度,mg/L;

　　　C_S——加入标准溶液的浓度,mg/L;

　　　V_S——加入标准溶液的体积,mL;

　　　V_X——测定时所取待测溶液的体积,mL;

　　　E_1——测定的待测溶液的电位值,mV;

　　　E_2——待测溶液加入标准溶液后测得的电位值,mV;

　　　S——电极的实测斜率。

其中,$\Delta E = E_1 - E_2$

(5) 测定。

吸取适量试样置于 50mL 容量瓶中,用乙酸钠或盐酸调节至近中性,加入 10mL 总离子强度调节缓冲溶液,用水稀释至标线,摇匀,将其注入 100mL 聚乙烯杯中,放入 1 只塑料搅拌棒,插入电极,连续搅拌溶液,待电位稳定后,在继续搅拌时读取电位值 E_X。在每一次测量之前都要用水充分冲洗电极,并用滤纸吸干。根据测得的毫伏数,由标准曲线上查找氟化物的含量。数据记录如表 6-17。

表 6-17 氟标准曲线绘制(F^-浓度=10.0μg/mL，终体积 $V_{终}$=100mL)及水样测定结果

编号	1	2	3	4	5	待测样品
C_F/(mg/L)	1	3	5	10	20	V_S=25mL
电极电位 E_1						
氟浓度/(mg/L)	0.20	0.60	1.00	2.00	4.00	
pF						

五、实验数据处理

(1) 标准曲线法。

方法一：根据所测标准曲线实验数据，在半对数坐标纸上绘制 E-pF 标准曲线。求出该氟离子电极的响应斜率，从标准曲线上查出水样电极电位 E 所对应的 pF。最后计算出水样中 F^- 的含量。

方法二：一元线性回归分析法。根据标准曲线实验数据：pF 和对应的电极电位 E，求出一元线性回归方程($E=a+b$ pF)及相关系数。将水样的电极电位 $E_{样}$，代入回归方程求出 $pF_{样}$，最后计算出水样中 F^- 的含量(mg/L)。

(2) 一次标准加入法。将所得的 ΔE 和实际测定的电极响应斜率代入式(1)，计算水样中氟离子的浓度(mg/L)。

六、注意事项

(1) 电极用后应用水充分冲洗干净，并用滤纸吸去水分，放在空气中，或者放在稀的氟离子标准溶液中。如果短时间不再使用，应洗净吸去水分，套上保护电极敏感部位的保护帽。电极使用前应充分冲洗并去掉水分。

(2) 测量标准溶液时，浓度应由稀至浓，每次测定后用被测试液清洗电极、烧杯及搅拌子。

(3) 绘制标准曲线时，测定一系列标准溶液后，应将电极清洗至原空白电位值，然后再测定未知液的电位。

(4) 测定过程中，更换溶液时，测量键应断开，以免损坏离子计。

(5) 测定过程中，搅拌溶液的速度应恒定。

(6) 氟离子选择电极的纯水电位与电极组成有关，也与所用纯水质量有关，一般在 300mV 左右。

七、思考题

(1) 用氟离子选择电极法测定自来水中氟离子含量时，为什么要控制溶液的离子强度？

(2) TISAB 代表什么？其组成和作用是什么？

(3) 标准曲线法和标准加入法各有何特点？比较本实验用这两种方法测得的结果是否相同，如果不同，说明其原因。

(4) 标准曲线法测量电位值时，为什么测定顺序要由稀到浓？

实验 51　水中矿物油的测定

水体中的石油类物质的测定一直是一个困难而又重要的问题，长期以来油类物质对水体的污染也一直是全球关注的焦点。我们国家在《水质　石油类和动植物油类的测定　红外光度法》(GB/T 16488—1996)中有如下定义，石油类：在本标准规定的条件下，用四氯化碳萃取，不被硅酸镁吸附，并且在波数为 $2930cm^{-1}$、$2960 cm^{-1}$、$3030 cm^{-1}$ 全部或部分谱带处有特征吸收的物质；动植物油：在本标准规定的条件下，用四氯化碳萃取，并且被硅酸镁吸附的物质。当萃取物中含有非动植物油的极性物质时，应在测试报告中加以说明。

一、实验目的

(1) 了解水中油类物质的测定意义和表示方法；

(2) 掌握非分散红外分光方法测定水中油类物质的原理和方法。

二、实验原理

本方法利用油类物质的甲基($—CH_3$)和亚甲基($—CH_2$)在近红外区($2930cm^{-1}$ 或 $3.4\mu m$)的特征吸收进行测定。

用四氯化碳萃取水中的油类物质，测定总萃取物 C_1，然后将萃取液用硅酸镁吸附，经脱除动植物油等极性物质后，测定石油类 C_2。

水样中动植物油的含量 $C_3(mg/L)$ 为：$C_3=C_1–C_2$。

三、仪器与试剂

仪器：

(1) 红外分光油分析仪；

(2) 振荡器；

(3) 分液漏斗 250mL；

(4) 脱水柱；

(5) 砂芯漏斗 50mL；

(6) 容量瓶：50mL、100mL、1000mL。

试剂：

(1) 测油专用四氯化碳。

(2) 无水硫酸钠(需要提前烘干 2h)。

(3) 测油专用 60～100 目硅酸镁(需要提前于 500℃烘干 2h)。

(4) 苯。分析纯以上。

(5) 异辛烷。分析纯以上。

(6) 正十六烷。分析纯以上。

(7) 氯化钠。

(8) 盐酸(30%)。将 30mL 浓盐酸移入 100mL 容量瓶中，用去离子水稀释至标线，摇匀。

(9) 活性炭。

四、实验步骤

1. 油标准溶液的配制

(1) 标准油：将正十六烷、异辛烷和苯按 65∶2.5∶10(V/V/V)的比例配制。

(2) 标准油储备液：取正十六烷 6.5mL、异辛烷 2.5mL 和苯 1.0mL 置入 50mL 容量瓶中，摇匀。

(3) 标准油使用液：用 10mL 称量瓶称取标准油 1.00g 置入 100mL 容量瓶中，用四氯化碳稀释至刻度，浓度是 10.0g/L 油标准溶液。然后，再取浓度 10.0g/L 油标准溶液 10mL，置入另外 100mL 容量瓶中,用四氯化碳稀释至刻度,浓度是 1.00g/L 油标准溶液。

(4) 油标准溶液：分别取 1.00g/L 油标准溶液 0.25mL、0.5mL、1.0mL、2.0mL、4.0mL 加入到各个 50mL 容量瓶中，用四氯化碳稀释至刻度，浓度分别是 5mg/L、10mg/L、20mg/L、40mg/L、80mg/L 油标准溶液。

2. 油水样的制备

(1) 取水样 100mL 到 250mL 分液漏斗中，按顺序加入 5mL 盐酸(30%)、四氯化碳 20mL、氯化钠 20g，合紧瓶塞，振荡分液漏斗使其充分混匀，振荡时要不时放气，振荡 5min 左右后静置分层大约 15min。

(2) 在砂滤中加入约 1cm 高的无水硫酸钠，再将其架在 50mL 容量瓶上，接分液漏斗中的下层液体，接完后再次在分液漏斗中加入 20mL 四氯化碳振荡 5min，静置 15min 后继续接下层液体(砂滤中的无水硫酸钠不用更换)。

(3) 将此 50mL 容量瓶中的溶液用四氯化碳稀释至标线，即可在红外分光油分析仪上测定。

(4) 测定时先用测油专用四氯化碳调零，之后将测定浓度所得数值进行记录，所得数据为总油的数值。

(5) 容量瓶中的剩余部分，加入 1g 60~100 目硅酸镁在振荡器上振荡 30min，过滤掉硅酸镁，将滤液体放入红外油测定仪，用上述步骤再次测量后为矿物油的数值。

3．测定

按仪器规定调整和校正仪器后，分别测定总萃取液和硅酸镁吸附后的滤出液中总萃取物和石油类的含量，按二者的差值计算动植物油含量。

五、数据处理

$$C_3 = C_1 - C_2$$

式中：C_1——总油的浓度，mg/L；

C_2——动物油的浓度，mg/L；

C_3——矿物油的浓度，mg/L。

六、注意事项

(1) 对所用的采样器具必须经四氯化碳检验合格后方可使用。

(2) 对所用的容量瓶、量筒、烧杯等所用器具必须经四氯化碳检验合格后方可使用。

(3) 严禁使用一切塑料器具做测油工具。

(4) 严禁使用一切有机洗涤剂清洗所用器具。

(5) 比色皿使用前后必须用 CCl_4 少量多次地清洗。倒试剂时如有少量液体流出或玻璃面留有污渍、指纹印，应及时用无纤维纸擦净。

(6) 开机后放入调零试剂，当试剂与室温一致时，可等待 20~30s 进行测试，当试剂与室温不一致时，等待 3min 开始调零，测试样品必须等待数据稳定后才能读数。

(7) 测量样品时必须始终打开仪器样品盖。

(8) 比色皿 Q 面方向向左，保证光路直射，减少测量误差。

(9) 在测量样品时，建议每 15min 调一次零，以提高准确性。

七、思考题

(1) 红外分光光度法与非分散红外分光方法测定水中油类物质的原理有哪些异同？

(2) 分析实验中可能造成误差的原因。

实验 52　水中镍的测定(火焰原子吸收分光光度法)

一、实验目的

(1) 了解原子吸收分光光度法的原理。
(2) 掌握原子吸收分光光度计的使用方法。
(3) 掌握水样的消化方法及镍的测定方法。

二、实验原理

将试液喷入空气乙炔火焰中,在高温下镍化合物离解为基态原子,其原子蒸气对锐线光源(镍空心阴极灯)发射的特征谱线 232.0nm 产生选择性吸收,在一定条件下吸光度与试液中镍的浓度成正比。

过量的镍及其化合物易引起过敏性皮炎,且有致癌作用;对水生生物有明显的毒害作用。清洁地表水中镍的浓度很低,在 0.001mg/L 左右,镍的主要工业污染是采矿、冶炼、电镀等工业排放的废水和废渣。

本方法适用于工业废水及受到污染的环境水样,最低检出浓度为 0.05mg/L。标准曲线的浓度范围 0.2~5.0mg/L。

三、仪器与试剂

仪器:

(1) 原子吸收分光光度计。
(2) 镍空心阴极灯。
(3) 乙炔钢瓶。
(4) 空气压缩机。

试剂:

(1) 硝酸(HNO_3),优级纯。
(2) (1+99)硝酸溶液,约 0.16mol/L,用硝酸(优级纯)配制。
(3) 高氯酸($HClO_4$),优级纯。
(4) 镍标准储备液(Ni,1.00mg/mL)。称取光谱纯金属镍 1.0000g,准确到 0.0001g,加硝酸 10mL,待完全溶解后用去离子水稀释至 1000mL。每毫升溶液含 1.00mg 镍。
(5) 镍标准工作溶液(Ni,0.1mg/mL)。移取镍储备液 10.0mL,于 100mL 容量瓶中用(1+99)硝酸溶液稀释至标线,摇匀。此溶液中镍的浓度为 0.1mg/mL。

四、操作步骤

1. 试样采集和处理

(1) 采样前所用聚乙烯瓶用洗涤剂洗净，再用(1+99)硝酸浸泡 24h 以上，然后用水冲洗干净。

(2) 若需测定镍总量，样品采集后立即加入硝酸使样品 pH 为 1～2。

(3) 测定可滤态镍时，采样后尽快通过 0.45μm 滤膜过滤并立即按步骤(2)酸化。

2. 试样消解

测定镍总量时一般要进行消解处理。取适量水样(使含镍在 10～250μg)加 5mL 硝酸，置于电热板上，在近沸状态下将样品蒸发近干，冷却后再加入硝酸 5mL 重复上述操作一次，必要时再加入硝酸或高氯酸直到消解完全。等蒸至近干，加(1+99)硝酸溶解残渣，若有不溶沉淀，应通过定量滤纸过滤至 50mL 容量瓶中加(1+99)硝酸至标线摇匀。

3. 空白实验

用蒸馏水代替试样，采用相同的步骤且与采样和测定中所用试剂用量相同，做空白实验。

4. 干扰

(1) 本方法测镍基体干扰不显著，但当无机盐浓度较高时，则产生背景干扰，采用背景校正器校正；在测量浓度许可时也可采用稀释法。

(2) 使用 232.0nm 作吸收线，存在波长相距很近的镍三线，选用较窄的光谱通带可以克服邻近谱线的光谱干扰。

5. 标准曲线的绘制

用(1+99)硝酸溶液稀释标准工作溶液，配制至少 5 个标准溶液且试样的浓度应落在 0.2～5.0mg/L 范围内，按所选择的仪器工作参数调好仪器，用(1+99)硝酸溶液调零后测量每份溶液的吸光度绘制标准曲线。

6. 测量

在测量标准溶液的同时测量空白和试样，扣除空白试样的吸光度后从标准曲线查出试样中镍的含量。

注：测定可滤态镍时，可经过 0.45μm 滤膜过滤酸化后直接喷入测定，测定镍总量时一般

进行消解前处理后进行测定。

五、结果计算

样品中镍的浓度按下式计算：

$$镍(Ni, mg/L) = \frac{m}{V}$$

式中：m——校准曲线上查出的试样中镍的含量，μg；
V——所取水样的体积，mL。

六、思考题

(1) 简述原子吸收分光光度法的原理。
(2) 空心阴极灯为何需要预热？

实验 53 钒的测定(石墨炉原子吸收分光光度法)

一、实验目的

(1) 学习掌握原子吸收光度法测定原理及测定方法；
(2) 掌握石墨炉原子吸收分光光度法测定钒的方法。

二、实验原理

样品经适当处理后，注入石墨炉原子化器。试样所含钒离子在石墨管内经过原子化，高温解离为原子蒸气。待测元素钒的基态原子吸收来自钒元素空心阴极灯发出的共振谱线能量，其吸光度在一定范围内与其浓度成正比。

地表水、地下水中常见共存组分对钒的测定不产生干扰。工业废水中的共存离子和化合物在常见浓度下不干扰测定。当废水中含有 0.040mg/L 的钒时，10 000mg/L 的 Cl，300mg/L 的 Fe，100mg/L 的 Co、Zn、Mn、K、Na、Ca、Mg、Sb、Bi、Pb，10.0mg/L 的 Ni、Cu、Cr、Cd、As、Ag 对测定结果无影响。

该方法适用于地表水、地下水、生活污水和工业废水中钒的测定。检出限为 0.003mg/L，测定下限为 0.012 mg/L，测定上限为 0.200mg/L。

三、仪器和试剂

(1) 原子吸收分光光度计。
(2) (1+1)硝酸溶液。用硝酸(优级纯)配制。
(3) (0.2+99.8)硝酸溶液。用硝酸(优级纯)配制。
(4) 钒标准储备液(V，1000mg/L)。称取偏钒酸铵(NH_4VO_3，光谱纯。)2.2960g(准

确至 0.0001g，用 5mL 硝酸(优级纯)溶解，必要时加热，直至完全溶解，用水定容至 1000mL。或购买有证标准样品。

(5) 钒标准使用液(V，0.200mg/L)。用(0.2+99.8)硝酸溶液逐级稀释钒标准储备液配制。

四、实验步骤

1. 样品处理

样品的采集和保存用聚乙烯塑料瓶采集样品。采样时先将聚乙烯塑料瓶润洗 3 次。

测定钒总量时，样品采集后立即加入(1+1)硝酸调节 pH＜2。测定溶解性钒时，样品采集后尽快用 0.45μm 滤膜过滤，滤液用(1+1)硝酸调节 pH＜2 后，保存于聚乙烯塑料瓶中。酸化样品常温下可保存 3 个月。

2. 试样的制备

(1) 溶解性钒：样品经 0.45μm 滤膜过滤。

(2) 总钒：取混合均匀的水样 50mL 于 200mL 三角瓶中，加入 5.0mL 浓硝酸后放于电热板上加热煮沸，蒸发至 1mL 左右。若试液混浊且颜色较深时，再补加浓硝酸 5mL 继续消解，直至溶液透明。试样近干时，从电热板上取下稍冷，全部转移至 50mL 容量瓶中，用(0.2+99.8)硝酸溶液定容，混匀后上机测定。如果消解试样有沉淀，可用中速滤纸过滤后定容至 50mL。

(3) 空白试样的制备。

用水代替试样，采用和试样制备相同的步骤和试剂，制备全程序空白试样。每批样品至少制备 2 个。取 2 个空白试样浓度的平均值参与结果计算。

3. 分析步骤

(1) 仪器的调试可根据仪器使用说明书选择测量参数。表 6-18、表 6-19 列出了仪器参考测量参数。

表 6-18 仪器参数测量条件

元素	波长/nm	灯电流/mA	狭缝/nm
V	318.4	12.5	1.3

(2) 建立标准曲线。

在 10mL 容量瓶中分别加入 0mL、2.00mL、4.00mL、6.00mL、8.00mL、10.0mL 钒标准使用液，用(0.2+99.8)硝酸溶液定容。其浓度分别为 0μg/L、40.0μg/L、

表 6-19 参考升温程序

升温阶段	温度/℃	时间/s
干燥	80~140	20
灰化	900	20
原子化	2700	6
清除	2800	4

80.0μg/L、120μg/L、160μg/L、200μg/L。取 20μL 标准系列溶液样品,按设定的仪器参数由低浓度到高浓度依次测量吸光度。

以钒标准溶液浓度(μg/L)为横坐标,吸光度测量值为纵坐标建立标准曲线。用线性回归分析方法求得其斜率用于样品含量计算。

(3) 样品测定。

取 20μL 试样,按与标准曲线相同条件测量吸光度。由吸光度值从标准曲线回归方程求得钒含量。钒含量超出校准曲线测定范围时,可将水样稀释后测定。

五、结果计算

水样中钒的浓度按下式计算:

$$钒(V,mg/L) = k \times \frac{m \times V_1}{V \times 1000}$$

式中:k——水样稀释倍数;

m——试液中钒浓度,μg/L;

V_1——水样测量前定容体积,mL;

V——水样取样体积,mL。

结果需注明样品测试项目是溶解性钒还是钒总量。

实验 54 ICP-AES 法同时测定水中铝、镉、铜、铁、锰、铅、锌的含量

一、实验目的

(1) 学习 ICP-AES 分析的基本原理及操作技术。

(2) 学习利用 ICP-AES 同时测定水中铝、镉、铜、铁、锰、铅、锌的含量。

二、实验原理

电感耦合等离子体原子发射光谱法(inductively coupled plasma-atomic emission

spectrometry, ICP-AES),是以电感耦合等离子炬为激发光源的一类光谱分析方法。由于其具有检出限低、准确度及精密度高、分析速度快、线性范围宽等优点，在国外其已发展成为一种极为普遍、适用范围广的常规分析方法，并已广泛用于环境试样、岩石、矿物、生物医学、金属与合金中数十种元素的测定。

ICP-AES 法是以电感线圈为耦合元件，将高频电磁场的能量提供给等离子体，并以此作为分析试样的激发源，进行发射光谱测定。即将消解处理好的样品溶液直接吸入电感耦合等离子焰炬，分析物在等离子炬中挥发、原子化、激发并辐射出特征谱线，根据谱线的强度，确定样品中被测元素的浓度。

本方法适用于废水中铝、镉、铜、铁、锰、铅、锌等元素溶解态及元素总量的测定。

溶解态元素：未经酸化的样品中，能通过 0.45μm 滤膜的元素成分。

元素总量：未经过滤的样品，经消解后测得的元素浓度，即样品中溶解态和悬浮态两部分元素浓度的总和。

三、仪器与试剂

仪器：

(1) ICP-AES。

(2) 电热板或消解装置。

试剂：

(1) 硝酸(HNO_3，ρ=1.42g/mL)优级纯。

(2) (1+1)硝酸溶液。

(3) 二次亚沸蒸馏水或超纯水。

(4) 氩气。

(5) 标准溶液。Al、Cd、Cu、Fe、Mn、Pb、Zn 标准溶液(或购买国家标准物质研究中心标准溶液，浓度值为 1000mg/L 或 100mg/L)，其配制方法见表 6-20。

表 6-20　单元素标准储备液配制方法

元素	浓度	配制方法
Al	1.00g/mL	称取 1.0000g 金属铝，用 150mL(1+1)HCl 加热溶解，煮沸，冷却后，用水定容至 1L
Cd	1.00 g/mL	称取 1.0000g 金属镉，用 30mL HNO_3 溶解，用水定容至 1L
Cu	1.00 g/mL	称取 1.0000g 金属铜，加热溶解于 30mL(1+1)HNO_3 中，冷却，用水定容至 1L
Fe	1.00 g/mL	称取 1.0000g 金属铁，用 150mL(1+1)HCl 溶解，冷却，用水定容至 1L
Mn	1.00 g/mL	称取 1.0000g 金属锰，用 30mL(1+1)HCl 加热溶解，冷却，用水定容至 1L
Pb	1.00 g/mL	称取 1.0000g 金属铅，用 30mL(1+1)HNO_3 加热溶解，冷却，用水定容到 1L
Zn	1.00 g/mL	称取 1.0000g 金属锌，用 40mL HCl 溶解，煮沸，冷却用水定容至 1L

(6) 混合标准溶液的配制。

将单元素标准储备液按表 6-21 配制混合标准溶液，以 5%硝酸稀释。

表 6-21 多元素混合标准溶液分组情况

元素	测定波长/nm	1	2	3	4	5
Al	396.153	0.200	0.400	1.00	2.00	3.00
Cd	228.802	0.010	0.020	0.030	0.040	0.050
Cu	327.393	0.100	0.200	0.300	0.400	0.500
Fe	238.204	0.500	1.0	1.50	2.00	3.00
Mn	257.610	0.200	0.400	0.800	1.00	1.50
Pb	220.353	0.050	0.10	0.150	0.200	0.300
Zn	206.200	0.500	1.00	1.50	2.00	3.00

四、实验步骤

1. 样品预处理

(1) 测定溶解态元素。

样品采集后立即通过 0.45μm 滤膜过滤，弃去初始的 50～100mL 溶液，收集所需体积的滤液并用(1+1)硝酸把溶液调节至 pH＜2。

(2) 测定元素总量。

取一定体积的均匀样品(地表水自然沉降 30min，取上层非沉降部分)，加入(1+1)硝酸若干毫升(视取样体积而定，通常每 100mL 样品加 5.0mL 硝酸)置于电热板上加热消解，确保溶液不沸腾，缓慢加热至近干(注意：防止溶液蒸至干涸)，取下冷却，反复进行这一过程，直至试样溶液颜色变浅或稳定不变。冷却后，加入硝酸若干毫升，再加入少量水，置于电热板上继续加热使残渣溶解。冷却后用水定容至原取样体积，使溶液保持 5%(V/V)硝酸酸度。

(3) 空白溶液：取与样品相同体积的水，按与样品处理的相同步骤处理。

2. 仪器工作条件(表 6-22)

表 6-22 仪器工作条件

项目	参数
射频功率/kW	1.3
等离子气流速/(L/min)	15
辅助气流速/(L/min)	0.5
雾化气流速/(L/min)	0.8
进样量/(mL/min)	1.5
观测高度/mm	15
观测方式	轴向(Arial)
测量时间/s	1～10

3. 标准曲线绘制

将混合标准溶液依次喷入 ICP 光源，建立标准曲线。

4. 样品测定

在相同条件下，测定样品中 Al、Cd、Cu、Fe、Mn、Pb、Zn 的含量。

五、数据处理

(1) 利用仪器软件，对建立的标准曲线进行校准处理。
(2) 利用软件处理样品中 Al、Cd、Cu、Fe、Mn、Pb、Zn 等的数据，形成分析报告。

六、思考题

比较 ICP-AES 测定与原子吸收有何区别？这两种仪器适合哪些情况下分析？

实验 55　高效液相色谱法测定环境样品中的多环芳烃

一、实验目的

(1) 了解高效液相色谱的构造与组成。
(2) 掌握高效液相色谱的使用方法。

二、实验原理

1. 高效液相色谱的原理与方法

高效液相色谱是在经典液相色谱的基础上发展起来的。液相色谱是指流动相为液体的色谱技术，高效液相色谱在技术上采用了高压泵、高效固定相和高灵敏度检测器，从而实现分析速度快、分离效率高和操作自动化。高效液相色谱仪框图如图 6-4 所示。

(1) 高压。

液体色谱是以液体作为流动相(常称载液)，当液体流经色谱柱时，受到的阻力较大，为了能迅速通过色谱柱，必须对载液施加高压。在高效液相色谱中，液压力和进样压力都很高，一般可达 14.7~29.42MPa，有时甚至可达 49.3MPa 以上。高压是高效液相色谱的一个突出特点。

(2) 高速。

高效液相色谱所需的分析时间比经典液相色谱少得多，一般都低于 1h。例如，

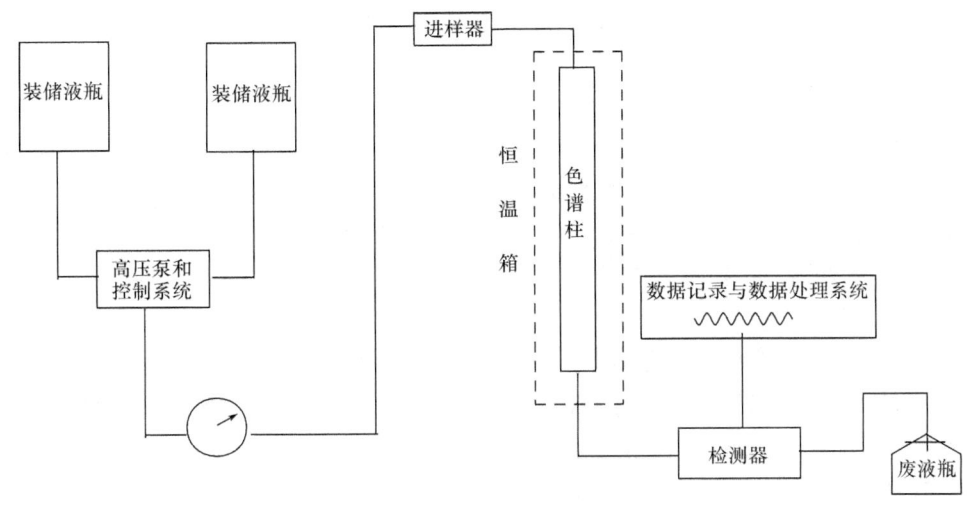

图 6-4　高效液相色谱仪框图

分离苯的羟基化合物，7 个组分只需 1min 就完成。载液在色谱柱内的流速比经典液体色谱高得多，一般可达 1～10mL/min 以上，已近似于气相色谱的流速。

(3) 高效。

高效液相色谱的核心是色谱柱，通常是以耐压不锈钢为柱材料，内填充 ϕ3～10μm 固定相(一般为化学键合固定相)。柱效可达每米 5000～20 000 塔板，使分离效果和分辨本领都大大提高，有时一根柱子可以分离 100 种以上的组分。

(4) 高灵敏度。

高效液相色谱已广泛采用高灵敏度的检测器，进一步提高了分析的灵敏度。例如，紫外检测器的最小检测量可达 10^{-9}g 数量级；荧光检测器的灵敏度可达 10^{-12}g。高效液相色谱的高灵敏度还表现在所需试样很少，微升数量级的样品就足以进行全分析。

由于高效液相色谱具有以上的突出优点，在目前的色谱文献中，又把它称为高压液相色谱、高速液相色谱或现代液相色谱。

(5) 分离机制。

色谱分离的核心是待测物质在固定相和流动相之间的分配。液相色谱的分离机制可分为液液分配色谱、液固吸附色谱、离子交换色谱和凝胶渗透色谱。目前，液液分配色谱也远非经典概念上的定义，主要是使用了键合固定相，即在硅胶微粒表面化学键合上一层有机相。这种有机相既能起固定液的作用，又能长期保留在硅胶载体上。这种键合相的分离机制至今还不完全清楚，一般认为既有液液分配，又有吸附作用。现在，键合固定相被广泛使用，约占全部固定相的 90%，其

中以 C_{18} 为化学键合相的占到 80%，因为它们的分离效率高。

2. 环境中多环芳烃化合物

多环芳烃(PAH)广泛存在于环境中，这类化合物中已有不少被确定或怀疑具有致癌或致突变作用，所以日益引起人们的关注。PAH 主要是在煤、石油等矿物性燃料不完全燃烧时产生的，主要的工业污染源是焦化、石油炼制、炼钢等工业排放的废水和废气。在各种水中的最高允许浓度为：地下水 50μg/L；地面水 1μg/L；废水 100μg/L。

目前国内外分离和测定 PAH 的主要方法有薄层色谱法、气相色谱法和高效液相色谱法(HPLC)。HPLC 测定 PAH，不需高温，对某些 PAH 的测定具有较高的分辨率和灵敏度、柱后馏分便于收集进行光谱鉴定等优点，所以近年来，HPLC 法广泛用于 PAH 的测定。

三、仪器与试剂

(1) 高效液相色谱仪；可调波长紫外检测器。

(2) 色谱柱。C_{18} 反相柱。

(3) 中流量采样器。

(4) 滤膜(8cm 超细玻璃纤维滤膜)。

(5) 索氏提取器。

(6) K-D 浓缩器。

(7) PAH 标准样品。荧蒽、苯并[b] 荧蒽、苯并[k]荧蒽、苯并[a]芘、苯并[g,h,i]芘、茚并[1,2,3-c,d]芘。如无 PAH 标样，可用烷基取代苯系列(苯、甲苯、二甲苯、三甲苯、乙苯、二乙苯等)。

(8) 流动相用水为二次蒸馏水，甲醇为 HPLC 级。

(9) 其他试剂皆为分析纯级。

四、实验步骤

1. 样品预处理

(1) PAH 的萃取。将颗粒物样品滤膜("毛"面朝里)折叠后，小心放入索氏提取器的渗滤管中，注意不要让滤膜堵塞回流管，渗滤管上下部分分别与冷凝管和接受瓶连接好，加入 40mL 环己烷，置于温度为(98±1)℃的水浴锅中进行回流。要求水面要达到接受瓶高度的 2/3，连续回流 8h。

(2) PAH 的分离及浓缩。称取含水量 10%(质量分数)氟罗里土 6g，制成环己烷浆液，装入内径为 10mm 的玻璃柱内，将环己烷回流液通过层析柱。用 10～20mL

环己烷分 3 次洗涤索氏提取器，洗涤液过柱。

用 75～100mL 二氯甲烷/丙酮[(8∶1)～(4∶1)，体积分数]的洗脱液浸泡层析柱(40～60min)，再用 50～60mL 洗脱液洗脱(流速控制在 2mL/min 左右)。将全部洗脱液接入浓缩装置，在水浴(60～70℃)上浓缩至预定体积(0.3～0.5mL)，供 HPLC 分析。

2. HPLC 分析

(1) 色谱条件(供参考，可根据仪器及柱型选用最适合的条件)。

单泵：流动相为 95%二次蒸馏水+5%甲醇。

程序洗脱(双泵或多泵系统)：A 溶剂，85%二次蒸馏水+15%甲醇；B 溶剂，100%甲醇。

流速：0.5mL/min。

程序洗脱：75%B 保持 8min，然后以每分钟 1%B 的速度线性增加至 92%B，保持至出峰完，平衡 15min。

柱温：30℃。

进样量：5～10μL。

检测器：254nm 或可调波长于 276nm。

(2) PAH 的测定。

按以上色谱条件，分析标样，得到 PAH 标样的色谱图，并分析未知样品，得到样品色谱图。以保留时间定性，按外标法计算样品中各个 PAH 的浓度。也可将 PAH 配成标准系列，测定不同浓度的响应，并绘制响应曲线(标准曲线)，即可得样品中 PAH 的含量。

五、数据处理

$$\text{PAH 的含量}(\mu g/L) = \frac{A_0 \times H \times V_t}{V_i \times V_s}$$

式中：A_0——标样浓度×进样体积/标样峰高，μg/mm；

H——样品峰高，mm；

V_t——样品浓缩液体积，μL；

V_i——样品进样体积，μL；

V_s——水样体积，L。

六、注意事项

(1) 本实验分析对象为致癌物，因此，要有保护措施，如使用一次性塑料手套。

(2) 整个操作要在避光条件下进行，防止 PAH 分解。

(3) 配备标样的溶剂必须能与流动相很好混合，否则在色谱分析时可能会出现误差。

(4) 本实验未使用内标，进样量应力求准确。

七、思考题

(1) 本实验是否可以使用正相色谱柱，如硅胶柱？为什么？

(2) 本实验是否可以使用内标?如可以，应如何选择内标？

(3) 使用高效液相色谱法准确测定环境样品时应主要注意什么？

实验56 水中的氟离子、氯离子、溴离子、亚硝酸根、硝酸根、磷酸根、硫酸根离子的测定(离子色谱法)

一、实验目的

(1) 了解离子色谱仪的基本构造和原理，学习仪器的基本操作。

(2) 掌握离子色谱的定性和定量分析方法。

(3) 掌握测定水样中的几种常见的阴离子(F^-、Cl^-、Br^-、NO_2^-、NO_3^-、PO_4^{3-} 和 SO_4^{2-})的方法。

二、实验原理

离子交换色谱是以低交换容量的离子交换树脂为固定相，水的碱性或酸性溶液为流动相，根据样品离子与固定相之间离子交换系数不同，对水中易解离的有机及无机阴、阳离子进行分析。在采用电导检测器时，需在分析柱后加装填有高交换容量的离子交换树脂抑制柱，以消除流动相及样品中的其他离子给检测带来的影响。离子色谱法广泛用于分析水样和人体血、尿等试样中痕量的阴离子和阳离子。

样品注入仪器后，在淋洗液(碳酸盐、碳酸氢盐水溶液)的携带下流经阴离子分析柱(装有阴离子交换树脂)。由于水样中各阴离子与分析柱中阴离子交换树脂的亲和力不同，移动速度亦不同，彼此得以分离。流动相携带样品离子流经阴离子抑制柱(装有阴离子交换树脂)，碳酸盐、碳酸氢盐被转换成碳酸，样品阴离子也转化成相应酸，使背景电导降低。最后通过电导检测器，依次得到各离子的电导信号值(峰高或峰面积)。通过标准比较，可做定性定量分析。

本方法可以连续测定饮用水、地面水、地下水、雨水中的 F^-、Cl^-、Br^-、NO_2^-、

NO_3^-、PO_4^{3-} 和 SO_4^{2-}，测定下限一般为 0.1mg/L。当进样量为 100μL，用 10μS 满刻度电导检测器时，离子检测下限如表 6-23。

表 6-23　各离子检测下限

(进样量为 100μL，使用 10μS 满刻度电导检测器)

离子	检测下限	离子	检测下限
F^-	0.02	NO_3^-	0.10
Cl^-	0.04	PO_4^{3-}	0.20
Br^-	0.15	SO_4^{2-}	0.10
NO_2^-	0.05		

三、仪器与试剂

仪器：

(1) 离子色谱仪具分离柱、抑制柱。
(2) 检测器记录仪。
(3) 进样器。
(4) 淋洗液及再生液储罐。

试剂：

本实验用水均为电导率小于 0.5μS/cm 的二次去离子水。并经 0.45μm 的微孔滤膜过滤。所用试剂均为优级纯试剂。

(1) 淋洗储备液(0.24mol/L Na_2CO_3-0.31mol/L $NaHCO_3$)。分别称取 25.44g 碳酸钠和 26.04g 碳酸氢钠(均已在 105℃烘干 2h，干燥器中放冷)，溶解于水中，移入 1000mL 容量瓶中，用水稀释到标线，摇匀。储存于聚乙烯瓶中，在冰箱中保存。

(2) 淋洗使用液(0.0024mol/L Na_2CO_3-0.0031mol/L $NaHCO_3$)。取 20.00mL 淋洗储备液置于 2000mL 容量瓶中，用水稀释到标线，摇匀。

(3) 氟离子标准储备液(F^-，1mg/mL)。称 2.2100g 氟化钠(NaF，105℃烘 2h)溶于水，移入 1000mL 容量瓶中，加入 10.00mL 淋洗储备液，用水稀释到标线。储于聚乙烯瓶中，置于冰箱。此溶液相当于每毫升含 1.00mg 氟离子。

(4) 氯离子标准储备液(Cl^-，1mg/mL)。称 1.6484g 氯化钠(NaCl，105℃烘 2h)溶于水，移入 1000mL 容量瓶中，加入 10.00mL 淋洗储备液，用水稀释到标线。储于聚乙烯瓶中，置于冰箱。此溶液每毫升含 1.00mg 氯离子。

(5) 溴离子标准储备液(Br^-，1mg/mL)。称 1.2879g 溴化钠(NaBr，105℃烘 2h)溶于水，移入 1000mL 容量瓶中，加入 10.00mL 淋洗储备液，用水稀释至标线。储于聚乙烯瓶中，置于冰箱。此溶液相当于每毫升含 1.00mg 溴离子。

(6) 亚硝酸根离子标准储备液(NO_2^-，1mg/mL)。称 1.4998g 亚硝酸钠($NaNO_2$，干燥器中干燥 24h)溶于水，移入 1000mL 容量瓶中，加入 10.00mL 淋洗储备液，用水稀释到标线。储于聚乙烯瓶中，置于冰箱。此溶液每毫升含 1.00mg 亚硝酸根。

(7) 磷酸根离子标准储备液(PO_4^{3-}，1mg/mL)。称 1.495g 磷酸氢二钠(Na_2HPO_4，干燥器中干燥 24h)溶于水，移入 1000mL 容量瓶中，加入 10.00mL 淋洗储备液，用水稀释到标线。储于聚乙烯瓶中，置于冰箱。此溶液每毫升含 1.00mg 磷酸根。

(8) 硝酸根离子标准储备液(NO_3^-，1mg/mL)。称 1.3703g 硝酸钠($NaNO_3$，干燥器中干燥 24h)溶于水，移入 1000mL 容量瓶中，加入 10.00mL 淋洗储备液，用水稀释到标线。储于聚乙烯瓶中，置于冰箱。此溶液每毫升含 1.00mg 硝酸根。

(9) 硫酸根离子标准储备液(SO_4^{2-}，1mg/mL)。称 1.8142g 硫酸钾(K_2SO_4，105℃烘 2h)溶于水，移入 1000mL 容量瓶中，加入 10.00mL 淋洗储备液，用水稀释到标线。储于聚乙烯瓶中，置于冰箱。此溶液每毫升含 1.00mg 硫酸根。

(10) 混合标准使用液。取 F^- 3.00mL；Cl^- 4.00mL；Br^- 10.0mL，NO_2^- 10.00mL，NO_3^- 30.00mL，PO_4^{3-} 50.00mL，SO_4^{2-} 50.00mL 于 1000mL 容量瓶中，加入 10.00mL 淋洗储备液，用水稀释到标线。F^-、Cl^-、Br^-、NO_2^-、NO_3^-、PO_4^{3-}、SO_4^{2-} 浓度分别为 3mg/L、4mg/L、10mg/L、10mg/L、30mg/L、50mg/L、50mg/L。

(11) 再生液。取 1.39mL 硫酸于 2000mL 容量瓶中(瓶中装有少量水)，用水稀释到标线。

四、实验步骤

1. 样品预处理

样品采集后均经 0.45μm 微孔滤膜过滤，保存于聚乙烯瓶中，置于冰箱中。使用前将样品和淋洗储备液按 99∶1 体积混合，以除去负峰干扰。

2. 仪器条件

(1) 色谱条件：淋洗液流速为 2.5mL/min，进样量为 100μL，电导检测器灵敏度，根据仪器情况选择。

(2) 定性分析：根据各离子的出峰保留时间确定离子种类。其出峰顺序为：F^-、Cl^-、NO_2^-、PO_4^{3-}、Br^-、NO_3^-、SO_4^{2-}(图 6-5)。

3. 标准曲线绘制

分别取 2.00mL、5.00mL、10.00mL、50.00mL 混合标准溶液于 100mL 容量瓶中，再分别加 1.00mL 淋洗储备液，用水稀释到标线，摇匀。用测定样品相同的

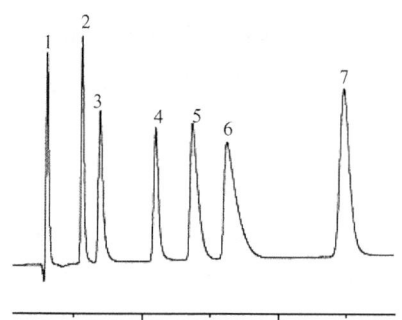

1. F^-; 2. Cl^-; 3. NO_2^-; 4. PO_4^{3-}; 5. Br^-; 6. NO_3^-; 7. SO_4^{2-}
图 6-5 离子色谱图

条件进行测定,按照离子色谱仪操作说明书,依次打开电源开关,色谱工作站,调节适宜的色谱分析条件,启动泵,待基线稳定后注入标准样品,测定峰高或(峰面积)。根据标准溶液中各离子的浓度和相应的峰高(或峰面积),绘制标准曲线。

4. 样品测定及空白实验

取一定体积已处理好的水样注入离子色谱系统。以实验用水(经 0.45μm 滤膜过滤)代替水样进行空白实验,以空白校正后的峰高(或峰面积)记录实验结果。

如果峰的响应值超过系统的线性范围,须用适量的纯水稀释样品使其在标准曲线范围内,并重新分析。

五、数据处理

(1) 根据标准曲线的回归方程,按下式计算水样中阴离子的浓度(mg/L)。

$$水样中阴离子的浓度(mg/L) = \frac{h - h_0 - a}{b} \times 水样稀释倍数$$

式中:h——峰高(或峰面积);

h_0——空白峰测定值;

a——回归方程的截距;

b——回归方程的斜率。

(2) 根据空白校正后的水样峰高(或峰面积),从标准曲线上查出与峰面积(或峰面积)相对应的被测离子浓度,再乘以稀释倍数即水样中待测离子的含量。

六、注意事项

(1) 用淋洗液配制标准溶液和稀释样品,可除去水的负峰干扰,使定量更加准确。

(2) 样品经由 0.45μm 滤膜过滤,用以除去样品中颗粒物,以防沾污柱子。

(3) 整个系统不要进气泡，否则会影响分离效果。

(4) 作标准曲线和测定样品应在同一灵敏度下进行。

(5) 因试剂、器皿或者样品的预处理可引入污染干扰测定，因此要特别注意防止污染。

(6) 任何与待测阴离子保留时间相同的物质均干扰测定。待测离子的浓度在同一数量级可以准确定量。淋洗位置相近的离子浓度相差太大，不能准确测定。当 Br^- 和 NO_3^- 离子彼此间浓度相差 10 倍以上时，不能定量。采用适当稀释或加入标准的方法等方法可以达到定量的目的。

(7) 高浓度的有机酸对测定有干扰。水能形成负峰或使峰高降低或倾斜，在 F^- 和 Cl^- 间经常出现，采用淋洗液配制标准和稀释样品可以消除水负峰的干扰。

七、思考题

(1) 简述离子色谱仪的工作原理。

(2) 为什么需要在电导检测器前加入抑制器。

实验 57 氯苯类化合物的测定(气相色谱法)

一、实验目的

(1) 学习掌握气相色谱法测定有机物的方法；

(2) 掌握氯苯类化合物测定方法。

二、实验原理

用二硫化碳萃取水样中的氯苯类化合物，萃取液经净化、浓缩、定容后，用带有电子捕获检测器(ECD)的气相色谱仪进行分析，以保留时间定性，外标法定量。

在分析条件下，环境水体中常见的有机氯农药可与氯苯类化合物分离，不干扰测定。六氯丁二烯干扰 1,2-二氯苯的测定，可选非极性色谱柱分离以排除干扰。当可能存在有机卤化物或有机硝基化合物干扰时，可采用气相色谱-质谱法确认，或用不同极性色谱柱分离以排除干扰。

三、仪器与试剂

仪器：

(1) 带电子捕获检测器(ECD)的气相色谱仪。

(2) 色谱柱：石英毛细管色谱柱，30m(长)×0.25mm(内径)×0.25μm(膜厚)，固定相为硝基对苯二酸改性的聚乙二醇或其他等效固定相。

(3) 分液漏斗。125mL、2000mL，若干。

(4) 圆底烧瓶：100mL，若干。

(5) 容量瓶：50mL，若干。

(6) 旋转蒸发仪。

(7) 氮吹仪。

(8) 量筒：1000mL。

(9) 振荡器，300 次/分钟。

(10) 棕色螺纹瓶：1mL，带推按阀盖。

(11) 样品瓶：2mL。

(12) 微量注射器：10.0μL、50.0μL。

试剂：

(1) 氯苯类化合物混合标准溶液。氯苯 ρ =100 000 μg/mL；1,4-二氯苯 ρ =1000 μg/mL；1,3-二氯苯 ρ =1000 μg/mL；1,2-二氯苯 ρ =1000 μg/mL；1,3,5-三氯苯 ρ =200 μg/mL；1,2,4-三氯苯 ρ =200 μg/mL；1,2,3-三氯苯 ρ =200 μg/mL；1,2,4,5-四氯苯 ρ =50.0 μg/mL；1,2,3,5-四氯苯 ρ =50.0 μg/mL；1,2,3,4-四氯苯 ρ =50.0 μg/mL；五氯苯 ρ =20.0 μg/mL；六氯苯 ρ =20.0 μg/mL。

(2) 氯化钠。300℃烘 4h，干燥器中冷却至室温，装入磨口玻璃瓶存放。

(3) 无水硫酸钠。300℃烘 4h，干燥器中冷却至室温，装入磨口玻璃瓶存放。

(4) 浓硫酸：优级纯，$\rho_{20℃}$=1.84 g/mL。

(5) 二硫化碳：色谱纯，100 倍浓缩后经色谱检测无干扰峰。

(6) 甲醇：农残级。

(7) 正己烷：农残级。

(8) 硫酸钠溶液：$\rho(Na_2SO_4)$=20g/L。称取 20g 无水硫酸钠溶于不含有机物的水中并稀释至 1000mL。

(9) 载气：氮气，纯度≥99.999%。

(10) 玻璃棉。存在干扰时可用正己烷索氏提取 4h，保存于密闭容器中。

四、样品前处理

1. 样品采集和保存

用棕色玻璃瓶采集样品，使样品充满采样瓶。用内衬聚四氟乙烯硅胶垫(或铝箔垫)的瓶盖密封，防止有气泡。

采集的样品应尽快分析。如当天不能分析，采样时每升水样中加入 1.0mL 浓硫酸，于 2~5℃下保存，7 天内完成样品分析。

2. 样品预处理

(1) 萃取。

用量筒量取 1000mL 水样，置于 2000mL 分液漏斗中，加 30g 氯化钠，分别用 20mL、10mL 二硫化碳萃取两次。开始时手摇轻轻振荡，并注意放气，放气完全后，在振荡器上充分振荡 5min。萃取后静置分层，下层的二硫化碳经无水硫酸钠干燥，收集并入 100mL 圆底烧瓶中，再用少量二硫化碳淋洗无水硫酸钠层，淋洗液也收集于 100mL 圆底烧瓶中。

注：① 可使用石油醚等其他溶剂作为萃取溶剂。
② 高浓度的样品应适当减少取样量或取消浓缩步骤，直接或净化后用容量瓶定容至 50mL。

(2) 净化。

污染严重的地表水、工业废水和生活污水萃取后使用浓硫酸净化。用 125mL 分液漏斗收集萃取液，加入 5mL 浓硫酸轻轻振摇(防止发热并注意放气)，静置分层弃去硫酸层，重复操作，直至硫酸层无色为止。加 25mL 硫酸钠溶液，振摇洗去残存硫酸，静止分层，弃去水相。二硫化碳经无水硫酸钠脱水干燥，收集于 100mL 圆底烧瓶中，再用少量二硫化碳淋洗无水硫酸钠层，淋洗液也收集于 100mL 圆底烧瓶中。

(3) 浓缩定容。

萃取液或净化后的萃取液，用旋转蒸发仪(25℃水浴)和氮吹仪浓缩定容至 1.0mL，再转移至样品瓶中。高浓度样品可用 50mL 容量瓶定容，再转移至样品瓶中。

五、样品分析步骤

1. 色谱分析参考条件

进样量：1.0μL。

汽化室温度：220℃。

检测器温度：300℃。

载气流速：1.0mL/min。

进样方式：不分流进样，进样 0.5min 后分流，分流比 60∶1。

升温程序：40℃(保持 4min) $\xrightarrow{10\ ℃/min}$ 220℃(保持 5min)。

2. 标准曲线绘制

用量筒在 5 个 2000mL 分液漏斗中各加入 1000mL 纯水，再分别用 10μL、50μL 注射器加入 1.0μL、10.0μL、20.0μL、30.0μL、50.0μL 标准混合溶液混匀，水中氯苯类化合物浓度见表 6-24。按试样制备的操作制备标准系列。

用气相色谱仪测量系列浓度的氯苯类化合物标准溶液的峰高或峰面积，以各种氯苯类化合物的含量(μg/L)对应其峰高或峰面积绘制标准曲线。

表 6-24　氯苯类化合物标准系列溶液浓度(水中)　　(单位：μg/L)

化合物	1	2	3	4	5
氯苯	1.00×10^2	1.00×10^3	2.00×10^3	3.00×10^3	5.00×10^3
二氯苯	1.00	10.0	20.0	30.0	50.0
三氯苯	0.20	2.00	4.00	6.00	10.0
四氯苯	0.05	0.50	1.00	1.50	2.50
五氯苯、六氯苯	0.02	0.20	0.40	0.60	1.0

3. 样品测定

(1) 定性分析。根据标准色谱图(图 6-6)各组分的保留时间定性。

(2) 定量分析。根据待测物的峰面积，由标准曲线得到样品溶液中待测物的浓度。

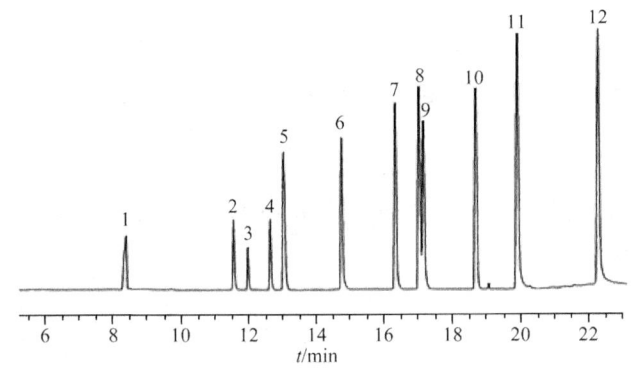

1. 氯苯；2. 1,4-二氯苯；3. 1,3-二氯苯；4. 1,2-二氯苯；5. 1,3,5-三氯苯；6. 1,2,4-三氯苯；7. 1,2,3-三氯苯；8. 1,2,3,5-四氯苯；9. 1,2,4,5-四氯苯；10. 1,2,3,4-四氯苯；11. 五氯苯；12. 六氯苯

图 6-6　12 种氯苯类化合物标准色谱图

4. 空白实验

以纯水代替水样，按照试样制备步骤操作测定。

六、结果计算

水样中氯苯类化合物的浓度按以下公式计算：

$$\rho_i = \rho_{si} \times \frac{1000}{V_w} \times \frac{1}{V_0}$$

式中：ρ_i——水样中组分 i 的质量浓度，μg/L；

ρ_{si}——从标准曲线上得出的组分 i 的质量浓度，μg/L；

V_w——取样体积，mL；

V_0——定容体积，mL。

实验58 水中多氯联苯的测定(气相色谱-质谱法)

多氯联苯(polychlorinated biphenyls，PCBs)系一组化学性质极其稳定的氯代烃类化合物。由于其难降解，可通过食物链富集而直接危害人类的健康，已成为全球性的重要污染物之一。尽管现在各国已停止生产，但是多氯联苯在环境中很难降解，在水和土壤中存在，且容易在生物体内蓄积产生慢性中毒，人体摄入 0.5~2g/kg 时即出现食欲缺乏、恶心、头晕、肝肿大等中毒现象。目前，多氯联苯属于世界银行规定的"需要进行评价的有害物质"名单中有毒物质，也是重要的内分泌干扰物。

一、实验目的

(1) 学习气相色谱-质谱(GC-MS)联用技术原理和方法。
(2) 学习掌握 PCBs 的分析原理和方法。

二、实验原理

在酸性条件下，采用固定圆盘对水样中 PCBs 进行富集萃取，并以 GC-MS 测定样品中的 PCBs。

三、仪器与试剂

仪器：

(1) 固相萃取圆盘及其装置。
(2) 气相色谱-质谱，EI 源。
(3) 自动进样器。

试剂：

(1) 丙酮：残留农药分析纯。
(2) 正己烷：残留农药分析纯。
(3) 甲醇：残留农药分析纯。
(4) 乙酸乙酯：残留农药分析纯。
(5) 二氯甲烷：残留农药分析纯。
(6) 无水硫酸钠：分析纯(纯度大于 99.0%)，在 400℃下烘 4h 后自然冷却备用。
(7) 氯化钠：优级纯，300℃下烘 3h 后自然冷却。之后，配制成 NaCl 饱和溶液。
(8) 浓盐酸：优级纯。
(9) C_{18}(Octadecyl)固定萃取用圆盘，直径 47mm。
(10) PCBs 标准溶液。分别为 Aroclor 1242(100μg/mL)、1248(100μg/mL)、

1254(100μg/mL)、1260(100μg/mL)。以上标样配制成 Aroclor 1242∶Aroclor 1248∶Aroclor 1254∶Aroclor 1260=1∶1∶1∶1 混合液,总浓度为 4μg/mL,作为标准溶液。

注:Aroclor 名字后四位数,其中数字 12 表示正常的 Aroclor。四位数代码的第二个二位数表示氯在混合物中所占的重量百分比(比如按重量 Aroclor1254 大约含有 54%的氯),而不是指特定的多氯联苯衍生物的组成。比如,任意两个生产流水线上的 Aroclor1254,它们都含有相同数量的氯原子,但是组成它们的多氯联苯衍生物可能是不同的。所以每个 Aroclor 产品都有特定的代码,以区别这种产品是来自不同生产流水线,而并不含有相同的多氯联苯混合物。

四、实验内容

1. 样品前处理水样

(1) 活化固相萃取圆盘:圆盘用 5mL 丙酮浸泡,然后抽干。依次加入 1∶1 的二氯甲烷和乙酸乙酯混合溶剂、甲醇、纯化水,活化圆盘。

(2) 样品萃取:取 2L 水样,用 6mol/L HCl 将 pH 调至 2,之后样品以 200mL/min 速度通过圆盘,通水后依次再用纯化水、30%的甲醇洗涤圆盘,抽干 30min。固相萃取装置用丙酮洗涤干燥,然后用 1∶1 的 CH_2Cl_2 和乙酸乙酯(淋洗液)浸泡圆盘 10min 后,抽真空缓慢淋洗。用一容器接住淋洗液。淋洗液用无水 Na_2SO_4 脱水、过滤,用 N_2 浓缩至 1mL 左右供 GC-MS 分析。

2. 样品分析条件

色谱柱:DB-1 30m×0.32mm,0.25μm。

色谱条件:柱温 110℃,保持 2min,每分钟 6℃升至 290℃,保持 5min。

柱前压 40kPa;载气:He 流速 1.7mL/min。

进样口温度 290℃;色谱-质谱接口温度 280℃;不分流进样。

质谱条件:离子源 EI 70eV;定性分析以全扫描方式,扫描范围为 35～500m/z;定量分析以选择离子检测方式。各氯代联苯检测质量数如表 6-25 所示。

表 6-25 测定物质的检测离子

测定物质	分子式	基础分子量[①]	平均分子量[②]	定量离子	定性离子	
二氯联苯	$C_{12}H_8Cl_2$	222.0	223.1	222.0	224.0	226.0
三氯联苯	$C_{12}H_7Cl_3$	256.0	257.6	256.0	258.0	260.0
四氯联苯	$C_{12}H_6Cl_4$	289.9	292.0	291.9	289.9	294.0
五氯联苯	$C_{12}H_5Cl_5$	323.9	326.4	325.9	328.0	324.0
六氯联苯	$C_{12}H_4Cl_6$	357.8	360.1	359.8	361.8	364.0
七氯联苯	$C_{12}H_3Cl_7$	391.8	395.3	393.8	395.8	398.0
八氯联苯	$C_{12}H_2Cl_8$	425.8	429.8	430.0	428.0	432.0

①按照 ^{35}Cl(原子量 34.969)、^{12}C(原子量 12.000)和 ^1H(原子量 1.0079)计算。②按照碳、氯和氢的天然同位素丰度计算。

五、结果计算

定量方法为外标法，定量标准曲线用标准溶液的浓度分别为 100ng/mL、400ng/mL、1000ng/mL(Aroclor 1242∶Aroclor 1248∶Aroclor 1254∶Aroclor 1260=1∶1∶1∶1)。在 SIM 检测方式下，以标准溶液中目标化合物的峰面积对该化合物的浓度作图，得到该目标化合物的定量标准曲线。根据样品溶液中目标物的峰面积，由标准曲线得到样品溶液中该化合物的浓度。

水样中该化合物浓度计算公式如下：

$$样品中浓度(ng/L)=\frac{\rho \times V_1}{V}$$

式中：ρ——测定浓度，ng/mL；

V_1——样品溶液体积，mL；

V——水样样品体积，mL。

实验 59　水中总有机碳的测定(非色散红外吸收法)

一、实验目的

(1) 掌握总有机碳的测定原理。

(2) 了解总有机碳(TOC)分析仪使用方法及流程。

二、实验原理(非色散红外法)

水体中总有机碳(total organic carbon，TOC)，是以碳的含量表示水中有机物质和总量的综合指标，是评价水体中有机物污染程度的一项重要参考指标。TOC 的测定一般采用燃烧法，此法能将水样中有机物全部氧化，可以很直接地用来表示有机物的总量。因而它被作为评价水体中有机物污染程度的一项重要参考指标。表 6-26 为不同水质中 TOC 浓度水平。

表 6-26　不同水质中的 TOC 浓度水平

水质类型	TOC/(mg/L)	水质类型	TOC/(mg/L)
针剂水(water for injection)	<0.50	地下水(ground water)	~10
地表水(surface water)	~10	海水(sea water)	~5
饮用水(drinking water)	<4	废水(waste water)	>10

TOC 分析仪是在高温(900℃)下，使水样中的有机物气化燃烧，将水溶液中的总有机碳氧化为二氧化碳，并且测定其含量。利用二氧化碳与总有机碳之间碳含

量的对应关系，从而对水溶液中总有机碳进行定量测定。

使用高温炉和低温炉皆有的 TOC 测定仪，将同一等量水样分别注入高温炉(900℃)和低温炉(150℃)，则水样中的有机碳和无机碳均转化为 CO_2，而低温炉的石英管中装有磷酸浸渍的玻璃棉，能使无机碳酸盐在 150℃分解为 CO_2，有机物却不能被分解氧化。将高、低温炉中生成的 CO_2 依次导入非色散红外气体分析仪，分别测得总碳(TC)和无机碳(IC)，二者之差即为总有机碳(TOC)。

总有机碳 TOC 分析仪主要由以下几个部分构成：进样口、无机碳反应器、有机碳氧化反应器(或是总碳氧化反应器)、气液分离器、非分光红外 CO_2 分析器、数据处理部分。测定流程见图 6-8。该方法最低检出浓度为 0.5mg/L。

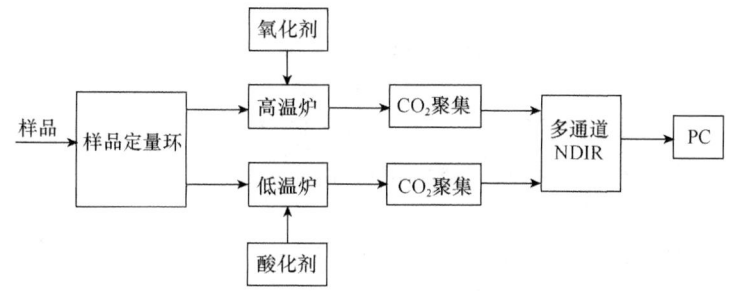

图 6-8 TOC 测定流程

liquiTOC 仪分析流程如图 6-9 所示。

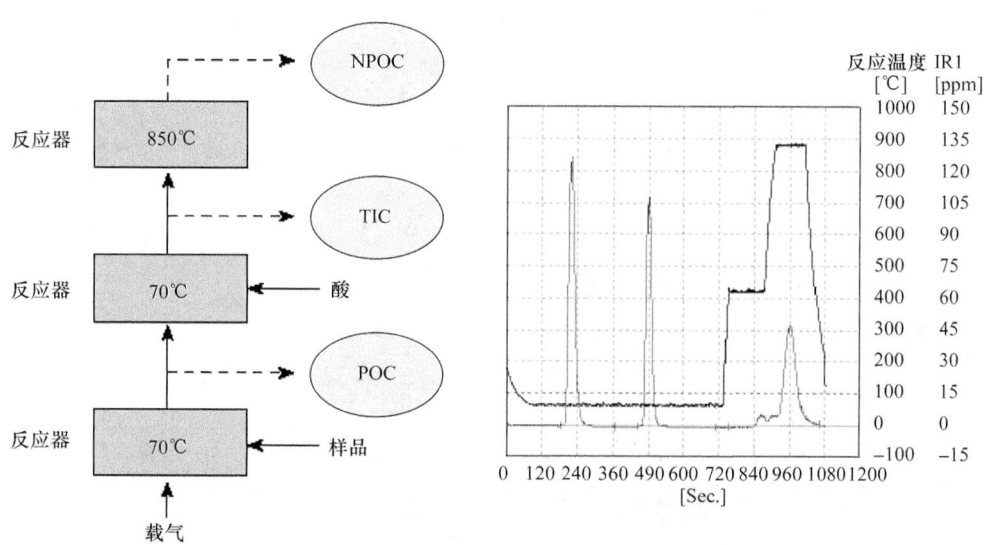

TIC—总无机碳；NPOC—非挥发性总有机碳；POC—挥发性总有机碳 VOC；TOC—总有机碳

图 6-9 liquiTOC 分析流程图

三、仪器与试剂

仪器：

(1) ELMENTAR liquiTOC 分析仪；

(2) 烘箱；

(4) 万分之一天平；

(5) 高纯氧气(罐)带压力表；

(6) 玻璃器皿：干燥皿，2.50mL 容量瓶 2 个，500mL 容量瓶 2 个，100mL 烧杯 4 个，10mL 移液管 2 个，洗瓶 2 个，洗耳球 2 个。

试剂：

(1) 有机碳标准储备溶液，ρ=400mg/L。

称取邻苯二甲酸氢钾(优级纯，预先在 110～120℃干燥 2h，置于干燥器中冷却至室温)0.4250g，溶解于超纯水中，移入 500mL 容量瓶内，用超纯水稀释至标线，混匀，在低温(4℃)冷藏条件下可保存 48 天。

(2) 有机碳标准溶液，c=80mg/L。

准确吸取 10.00mL 有机碳标准溶液置于 50mL 容量瓶内，用超纯水稀释至标线混匀，此溶液用时现配。

(3) 无机碳标准储备溶液，ρ=400mg/L。

称取碳酸氢钠(优级纯，预先在干燥器中干燥)0.7000g 和无水碳酸钠(优级纯，预先在 105℃干燥 2h，置于干燥器中，冷却至室温)0.8850g，转入 500mL 容量瓶内，用水稀释至标线，混匀。

(4) 无机碳标准溶液，ρ=80mg/L。

准确吸取 10.00mL 无机碳标准储备溶液，置于 50mL 容量瓶中，用水稀释至标线，混匀。此溶液用时现配。

(5) 盐酸。

(6) 超纯水(由 Milli-Q Advantage A10 制备)。

四、实验步骤

1. 采样和保存

水样采集后，必须储存于棕色玻璃瓶中。常温下水样可保存 24h，如不能及时分析，水样可加硫酸将其 pH 调至≤2，于 4℃冷藏，可保存 7 天。

2. 样品测定

(1) 按 TOC 说明书打开电脑，开启 TOC 主机，按操作说明调试仪器。

(2) 按使用手册，新建当前条件下校准曲线，曲线拟合度需大于 99%。

(3) 所采样品 TOC 含量的测定及仪器管路的清洗。

(4) 测量完毕，仪器设定为睡眠状态，待高温炉降至 300℃ 以下方可退出软件，关闭主机及载气。

五、数据处理

根据所测试样吸收峰峰高，减去空白实验吸收峰峰高的校正值，从标准曲线上查得或由校准曲线回归方程算得总碳(TC)和无机碳(IC)值，总碳与无机碳之差值，即为样品总有机碳浓度：TOC=TC−IC。

六、注意事项

(1) TOC 分析仪测量前必须进行赶气泡、吹洗各 3 次，必须进行仪器检漏；

(2) 蒸馏水必须为新换或新制，盐酸必须新配；

(3) 每次测定样品后必须清洗管路，以防污染管路；

(4) 载气压力必须相对稳定在 0.99～1.15bar，二级压力表指示为 0.1～0.12MPa。

附录1 水样取样记录、分析报告样式

Ⅰ 水质分析报告(样式)

XXXXXXX 实验室

表Ⅰ-1 水质分析报告

送样单位			样品名称	水样	检测类别	
样品件数		检测批号		样品编号		
收样日期		报告日期		检测使用 主要仪器		
样品特性		温度		湿度		
检测依据						

	分析项目	mg/L	mmol/L	mmol/L%	分析项目	CaCO₃mg/L
阳离子	K^+				总硬度	
	Na^+				永久硬度	
	Ca^{2+}				暂时硬度	
	Mg^{2+}				负硬度	
	Fe^{3+}				总碱度	
	Fe^{2+}				总酸度	
	NH_4^+					
	Cu^{2+}					
	总计					
					分析项目	mg/L
阴离子	Cl^-				游离 CO_2	
	SO_4^{2-}				侵蚀性 CO_2	
	HCO_3^-				pH	
	CO_3^{2-}					
	OH^-					
	NO_3^-					
	F^-					
	I^-					
	总计					

可溶性 SiO_2		mg/L
总矿化度		mg/L
固形物		mg/L

备注:本报告只对来样负责,样品只保留10天

技术负责人:　　　　　　　制表:　　　　　　　审核:

注:毫摩尔百分数(mmol/L%)表示分别以阴阳离子的毫摩尔总数乘电价为100%,计算每种离子所占的百分数($\sum Z_i^a \times m_i$、$\sum Z_j^c \times m_j$,Z_i、Z_j为阴阳离子电价)。计算方法如下:

$$X = \frac{x}{\sum \text{阳}} \times 100\% \qquad Y = \frac{y}{\sum \text{阴}} \times 100\%$$

式中:X——某阳离子的 mmol/L%;
　　　Y——某阴离子的 mmol/L%;
　　　x——某阳离子的含量,mmol/L;
　　　y——某阴离子的含量,mmol/L;
　　　$\sum$阳——阳离子总数($\sum \frac{p^{z+}}{z}$),mmol/L;
　　　$\sum$阴——阴离子总数($\sum \frac{p^{z-}}{z}$),mmol/L(注:z 表示离子电价)。

Ⅱ 取样记录与水分析报告的基本格式

一、取样记录

样号名称_____　　取样时间_____
取样地点_____　　省(市、自治区)_____　　县(市、区)_____
取样高程_____　　地理坐标_____
水样类型(热水、冷水、废水、井水、泉水等)_____

二、现成测试及保存情况记录

温度(℃)_____　　色度_____　　浊度_____　　嗅_____
酸度(pH)_____　　电导率(μS/cm)_____　　悬浮物 E_h(mV)_____
溶解氧(DO)_____　　化学耗氧量(COD)_____　　生化需氧量_____

三、室内测试项目：水分析报告

四、其他测试项目(如某些特殊组分，同位素组成等)

五、备注

1. 水化学类型

(1)库尔洛夫表达式。

(2)苏卡列夫分类。

(3)苏林分类。

2. 地下水成因类型分析

Ⅲ 水分析报告

送样单位：　　　　　试样编号：　　　　　分析单位：　　　　　送样日期：

物理性质	水温(℃)	嗅	颜色	浊度		味道	取样日期	分析日期
项目	\multicolumn{5}{c}{含量项目}	含量	微量元素	mg/L
	mg/L	mmol/L	总硬度(mg/L)(以 $CaCO_3$ 计)				锶	
Ca^{2+}			暂时硬度(mg/L)(以 $CaCO_3$ 计)				铬	
Mg^{2+}			负硬度(mg/L)(以 $CaCO_3$ 计)				砷	
Fe^{3+}			总碱度(mg/L)(以 $CaCO_3$ 计)				铜	
Fe^{2+}			pH				锌	
NH_4^+			矿化度(mg/L)				铅	
K^+			游离 CO_2 (mg/L)				镉	
Na^+			侵蚀 CO_2 (mg/L)				硒	
Cl^-			溶解性总残渣(mg/L)					
SO_4^{2-}			可溶性 SiO_2					
HCO_3^-								
					水质类型：			

分析人：　　　　　　　　　核对：　　　　　　　　　报告日期：

Ⅳ 水质简易分析报告

分析编号：　　　　　　　　　　　　　　　采用日期：
送样编号：　　　　　　　　　　　　　　　取样地点：
分析日期：　　　　　　　　　　　　　　　报告日期：

项目	mg/L	mmol/L	mmol%	项目	mg/L	mmol/L	mmol%
Ca^{2+}				Cl^-			
Mg^{2+}				SO_4^{2-}			
$K^+ + Na^+$				HCO_3^-			
Fe^{3+}				CO_3^{2-}			
Fe^{2+}				NO_3^-			
NH_4^+				NO_2^-			
总计			100.00	总计			100.00

1. 水温(℃)_____
2. 电导率(μS/cm)_____
3. pH 值_____
4. 浊度_____
5. 溶解氧(mg/L)_____
6. COD_{Cr}(mg/L)_____
7. 游离 CO_2(mg/L)_____
8. 侵蚀 CO_2(mg/L)_____
9. 总硬度(德国度)_____
10. 永久硬度(德国度)_____
11. 暂时硬度(德国度)_____
12. 负硬度(德国度)_____
13. 总碱度(德国度)_____
14. 矿化度(mg/L)_____

库尔洛夫表达式：
苏卡列夫分类：
苏林分类：
地下水成因分析：

附录 2 仪器使用说明

Ⅰ 浊度仪(哈希 2100P)操作说明

一、按键说明

序号	按键	说明
1	I/0	开关(5.5min 内没有键被按过自动关机)
2	Read	读数键(三个数平均值)
3	Cal	校正键
4	↑	校正时用于改标准顺序(S0，S1，S2，S3)
5	→	校正用于改标准溶液的数值
6	SIGNAL Average	读数取平均(十个数平均)
7	Diag	选自检方式
8	Range	选自动范围和手动范围

二、测量

(1) 取水样注入样品池中至刻线。

(2) 用纸巾将样品池擦净。

(3) 在池表面滴 1~2 滴硅油用布涂抹均匀(新样品池不用)。

(4) 按 I/0 开机。

(5) 将样品池放入样品室中(◇与样品室内标线对齐)。

(6) 按 Range 使 Auto RNG 灯亮。

(7) 按 SINGNAL Average 键使 SIG AVG 点亮。

(8) 按 Read 键读数。

三、校正液

标液：20NTU、100NTU、800NTU 和稀释水(小于 0.1NTU)。如用已配好的标准液操作如下：

将装有标准液的瓶用力摇 2~3min(小于 0.1NTU 的标样不需摇)。静置 5min。

四、校正仪器

(1) 按 I/0 开机。

(2) 将小于 0.1NTU 的标准液放入样品室中，关上盖。

(3) 按 Cal 键，S0 出现，按→显示 0.0。
(4) 按 Read 键。开始校正。倒数 60～0。(如 SIG AVG 启用倒数 67～0)
(5) S1 出现，显示 20.0，将 20NTU 标准放入样品室中，关上盖。
(6) 按 Read 键，开始校正。倒数 60～0。(如 SIG AVG 启用倒数 67～0)
(7) S2 出现，显示 100.0，将 100NTU 标准放入样品室中，关上盖。
(8) 按 Read 键。开始校正。倒数 60～0。(如 SIG AVG 启用倒数 67～0)
(9) S3 出现，显示 800.0，将 800NTU 标准放入样品室中，关上盖。
(10) 按 Read 键。开始校正，倒数 60～0, (如 SIG AVG 启用倒数 67～0)完毕出现 S0。
(11) 如无差错，按 Cal 键接收校正数据。仪器自动回到测量状态。

二次凝胶标准：
(1) 仪器校正完后，将二次凝胶标准用仪器测量出浊度值并在瓶盖上标明。
(2) 以后可每个月用二次凝胶标准测试其值，如与上次标明的值相差小于 5%，则仪器不需校正。否则需校正。

Ⅱ 可见光分光光度计(UNICO 2100)使用说明

一、外形及按键说明

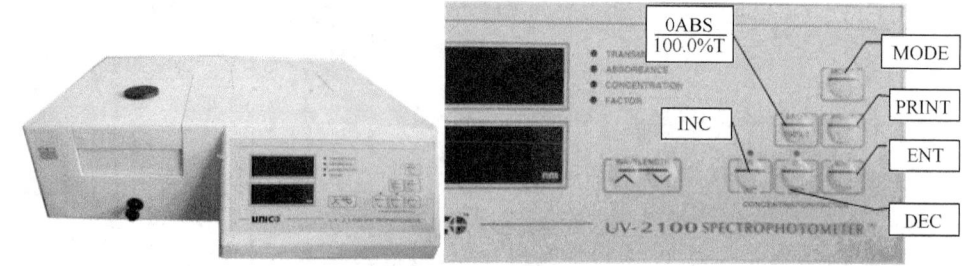

图Ⅱ-1 仪器及控制面板

表Ⅱ-1 控制面板按键说明

	按键	说明
1	MODE	测试方式选择键。可选择您想要的测试方式：T→A→C→F[①] ↑_____↓
2	0ABS 100.0%T	设置 0ABS/100%T。可自动调整 0 吸光度和 100%透射比
3	PRINT	参数输出打印键。可将测试参数(当前 A 值，T 值)通过 RS-232 串行口输送给外接的打印机(要求)
4	WAVELENGTH ∧∨	波长设置键。可设置您所需的分析波长。按∧键，波长自动增加，按∨键，波长自动减少
5	INC	浓度参数设置键。在 C 或 F 测试方式时，可设置已知标准样品的浓度值或设置已知标准样品浓度的斜率。按 INC 键，参数自动增加，按 DEC 键，参数自动减少
6	DEC	
7	ENT	浓度参数确认键/PC 连接键。在 C 或 F 测试方式时，按 ENT 键，确认设置参数有效。若不按此键，则设置无效

①注：T：Transmittance(透过率)；A：Absorbance(吸光度)；C：Concentration(已知标准样浓度值方式)；F：Factor(已知标准样品斜率方式)。

二、操作说明

(1) 连接仪器电源线，确保仪器供电电源有良好的接地性能。

(2) 接通电源，至仪器自检完毕，显示器显示"546nm 100.0"即可进行测试(此过程不要做任何操作)。

(3) 用＜MODE＞键设置测试方式：透射比(T)，吸光度(A)，已知标准样品浓度值(C)方式和已知标准样品斜率(F)方式。

(4) 用波长设置键，设置所需的分析波长。如没有进行上步操作，仪器将不会变换到您想要的分析波长。根据分析规程，每当分析波长改变时，必须重新调整 0ABS/100%T。

注意：当波长被改变时，第一排显示器会显示"BLA"字样，提示下步必须调 0ABS/100%T，当设置完分析波长时，如没有调 0ABS/100%T，仪器将不会继续工作。

(5) 将参比样品溶液和被测样品溶液分别倒入比色皿中，打开样品室盖，将盛有溶液的比色皿分别插入比色皿槽中，盖上样品室盖。一般情况下，参比样品放在第一个槽位中。仪器所附的比色皿，其透射比是经过配对测试的，未经配对处理的比色皿将影响样品的测试精度。比色皿透光部分表面不能有指印、溶液痕迹，被测溶液中不能有气泡、悬浮物，否则也将影响样品测试的精度。

(6) 将参比样品推(拉)入光路中，按"0ABS/100%T"键调 0ABS/100%T，直至显示器显示的"BLA——"显示"100.0"或"0.000"为止。

(7) 当仪器显示器显示出"100.0"或"0.000"后，将被测样品推(拉)入光路，这时，便可从显示器上得到被测样品的透射比或吸光度值。

Ⅲ 紫外-可见分光光度计(UV2300)操作说明

一、键盘界面（图Ⅲ-1）及按键说明（表Ⅲ-1）

Main Menu		1	2	3		▲	
Goto WL	Print Data	4	5	6	◀	▼	▶
Shift/upper	Autozero	7	8	9		Enter	
Shift/lower	0%T	0	-/.	Clear Return		Start/stop	

图Ⅲ-1 仪器操作按键界面简图

表Ⅲ-1　按键说明

按键	说明
Main Menu	切换显示屏(LCD)画面的主菜单键。按此键显示屏显示最初的主菜单画面,可进行测定模式的选择
Goto WL	进行波长设定/移动。按此键并设定波长值后,即进到目的波长值
Shift/upper	英文输入(上端)
Shift/lower	英文输入(下端)
Print Data	打印测定画面右上方显示的波长、吸光度值等数据
0%T	暗电流零点调整。%T模式时调整0.00%T。在测试吸光度较高的样品时,请务必进行0%T零点调整
Autozero	亮电流零点调整。ABS模式时调整到0.000abs;%T模式时调整到100%T
0~9数字键	一些测定模式下的数值设定
◀	使光标向左移动的按键。与shift键合用时,可输入Y、Z英文字母
▶	使光标向右动的按键。与shift键合用时,可输入—、空格
▲	使光标向上移动或进行画面切换(向上翻页)的按键。与shift键合用时,可输入W、X英文字母
▼	使光标向下移动或进行画面切换(向下翻页)的按键。与shift键合用时,可输入:、*
Clear Return	数值输入错误时进行修正(清除),以及测定模式下进行画面切换(返回前一下画面)
Enter	对已输入的数值进行确认
Start/stop	开始测定,或中途停止测定过程的按键

二、基本操作

(1) 开机自检:打开电源开关,进入自检,注意不要把样品池盖子打开。

(2) 主菜单界面:自检完成,即进入主菜单界面(图Ⅲ-2)。

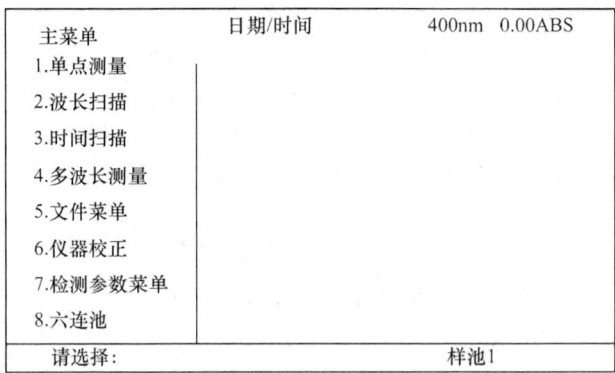

图Ⅲ-2　主菜单界面

菜单说明:

① 单点测量:在一定的条件下(波长、光程)对样品的透过率(%T)、吸光度(ABS)或者浓度(CONC)进行测定。

② 波长扫描:在一定条件下,利用波长的变化,测量样品的透过率或吸光度变化情况的一种测定方式。

③ 时间扫描:在一定条件下,利用时间的变化,在固定波长的情况下,测量样品的透过率或吸光度变化情况的一种测定方式。

④ 多波长测量:在一定条件下,在多个波长下,测量样品的透过率或吸光度的一种测定方式。

⑤ 文件菜单:用于文件(检测结果)的调出或删除。

⑥ 仪器校正:用于仪器的检测校准。

⑦ 检测参数菜单:用于调出或删除原设好检测条件的文件。

⑧ 六连池:对六连池的调设。

(3) 根据需要选择"单点测量""波长测量"等选项,进入测量界面(图Ⅲ-3),需要注意的是进行波长扫描和多波长测量需要进行基线的校正。

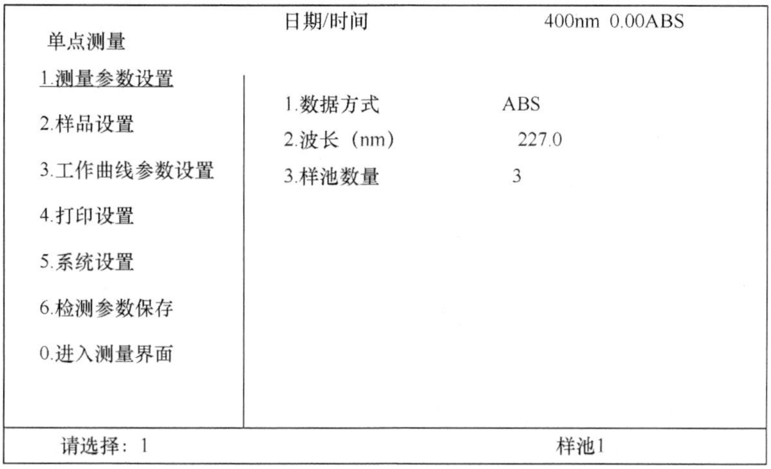

```
                          日期/时间              400nm 0.00ABS
    单点测量
    1.测量参数设置           1.数据方式           ABS
    2.样品设置              2.波长(nm)          227.0
    3.工作曲线参数设置       3.样池数量           3
    4.打印设置
    5.系统设置
    6.检测参数保存
    0.进入测量界面

    请选择:1                                      样池1
```

图Ⅲ-3 测量界面

菜单说明:
① 数据方式:设置数据方式——透过率(T)、吸光度(ABS)、浓度(CONC)等。
② 波长(nm):设置待测样品的波长。
③ 样池数量:根据实际设置(通常1)。

以"单点测量"为例,按"1"进入"测量参数设置",按"Clear Return"退出当前界面量。

按"2"进入"样品设置"界面,根据需要设置好:
① 样品名称:根据实际输入。
② 光程长:亦即比色皿的大小(默认10mm)。
③ 浓度单位:实验测定以"浓度"测定时用。
④ 样品ID:可不变。
按"3"进入"工作曲线参数设置",该项一般不需要更改。
按"0"进入测量界面:
在参比池、样品池1#放参比液,按键盘上的Autozero调零,换待测样品即可进行测量。按"Start"键(红色按键)测量。

Ⅳ ET1200红外分光油分析仪使用说明

ET1200红外分光油分析仪是一台操作简易的仪器,测量人员只需根据菜单提示的内容进行操作即可完成相应的功能,操作面板见图Ⅳ-1,按键说明见表Ⅳ-1。

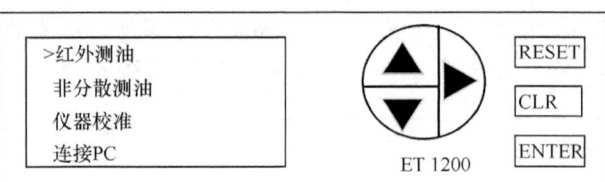

图Ⅳ-1　ET 1200 操作面板

表Ⅳ-1　按键说明

按键	说明
向上键▲	选择菜单项目或是在输入.-/ABCD…
向下键▼	选择菜单项目或是在输入时做删除键使用
向右键▶	输入数字：0 1 2…9
RESET 键	此键已废弃
CLR 键	用于返回上一级菜单
ENTER 键	选中项目后按此键确认

　　ET1200 红外分光油分析仪操作流程如下：选择红外测油，之后选择标准曲线，进入测定调零界面后，先用四氯化碳调零后，进行试样测定。

Ⅴ　原子吸收分光光度计(AA-6880)操作规程

一、样品准备

(1) 制备好待测定的未知样品溶液和样品空白液。

(2) 制备好测定项目的标准溶液，每个测定元素都要有一套标准溶液(含标准空白)。标准溶液的浓度最高值应大于(估算)未知样品溶液的浓度。

(3) 准备好充足的离子水(或蒸馏水)。

二、设备准备

(1) 开启计算机，打开 AA-6880 主机的电源，如果使用自动进样器，打开自动进样器的电源，如果使用石墨炉，打开石墨炉的电源。

(2) 打开乙炔气瓶的主阀门，启动空气压缩机。调节乙炔输出压力为 0.09MPa，空气压力为 0.35MPa。

(3) 如果只使用火焰法，就不用开启氩气瓶主阀门，如果同时使用火焰法和石墨炉法，则需要开启氩气瓶主阀门(输出压力 0.35MPa)，打开冷却水系统(自来水或恒温水域，输出压力 0.11MPa 以上)。如果只使用石墨炉，第二步可以忽略。

(4) 双击操作屏幕上的原子吸收系统图标，选择操作模式，点击测量进入系统登录画面。在登录 ID 项输入"admin",按确定,进入样品测试系统。

三、仪器操作条件设置

(1) 点击测试向导,按元素选择,选择测试的元素。点"火焰连续:选择普通灯",确定。如果是第一次操作,要在参数编辑表中设定元素灯的灯位。

(2) 点击下一步,设定标准曲线和样品的测试参数,标准曲线一般选择一次方程,不过原点。在标准表中输入正确的浓度,并在第一行中插入一个空白值 BLK。确定。在样品设定中输入相应的因子以及样品的个数,点击更新,然后确定。

(3) 点击下一步,连接仪器。仪器开始自检。大概需要五六分钟。要求检查的项目全部变绿色才是正常。(自检过程要仔细看弹出的各项提示并按提示准确操作。如,清洁管路,没有笑气(N_2O)的不要点,只点乙炔空气清洁即可。安全检查 30 天检查一次,检查按软件提示进行。同样如果没有笑气的,不要点检查。否则仪器自检会报错。最后检查乙炔。自检结束后,点击确定,弹出安全确认项目,把所有项目全部打钩,确定。

(4) 点击下一步,进行谱线搜索和光束平衡,要求全部显示 OK。点击关闭。点击完成。接着进行燃烧头位置调节(有自动调节功能的不用,但要拿燃烧头高度标卡确认光路是否正常,如不正常,要调节燃烧头原点位置)。对光路。

四、点火

确认漏气检查是否完成(8min 左右)。点火(同时按排气键和点火键一直等到火点着再松手)。

五、测定

(1) 成功点火后,放进空白溶液进行自动调零(F3Auto zero),然后点击 BLK 键(F4)。

(2) 接着按顺序放进标准品,点 Start 进行测量。

(3) 做好标准曲线后,同样道理放入待测样品进行测量。

六、测量下一个元素

在按新的测量元素的参数更新主机操作条件后,按前面方法测定。

七、结束工作

(1) 在火焰状态下继续吸喷纯水或 10%HCl,清洗燃烧系统。同时保存数据,打印数据。

(2) 关火,断开连接。关闭气体,关机。空压机的排水。

Ⅵ 原子吸收分光光度计(iCE3500)操作规程

一、火焰操作

(1) 打开电源开关，开启稳压电源，稳压至 AC220V。

(2) 开启计算机电源，进入 WINDOWS 界面。

(3) 打开光谱仪主机电源，观察主机左后侧指示灯，正常只有 SDANDBY 闪亮，其他熄灭。

(4) 启动 SOLAAR 操作软件，如果主机与工作站未建立通讯，则可下拉＜动作＞菜单，在＜通讯＞中先选择通信口，再选择〈连接〉来建立通讯。

(5) 点击 ▨，建立火焰方法。

(6) 点击 ▨，与相对应位置安装空心阴极灯。(注：不可使用多于两个脚的其他公司空心阴极灯)。

(7) 电机 ▨，调整光路。

(8) 先打开空气压缩机，设定压力在 0.25~0.3MPa。

(9) 再打开乙炔气阀，压力调整在 0.08~0.1MPa。如果管道较长，可适当提高压力。

(10) 观察光谱仪左侧的点火准备灯闪烁，在软件中＜火焰状态＞窗口，确认火焰系统各部分均正常，则可准备点火。

(11) 按住点火按钮(前左侧白色按钮)，直至火焰点燃。稳定数分钟。

(12) 将吸液毛细管放入去离子水中，调用已设定的分析方法(分析方法的设定详见 SOLAAR AA 操作手册)，点击 ▶，根据提示完成分析。

(13) 继续吸喷去离子水 5min 后，从水中取出毛细管，按光谱仪左下方的红色按钮可临时熄火，等待工作全部完成。

(14) 全部完成后，先关闭乙炔总阀使火焰自动熄灭后，再去放掉空气压缩机集水器中的水，再关闭空气压缩机，重新开启空气压缩机要先卸压。

(15) 数据处理及结果打印。

(16) 关闭空心阴极灯，退出 SOLAAR 软件，关闭光谱仪电源，关闭计算机，稳压电源及电源开关。

二、石墨炉操作

(1) 打开电源开关，开启稳压电源，稳压至 AC220V。

(2) 开启计算机电源，进入 WINDOWS 界面。

(3) 打开光谱仪主机电源，观察主机左后侧指示灯，正常只有 SDANDBY 闪亮。

(4) 启动 SOLAAR 操作软件，如果主机与工作站未建立通讯，则可下拉＜动作＞菜单，在＜通讯＞中先选择通信口，再选择〈连接〉来建立通讯。

(5) 点击 [图标]，建立石墨炉方法。

(6) 点击 [图标]，与相对应位置安装空心阴极灯。(注：不可使用多于两个脚的其他公司空心阴极灯)。

(7) 打开石墨炉电源，打开氩气钢瓶气阀，调整压力约为 0.2MPa，打开冷却循环水系统调整压力约为 0.25～0.3MPa，水温设定为 23～25℃。

(8) 在自动进样器的洗液瓶中装满去离子水，并拧紧瓶盖以防漏气。

(9) 根据不同应用安装各种石墨管(安装方法详见 SOLAAR AA 操作手册)，并在方法中设置石墨管类型，用棉纤清洁石墨管、石墨锥、感温窗和石英窗(特别是感温窗)。

(10) 点击 [图标]，调整光路。

(11) 点击 [图标] 来调整自动进样器进样针的位置和深度(调整方法详见 SOLAAR AA 操作手册)，用牙医镜来观察。反复点击 [图标]，确保进样针位于最佳位置。

(12) 点击 [图标]，清洗石墨管(新更换的石墨管至少高温清洗 3 次)，以消除石墨管空白。

(13) 点击方法/序列/ASLG 按提示的信息放样。

(14) 调用已设定的分析方法(分析方法的设定详见 SOLAAR AA 操作手册)，点击 [图标] 键，根据提示完成分析，分析过程中要注意防止样液暴沸飞溅现象。

(15) 关闭冷却循环水系统，关闭氩气钢瓶气阀。

(16) 关闭空心阴极灯，退出 SOLAAR 软件，关闭石墨炉，关闭光谱仪电源，关闭计算机，关闭稳压电源和开关。

Ⅶ 电感耦合等离子体发射光谱仪(Perkin Elmer 公司 Optima 5300DV)操作规程

(1) 打开稳压电源总开关，打开空气压缩机，打开通风设备，打开氩气钢瓶总阀门，检查分压阀，使压力在 0.55～0.825MPa 之间，打开循环冷却水装置，确定电、气、水均正常运行，开启主机。

(2) 打开电脑，开启工作软件 WinLab32，系统自动自检，待 Diagnostics 卡上二组件都自检通过后(打绿勾)，预热，等仪器预热完成后继续下一步操作。

(3) 将泵管固定好，将进样管插入去离子水中，点击软件 Plasma Control 快捷键,点击 Pump 开泵冲洗系统,待观察到正常的进出水后,依次点击 Plas、Aux、Neb 开各路氩气,没有异常情况按 Plasma On 点炬。

(4) 新建方法。在 Spectrometer、Sampler、Process、Calibration 各页上选择合适的分析条件(标准曲线各浓度点、浓度值等)。设置完毕保存方法 File—save—method。选择"check method",显示 OK 表示方法合格,否则请根据错误提示修改方法直至通过为止。

(5) 在 Manual Analysis Control 卡上填上保存测试结果的文件名,保存数据。

(6) 先点击 Analyze Blank 分析空白,分析完毕后点击 Analyze Standard 分析标准,在 Analyze Samples 栏写入样品名称,点击 Analyze Samples,依次分析待测样品。两个样品之间请用去离子水清洗系统 30s。每测十个样品用 4%硝酸清洗系统 2~3min。

(7) 分析结束,先用 4% HNO_3 冲洗管路 5min,再用去离子水冲洗管路 5min,然后按 Plasma Off 关炬(无须点击几路气体会自动归零)。将进样管从液体中取出,开泵,将雾化器及管路内液体排空,关泵,并松开泵管。

(8) 退出程序、关闭主机和电脑,并关闭氩气、空气压缩机(注意放水)。

Ⅷ 高效液相色谱(岛津 LC-20A)操作规程

一、进样前准备工作

1. 溶剂

LC 的溶剂包括:自己的流动相,超纯水,体积比为 1∶1 的流动相与超纯水的混合溶液。例如,如果流动相是甲醇∶水=85∶10,那么需准备的溶剂如下:纯甲醇,超纯水,50%甲醇水混合液。以下以甲醇为流动相为例。

(1) 过滤。

使用前,应将纯的甲醇(要求是色谱纯,最好是进口的色谱纯)用 0.45μm 的滤膜过滤。50%的甲醇水溶液也用过滤过的甲醇和超纯水配。

注意:此不操作切记不能省,尤其是国产色谱纯。否则,很容易造成色谱柱堵塞,柱压过高,从而使测定工作不能进行。

(2) 脱气。

使用前所有的溶剂都要用超声清洗仪脱气 15min。液相色谱最重要的一点就是整个流路不能有气泡,否则会造成峰分离不好,响应不理想等后果。而使用的溶剂或多或少都会溶入空气,所以使用前必须脱气。

2. 样品

样品包括标样和实际样品。所有样品的最后性状都应是透明的液体。为避免堵塞，样品同样得用 0.45μm 的滤膜过滤。

二、仪器使用

(1) 将吸液头放进相应的流动相中。通常标有 A 的放入纯水中，B 泵放进纯有机溶剂中，没有任何标记的吸液头放进 50%的有机溶剂水混合液中。

(2) 开仪器。开启顺序为：CTO-20A，SIL-20A，SPD-M20A，LC-20AT。等待几秒钟后，开电脑。

(3) 点击工作站图标，进入工作站。

(4) 设置方法：点击界面中的高级。须更改的参数主要有：

➤ 点击数据采集——输入所需的LC停止时间——点击应用于所有的采集时间。

➤ 点击泵——选择模式里的低压梯度——设置泵 A 总流速，溶剂 B 浓度。

➤ 点击柱温箱——设置柱温箱温度。

➤ 点击自动排气——选择流动相 A，流动相 B。

方法设置完成。另存方法文件到自己建立的文件夹里，保存完成后，点击下载(界面右上角)。

(5) 点击自动排气图标，出现排气界面。

(6) 排气完成，点击仪器开关图标，泵开关图标，柱温箱开关图标。

(7) 点击绘图，开始走基线，通常需走 30min，视基线的好坏更改而定，基线不平，则需更长的分析时间。点击更改分析时间图标。输入所需的时间，点击确定。

(8) 基线平衡之后，就可以进样，将样品放入样品架。

如果是单次进样，就点击单次运行。设置单次运行信息。完成后，点击开始，即开始进样。

如果是批处理进样，则点击批处理——点击向导——新建批处理表——保存批处理表——点击批处理开始，即开始进样。

Ⅸ 离子色谱(ICS-90 IC)操作规程

一、操作环境

◆ 温度 10～40℃；

◆ 湿度 10%～85%；

◆ 避免阳光直射；

◆ 防尘，避免震动。

二、仪器启动及样品分析

(1) 准备工作：查阅仪器操作记录，确定仪器处于完好状态，检查仪器外观，应无异常现象。

(2) 开氮气，设置钢瓶分压 0.2MPa 左右，淋洗液分压设置为 5～10psi，振摇淋洗液瓶，拧开瓶盖放气 3s，拧紧瓶盖。

(3) 开仪器电源，启动电脑，待电脑完全启动后，双击桌面绿色快捷方式"Chromeleon"进入工作站，点开根目录下的"控制面板"文件夹，双击右边的"控制面板"打开，点"连机"，"开泵"，开抑制器电源开关，平衡系统，点"控制面板"上方快捷栏内的蓝色圆点"采集开始/停止"，"确定"，采集基线，待基线平稳后，点"采集开始/停止"，停止基线采集，准备进样。

(4) 在变色龙工作站的根目录下，选中任何一个已经做过的样品表，点"文件"下"另存为"，输入名称后，保存，通过"添加样品"、"删除样品"、"插入样品" 修改样品数目，将样品名称修改为当日实际样品，修改结束后，点快捷栏内"保存"，点菜单栏内"批处理"下的"启动"，点"删除"去除不需要的样品表，点"添加"，加入需要执行的样品表，点"开始"，依次按样品表内的样品顺序注入样品，点"确定"，直至样品表内的样品全部完成。

(5) 数据处理：双击任何一个已经完成的标样，点快捷栏内的"QNT 编辑器"，在最下方"综合"项下的"数量的量纲"下输入浓度单位，如"mg/L"或"μg/L"；点"峰表"在"峰名称"和"保留时间"项下，分别输入各峰的名称和出峰时间，将保留时间乘以 5%后输入"窗口"项下；点"数量表"，在表格区域点右键，选"列"、"编辑数量列"，出现新窗口，第一行下拉选"名称"，点"自动生成"，点"应用"、"确定"，分别输入各标样中各离子的浓度，点"保存"，线性即生成。点快捷栏内"打印机布局"，通过"上一个样"、"下一个样"查看各个样品的结果。

(6) 待仪器平衡之后，建立批处理文件，准备进样。

(7) 进样完毕，进 2～3 针超纯水冲洗。

三、关机

(1) 断开泵，关连机。

(2) 退出计算机程序，关闭计算机。

(3) 关闭淋洗分压及墙壁上载气阀门，关闭主机电源。

(4) 填写操作记录。

四、注意事项

(1) 分析过程中如遇突然停电，关闭仪器电源。

(2) 测定阴离子时，须连接小预柱。

(3) 抑制器实验之前先活化。

Ⅹ 气相色谱仪(岛津 GC-2010A)操作规程

一、准备

(1) 确定使用的检测器及柱子，连接好；如必要，更换进样隔垫、石墨环、衬管、石英棉等消耗品。

(2) 打开氮气阀门，调节二级压力在 0.6MPa 左右，并检漏。

(3) 打开主机电源开关，待自检完成后，双击"GC Real Time Analysis 1"打开工作站，"哔"的一声，证明仪器已正常联机；进入"系统配置"选择要使用的检测器及柱，点击"设置"传输到主机。

(4) ECD 检测器设置：调出所需分析方法(或设置仪器参数)后，下载，在"仪器监测器"一栏中，点击"系统打开"，仪器进入"等待开始时间"状态，等待仪器进入"准备就绪"状态；在"仪器监测器"一栏中，打开检测器开关；设电流值为 1nA，并"下载参数"。

(5) 等待基线平稳后，即可进行分析。

二、分析

(1) 点击助手栏中"单次分析"，在"样品记录"中设置好相关样品相关信息，点击开始按钮，进入"准备就绪(等待)"状态；进样，并迅速按下主机的"start"按钮，仪器进入"采集"状态。

(2) 待样品分析完毕，进入"GC Postrun Analysis"进行数据处理，校准曲线建立，以及报告打印等等。

三、关机

(1) ECD 检测器的关机操作：将电流值设为零，并"下载参数"，在"仪器监测器"一栏中，关闭检测器开关。

(2) 将进样口、柱温箱、检测器温度设为"25"，并"下载参数"。

(3) 等待进样口、柱温箱、检测器皆降为 80℃以下时，点击"系统关闭"，退出工作站，关闭主机电源，关闭氮气阀门。

Ⅺ 气相色谱-质谱联用仪(Agilent 7890A-5975C)操作规程

一、开机

(1) 打开载气钢瓶控制阀，设置分压阀压力至 0.5MPa。

(2) 打开计算机，登录进入系统。

(3) 依次打开 7890AGC、5975MSD 电源(若 MSD 真空腔内已无负压，则应在打开 MSD 电源的同时用手向右侧推真空腔的侧板直至侧面板被紧固地吸牢），等待仪器自检完毕。

（4）桌面双击"GC-MS"图标，进入 MSD 化学工作站。

（5）在仪器控制界面下，单击视图菜单，选择"调谐及真空控制"进入调谐与真空控制界面，在"真空"菜单中选择"真空状态"，观察真空泵运行状态。此仪器真空泵配置为分子涡轮泵，状态显示涡轮泵转速应很快达到 100%，否则，说明系统有漏气，应检查侧板是否压正、放空阀是否拧紧、柱子是否接好。

二、调谐

调谐应在仪器至少开机 2 个小时后方可进行，若仪器长时间未开机，为得到好的调谐结果将时间延长至 4 小时。

（1）首先确认打印机已连好并处于联机状态。

（2）在操作系统桌面双击"GC-MS"图标进入工作站系统。

（3）在仪器控制界面下，单击"视图"菜单，选择"调谐及真空控制"进入调谐与真空控制界面。

（4）单击"调谐"菜单，选择"自动调谐"调谐 MSD，进行自动调谐，调谐结果自动打印。

（5）如果要手动保存或另存调谐参数，将调谐文件保存到 ATUNE.U 中。

（6）然后点击"视图"，选择仪器控制返回到仪器控制界面。

注意：

◆ 自动调谐文件名为 ATUNE.U。

◆ 标准谱图调谐文件名为 STUNE.U。

◆ 其余调谐方式有各自的文件名。

三、样品测定

1. 方法建立

（1）7890A 配置编辑。

点击"仪器"菜单，选择编辑"GC 配置"进入画面。在连接画面下，输入 GC Name：GC 7890A；可在 Notes 处输入 7890A 的配置，写"7890A GC with 5975C"MSD。点击"获得 GC 配置"按钮，获取 7890A 的配置。

① 柱模式设定。

点击 图标，进入柱模式设定画面，在画面中，点击鼠标右键，选择"从 GC 下载方法"，再用同样的方法选择"从 GC 上传方法"；点击"1"处进行柱 1 设定，然后选中"On"左边方框；选择控制模式，流速或压力。

② 分流不分流进样口参数设定。

a. 点击 图标，进入"进样口"设定画面。点击"SSL-后"按钮，进入毛细柱进样口设定画面。

b. 点击"模式"右方的下拉式箭头，选择进样方式为不分流方式，分流比为50∶1，在空白框内输入进样口的温度为220℃，然后选中左边的所有方框。

c. 选择隔垫吹扫流量标准模式，输入隔垫吹扫流量为 3mL/min。对于特殊应用亦可选择可切换的，进行关闭。

③ 柱温箱温度参数设定。

点击 图标，进入柱温参数设定。选中"柱箱温度为开"左边的方框；输入柱子的平衡时间为 0.25min。

④ 数据采集方法编辑。

从"方法"菜单中选择"编辑完整方法"项，选中除"数据分析外"的三项，点击"确定"。编辑"关于该方法"的注释，然后点击"确定"。

(2) 编辑扫描方式质谱参数。

① 点击 图标，编辑溶剂延迟时间以保护灯丝，调整倍增器电压模式(此仪器选用增益系数)，选择要使用的数据采集模式，如全扫描、选择离子扫描等。

② 编辑 SIM 方式参数，点击"参数"编辑选择离子参数，驻留时间和分辨率参数适用于组里的每一个离子。在驻留列中输入的时间是消耗在选择离子的采样时间。它的缺省值是 100ms。它适用于在一般毛细管 GC 峰中选择 2~3 个离子的情况。如果多于 3 个离子，使用短一点的时间(如 30ms 或 50ms)。加入所选离子后点击"添加新组"，编辑完 SIM 参数后关闭。

2. 采集数据

(1) 点击 GC-MS 图标，在"方法"文件夹中选择所要的方法。

(2) 选好方法后，点击 图标，依次输入文件名、操作者、样品名等相关信息，完成后按"确定键"，待仪器准备好后，进样的同时按 GC 面板上的"Start"键，以完成数据的采集。

(3) 当工作站询问是否取消溶剂延迟时，回答 NO 或不选择。如果回答 YES，则质谱开始采集，容易损坏灯丝。

3. 数据分析

(1) 点击"GC-MS"数据分析图标，点击下图中"文件"调入数据文件。

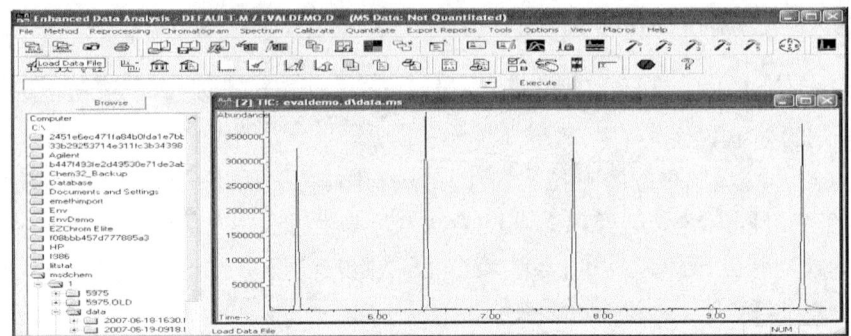

(2) 在全扫描方法中要得到某化合物的名称，先右键双击此峰的峰高，然后再右键双击峰附近基线的位置得到本底的质谱图，然后在菜单"文件"下选择"背景扣除"即可得到扣除本底后该化合物的质谱图，最后右键双击该质谱图，便得到此化合物的名称。

(3) 用鼠标右键在目标化合物 TIC 谱图区域内拖拽可得到该化合物在所选时间范围内的平均质谱图，右键双击则得到单点的质谱图。

(4) 在选择离子扫描方法中不需要背景扣除操作。

4. 定量

定量是通过将来自未知量化合物的响应与已测定化合物的响应进行比较来进行的。手动设置定量数据库：

(1) 选择校正/设置定量访问定量数据库全局设置页。
(2) 手动检查由测定样品数据文件生成的色谱图。
(3) 通过单击色谱图中化合物的峰来分别选择每种化合物。
(4) 在显示的谱图中选择目标离子。
(5) 选择此化合物的限定离子。
(6) 给化合物命名，如果此化合物是内标，则应标志。
(7) 将此化合物的谱图保存至定量数据库中。
(8) 对希望添加到定量数据库的每种化合物重复步骤(2)～(7)。
(9) 如果已添加完需要的所有化合物，则选择"校正/编辑化合物"以查看完整列表。

四、关机

在操作系统桌面双击"GC-MS"图标进入工作站系统，进入"调谐和真空控制"界面选择放空，在跳出的画面中点击"确定"进入放空程序。

本仪器采用的是涡轮泵系统，需要等到涡轮泵转速降至 10% 以下，同时离子源和四极杆温度降至 100℃以下,大概 40min 后退出工作站软件,并依次关闭 MSD、GC 电源,最后关掉载气。

XII TOC 仪(ELMENTAR liquiTOC)使用说明

一、开机顺序

(1) 开启 PC + Printer。

(2) 开启自动进样器。

(3) 开启 liquiTOC 主机,等待仪器初始化结束。

(4) 进入 liquiTOC 软件。

(5) 开启载气:设定气体钢瓶的减压阀的第二级表的压力指示 0.1~0.12MPa (1.0~1.2 bar)。此时,PC 机压力显示:0.95~1.0 bar,流速:200 mL/min。

(6) 仪器检漏 Option/Diagnosis 使用仪器专用的轮式夹,观察流速显示为零。

(7) 仪器升温:催化剂加热炉,800℃。

二、测定前的检查仪器准备状态程序

(1) Maintenance intervals o.k.?(仪器维护如何)(见主菜单)

(2) Gas on?(气体的开启?)

(3) Pressure and flow rate display o.k.?(压力和流速是否正常?)
Pressure:约 0.95 bar;
Flow rate MFC and FM 流速:200 mL/min。(TOC 积分时,需一稳定的流速)。

(4) Drying tube still enough capacity?(干燥管至少 1/3 未消耗。)

(5) Syringe and sample loop air-free?(注射器和螺旋管无气泡?)

(6) IR signal small and stable?(IR 信号小而稳定?)

(7) Furnace to nominal temperature?(加热炉设定温度。)
催化剂炉温:800℃;反应炉温度:<90℃。

(8) Water and acid stock o.k.?(水和酸的储量正常吗?)

(9) 单击标志"I",进入自动操作 I 。

三、初始化测试(空白测试)

(1) 整个系统必须用去离子水(TOC<0.5 mg/L)清洗直至无 TOC。
程序 1. options—maintenance—ventilation,把螺旋样品管路里的气泡赶走;
程序 2. options—maintenance—flush,把进样气路系统吹洗一下。

(2) 空白测试(操作模式:TIC-NPOC)
① 在 System/Mode,选择 TIC-NPOC。

② 打开载气并冲洗 10min。
③ 在 System / Feeding，选择自动进样器的重复进样次数。
④ 在 Text-View / *Name*，双击 *Name* 下的一栏，输入"样品名称"。
⑤ 在 *Conc.range*，双击 *conc.range* 下的一栏，选择并输入指定浓度(标准曲线浓度)。
⑥ 激活"I"是自动操作 [I]。
⑦ 激活"I/O"是单次分析 [I O]。
⑧ 超纯去离子水的空白测定：
a. 100mL C/l 浓度范围样品测试时，TIC 和 NPOC 的空白的峰面积要求应小于 7.0 而且测定结果稳定。
b. 5 mL C/l 浓度范围样品测试时：TIC 和 NPOC 的空白的峰面积要求应小于 2.0 而且测定结果稳定。
⑨ 样品测定：例如，20mg TIC/20mg NPOC/L 或 50mg TIC/50mg NPOC/L，检查测量结果的稳定性。

四、常规分析(必须在空白测试之后)

步骤：

(1) System/Mode，选择 TIC-NPOC。
(2) System / Feeding，选择自动进样器的重复进样次数。
(3) Text-View / *Name*，双击 *Name* 下的一栏，输入"样品名称"。
(4) *Conc.range*，双击 *conc.range* 下的一栏，选择并输入指定浓度。
(5) 样品测定：做两个测试(20+20ppm TIC/TOC)，再做两个空白样，然后进标样，检查测定结果的稳定性。
(6) 做完样品后，再测试去离子水 2 次，清洗管路。
(7) 样品全部测试完毕，仪器自动进入睡眠状态，自动关闭载气和降温，待 TOC 主机降温至 100℃后，即可退出程序，关闭 PC 机和自动进样器。

附录3 水质标准及实验室基本知识表

附表一 常用环境标准

典型生活污水水质标准

序号	指标	浓度(mg/L) 高	中常	低	序号	指标	浓度(mg/L) 高	中常	低
1	总固体(TS)	1200	720	350	15	可生物降解	750	300	200
2	溶解性总固体	850	500	250	16	部分溶解性	375	150	100
3	非挥发性	525	300	145	17	悬浮性	375	150	100
4	挥发性	325	200	105	18	总氮(TN)	85	10	20
5	悬浮物(SS)	350	220	100	19	有机氮	35	15	8
6	非挥发性	75	55	20	20	游离氨	50	25	12
7	挥发性	275	165	80	21	亚硝酸盐	0	0	0
8	可沉降物	20	10	5	22	硝酸盐	0	0	0
9	生化需氧量(BOD_5)	400	200	100	23	总磷(TP)	15	8	4
10	溶解性	200	100	50	24	有机磷	5	3	1
11	悬浮性	200	100	50	25	无机磷	10	5	3
12	总有机碳(TOC)	290	160	80	26	氯化物(Cl^-)	200	100	60
13	化学需氧量(COD)	1000	400	250	27	碱度($CaCO_3$)	200	100	50
14	溶解性	400	150	100	28	油脂	150	100	50

水环境保护水体质量标准

序号	标准编号	标准名称
1	GB 3097—1997	海水水质标准
2	GB 5084—1992	农田灌溉水质标准
3	GB 12941—1991	景观娱乐用水水质标准
4	GB 3838—1988	地面水环境质量标准
5	CJ 3020—1993	生活饮用水水源水质标准

注：①GB 国家强制标准；②CJ 城镇建设行业标准

环境保护水体排放标准

序号	标准编号	标准名称
1	GB 8978—1996	污水综合排放标准
2	GB 15580—1995	磷肥工业水污染物排放标准
3	GB 14470.1—2002	兵器工业水污染物排放标准(火炸药)
4	GB 14470.2—2002	兵器工业水污染物排放标准(火工品)
5	GB 14470.3—2002	兵器工业水污染物排放标准(弹药装药)
6	GB 13457—1992	肉类加工工业水污染物排放标准
7	GB 15581—1995	烧碱、聚氯乙烯工业水污染物排放标准
8	GB 13456—1992	钢铁工业水污染物排放标准
9	GB 4287—1992	纺织染整工业水污染物排放标准
10	GB 13458—2001	合成氨工业水污染物排放标准
11	GB 8978—1996	污水综合排放标准
12	GB 3552—1983	船舶污染物排放标准
13	GW 3544—2001	造纸工业水污染物排放标准
14	GWPB 4—1999	合成氨工业水污染物排放标准
15	GB 19431—2004	味精工业污染物排放标准
16	GB 19430—2004	柠檬酸工业污染物排放标准

注：①GB 国家强制标准；②GWPB 国家污染物排放标准

我国水中优先污染物名单

序号	类别	优先控制污染物
1	挥发性卤代烃类	二氯甲烷、三氯甲烷、四氯化碳、三溴甲烷、三氯乙烯、四氯乙烯、1,2-二氯乙烷、1,1,1-三氯乙烷、1,1,2-三氯乙烷、1,1,2,2-四氯乙烷
2	苯系物	苯、甲苯、乙苯、邻二甲苯、间二甲苯、对二甲苯
3	氯代苯类	氯苯、邻二氯苯、对二氯苯、六氯苯
4	多氯联苯	多氯联苯
5	酚类	苯酚、间甲酚、2,4-二氯酚、2,4,6-三氯酚、五氯酚、对硝基酚
6	硝基苯类	硝基苯、对硝基甲苯、2,4-二硝基甲苯、三硝基甲苯、对硝基氯苯、2,4-二硝基氯苯
7	苯胺类	苯胺、二硝基苯胺、对硝基苯胺、2,6-二硝基苯胺
8	多环芳烃类	萘、荧蒽、苯并[b]荧蒽、苯并[k]荧蒽、苯并[a]芘、茚并[1,2,3-c,d]芘、苯并[g,h,i]芘
9	酞酸酯类	酞酸二甲酯、酞酸二丁酯、酞酸二辛酯
10	农药	六六六、滴滴涕、敌敌畏、乐果、对硫磷、甲基对硫磷、除草醚、敌百虫
11	丙烯腈	丙烯腈
12	亚硝胺类	N-亚硝基二甲胺、N-亚硝基二正丙胺
13	氰化物	氰化物
14	重金属及其化合物	砷及其化合物、铍及其化合物、镉及其化合物、铬及其化合物、铜及其化合物、铅及其化合物、汞及其化合物、镍及其化合物、铊及其化合物

附表二　生活饮用水卫生标准(GB 5749—2006)

水质常规指标及限值

指标	限值
1. 微生物指标[①]	
总大肠菌群(MPN/100mL 或 CFU/100mL)	不得检出
耐热大肠菌群(MPN/100mL 或 CFU/100mL)	不得检出
大肠埃希氏菌(MPN/100mL 或 CFU/100mL)	不得检出
菌落总数(CFU/mL)	100
2. 毒理指标	
砷(mg/L)	0.01
镉(mg/L)	0.005
铬(六价，mg/L)	0.05
铅(mg/L)	0.01
汞(mg/L)	0.001
硒(mg/L)	0.01
氰化物(mg/L)	0.05
氟化物(mg/L)	1
硝酸盐(以 N 计，mg/L)	10 地下水源限制时为 20
三氯甲烷(mg/L)	0.06
四氯化碳(mg/L)	0.002
溴酸盐(使用臭氧时，mg/L)	0.01
甲醛(使用臭氧时，mg/L)	0.9
亚氯酸盐(使用二氧化氯消毒时，mg/L)	0.7
氯酸盐(使用复合二氧化氯消毒时，mg/L)	0.7
3. 感官性状和一般化学指标	
色度(铂钴色度单位)	15
浑浊度(NTU-散射浊度单位)	1 水源与净水技术条件限制时为 3
臭和味	无异臭、异味
肉眼可见物	无
pH(pH 单位)	不小于 6.5 且不大于 8.5
铝(mg/L)	0.2
铁(mg/L)	0.3
锰(mg/L)	0.1

续表

指标	限值
铜(mg/L)	1
锌(mg/L)	1
氯化物(mg/L)	250
硫酸盐(mg/L)	250
溶解性总固体(mg/L)	1000
总硬度(以 $CaCO_3$ 计，mg/L)	450
耗氧量(COD_{Mn}法，以 O_2 计，mg/L)，此即为高锰酸盐指数	3 水源限制，原水耗氧量>6mg/L 时为 5
挥发酚类(以苯酚计，mg/L)	0.002
阴离子合成洗涤剂(mg/L)	0.3
4. 放射性指标②	指导值
总 α 放射性(Bq/L)	0.5
总 β 放射性(Bq/L)	1

注：①MPN 表示最可能数；CFU 表示菌落形成单位。当水样检出总大肠菌群时，应进一步检验大肠埃希氏菌或耐热大肠菌群；水样未检出总大肠菌群，不必检验大肠埃希氏菌或耐热大肠菌群。
②放射性指标超过指导值，应进行核素分析和评价，判定能否饮用。

饮用水中消毒剂常规指标及要求

消毒剂名称	与水接触时间	出厂水中限值	出厂水中余量	管网末梢水中余量
氯气及游离氯制剂(游离氯，mg/L)	至少 30min	4	≥0.3	≥0.05
一氯胺(总氯，mg/L)	至少 120min	3	≥0.5	≥0.05
臭氧(O_3，mg/L)	至少 12min	0.3		0.02，如加氯，总氯≥0.05
二氧化氯(ClO_2，mg/L)	至少 30min	0.8	≥0.1	≥0.02

水质非常规指标及限值

指标	限值
1. 微生物指标	
贾第鞭毛虫(个/10L)	<1
隐孢子虫(个/10L)	<1
2. 毒理指标	
锑(mg/L)	0.005
钡(mg/L)	0.7
铍(mg/L)	0.002
硼(mg/L)	0.5

续表

指标	限值
钼(mg/L)	0.07
镍(mg/L)	0.02
银(mg/L)	0.05
铊(mg/L)	0.0001
氯化氰(以 CN⁻计，mg/L)	0.07
一氯二溴甲烷(mg/L)	0.1
二氯一溴甲烷(mg/L)	0.06
二氯乙酸(mg/L)	0.05
1,2-二氯乙烷(mg/L)	0.03
二氯甲烷(mg/L)	0.02
三卤甲烷(三氯甲烷、一氯二溴甲烷、二氯一溴甲烷、三溴甲烷的总和)	该类化合物中各种化合物的实测浓度与其各自限值的比值之和不超过 1
1,1,1-三氯乙烷(mg/L)	2
三氯乙酸(mg/L)	0.1
三氯乙醛(mg/L)	0.01
2,4,6-三氯酚(mg/L)	0.2
三溴甲烷(mg/L)	0.1
七氯(mg/L)	0.0004
马拉硫磷(mg/L)	0.25
五氯酚(mg/L)	0.009
六六六(总量，mg/L)	0.005
六氯苯(mg/L)	0.001
乐果(mg/L)	0.08
对硫磷(mg/L)	0.003
灭草松(mg/L)	0.3
甲基对硫磷(mg/L)	0.02
百菌清(mg/L)	0.01
呋喃丹(mg/L)	0.007
林丹(mg/L)	0.002
毒死蜱(mg/L)	0.03
草甘膦(mg/L)	0.7
敌敌畏(mg/L)	0.001
莠去津(mg/L)	0.002
溴氰菊酯(mg/L)	0.02
2,4-滴(mg/L)	0.03

续表

指标	限值
滴滴涕(mg/L)	0.001
乙苯(mg/L)	0.3
二甲苯(mg/L)	0.5
1,1-二氯乙烯(mg/L)	0.03
1,2-二氯乙烯(mg/L)	0.05
1,2-二氯苯(mg/L)	1
1,4-二氯苯(mg/L)	0.3
三氯乙烯(mg/L)	0.07
三氯苯(总量，mg/L)	0.02
六氯丁二烯(mg/L)	0.0006
丙烯酰胺(mg/L)	0.0005
四氯乙烯(mg/L)	0.04
甲苯(mg/L)	0.7
邻苯二甲酸二(2-乙基己基)酯(mg/L)	0.008
环氧氯丙烷(mg/L)	0.0004
苯(mg/L)	0.01
苯乙烯(mg/L)	0.02
苯并[a]芘(mg/L)	0.00001
氯乙烯(mg/L)	0.005
氯苯(mg/L)	0.3
微囊藻毒素-LR(mg/L)	0.001
3. 感官性状和一般化学指标	
氨氮(以 N 计，mg/L)	0.5
硫化物(mg/L)	0.02
钠(mg/L)	200

农村小型集中式供水和分散式供水部分水质指标及限值

指标	限值
1. 微生物指标	
菌落总数(CFU/mL)	500
2. 毒理指标	
砷(mg/L)	0.05
氟化物(mg/L)	1.2
硝酸盐(以 N 计，mg/L)	20

续表

指标	限值
3. 感官性状和一般化学指标	
色度(铂钴色度单位)	20
浑浊度(NTU-散射浊度单位)	3
	水源与净水技术条件限制时为 5
pH(pH 单位)	不小于 6.5 且不大于 9.5
溶解性总固体(mg/L)	1500
总硬度(以 $CaCO_3$ 计, mg/L)	550
耗氧量(COD_{Mn}法, 以 O_2 计, mg/L)	5
铁(mg/L)	0.5
锰(mg/L)	0.3
氯化物(mg/L)	300
硫酸盐(mg/L)	300

附表三 欧盟饮用水水质指令

微生物学参数

指标	指标值(个/mL)
埃希氏大肠杆菌	0
肠道球菌	0
以下指标用于瓶装或桶装饮用水	
指标	指标值
埃希氏大肠杆菌	0/250mL
肠道球菌	0/250mL
铜绿假单胞菌	0/250mL
细菌总数(22℃)	100/mL
细菌总数(37℃)	20mL

化学物质参数

指标	指标值	单位	备注
丙烯酰胺	0.1	µg/L	注①
锑	5	µg/L	
砷	10	µg/L	
苯	1	µg/L	

续表

指标	指标值	单位	备注
苯并[a]芘	0.01	μg/L	
硼	1	mg/L	
溴酸盐	10	μg/L	注②
镉	5	μg/L	
铬	50	μg/L	
铜	2	mg/L	注③
氰化物	50	μg/L	
1,2-二氯乙烷	3	μg/L	
环氧氯丙烷	0.1	μg/L	注①
氟化物	1.5	mg/L	
铅	10	μg/L	注③和注④
汞	1	μg/L	
镍	20	μg/L	注③
硝酸盐	50	mg/L	注⑤
亚硝酸盐	0.5	mg/L	注⑤
农药	0.1	μg/L	注⑥和⑦
农药(总)	0.5	μg/L	注⑥和⑧
多环芳烃	0.1	μg/L	特殊化合物的总浓度注⑨
硒	10	μg/L	
四氯乙烯和三氯乙烯	10	μg/L	特殊指标的总浓度
三卤甲烷(总)	100	μg/L	特殊化合物的总浓度注⑩
氯乙烯	0.5	μg/L	注①

注：① 参数值是指水中的剩余单体浓度，并根据相应聚合体与水接触后所能释放出的最大量计算得出。
② 如果可能，在不影响消毒效果的前提下，成员国应尽力降低该值。
③ 该值适用于由用户水嘴处所取水样，且水样应能代表用户一周用水的平均水质。成员国必须考虑到可能会影响人体健康的峰值出现情况。
④ 该指令生效后 5~15 年，铅的参数值为 25μg/L。
⑤ 成员国应确保[硝酸根浓度]/50+[亚硝酸根浓度]/3≤1，方括号中为以 mg/L 为单位计的硝酸根和亚硝酸根浓度，且出厂水亚硝酸盐含量要小于 0.1mg/L。
⑥ 农药是指有机杀虫剂、有机除草剂、有机杀菌剂、有机杀线虫剂、有机杀螨剂、有机除藻剂、有机杀鼠剂、有机杀黏菌和相关产品及其代谢副产物、降解和反应产物。
⑦ 参数值适用于每种农药。对艾氏剂、狄氏剂、七氯和环氧七氯，参数值为 0.030μg/L。
⑧ 农药总量是指所有能检测出和定量的单项农药的总和。
⑨ 具体的化合物包括：苯并[b]呋喃、苯并[k]呋喃、苯并[g,h,i]芘、茚并[1,2,3-c,d]芘。
⑩ 如果可能，在不影响消毒效果的前提下，成员国应尽力降低下列化合物值：氯仿、溴仿、二溴一氯甲烷和一溴二氯甲烷。该指令生效后 5~15 年，总三卤甲烷的参数值为 150μg/L。

指 示 参 数

指标	指导值	单位	备注
色度	用户可以接受且无异味		
浊度	用户可以接受且无异常		注⑦
嗅	用户可以接受且无异常		
味	用户可以接受且无异常		
氢离子浓度	6.5~9.5	pH 单位	注①和③
电导率	2500	μS/cm(20℃)	注①
氯化物	250	mg/L	注①
硫酸盐	250	mg/L	注①
钠	200	mg/L	
耗氧量	5.0	mgO$_2$/L	注④
氨	0.50	mg/L	
TOC	无异常变化		注⑥
铁	200	μg/L	
锰	50	μg/L	
铝	200	μg/L	
细菌总数(22℃)	无异常变化		
产气荚膜梭菌	0	个/100mL	注②
大肠杆菌	0	个/100mL	注⑤
放射性参数 氚	100	Bq/L	
放射性参数 总指示用量	0.10	mSv/年	

注：①不应具有腐蚀性。
②如果原水不是来自地表水或没有受地表水影响，则不需要测定该参数。
③若为瓶装或桶装的静止水，最小值可降至 4.5pH 单位，若为瓶装或桶装水，因其天然富含或人工充入二氧化碳，最小值可降至更低。
④如果测定 TOC 参数值，则不需要测定该值。
⑤对瓶装或桶装的水，单位为个/250mL。
⑥对于供水量小于 10 000m^3/d 的水厂，不需要测定该值。
⑦对地表水处理厂，成员国应尽力保证出厂水的浊度不超过 1.0NTU。
本表译自 Council Directive 98/83/EC on the Quality of Water Intended for Human Consumption

附表四 美国饮用水水质标准

国家一级饮用水规程(NPDWRs 或一级标准)是法定强制性的标准，它适用于公用给水系统。一级标准限制了那些有害公众健康的及已知的或在公用给水系统中出现的有害污染物浓度，从而保护饮用水水质。

下表将污染物划分为：无机物，有机物，放射性核素及微生物。

污染物	MCLG[①] (mg/L)	MCL[②]、TT[③] (mg/L)[④]	从水中摄入后对健康的潜在影响	饮用水中污染物来源
无机物				
锑	0.006	0.006	增加血液胆固醇，减少血液中葡萄糖含量	炼油厂，阻燃剂、电子、陶器、焊料工业的排放
砷	未规定[⑤]	0.05	伤害皮肤，血液循环问题，增加致癌风险	半导体制造厂，炼油厂，木材防腐剂、动物饲料添加剂、防莠剂等工业排放，矿藏溶蚀
石棉(>10μm纤维)	7×10⁷ 纤维/L	7×10⁷ 纤维/L	增加良性肠息肉风险	输水管道中石棉、水泥损坏，矿藏溶蚀
钡	2	2	血压升高	钻井排放，金属冶炼厂，矿藏溶蚀
铍	0.004	0.004	肠道损伤	金属冶炼厂，焦化厂，电子、航空、国防工业的排放
镉	0.005	0.005	肾损伤	镀锌管道腐蚀，天然矿物溶蚀，金属冶炼厂排放，水从废电池和废油漆冲刷外泄
铬	0.1	0.1	使用含铬大于MCL多年，出现过敏性皮炎	钢铁厂、纸浆厂排放，天然矿藏的溶蚀
铜	1.3	作用浓度1.3TT[⑥]	短期接触使胃肠疼痛，长期接触使肝或肾损伤，有肝豆状核变性的病人在水中铜浓度超过作用浓度时，应请教个人医生	家庭管道系统腐蚀，天然矿藏溶蚀，木材防腐剂淋溶
氰化物	0.2	0.2	神经系统损伤，甲状腺问题	钢厂或金属加工厂排放，塑料厂及化肥厂排放
氟化物	4.0	4.0	骨骼疾病（疼痛和脆弱），儿童得齿斑病	为保护牙，向水中添加氟，天然矿藏的溶蚀，化肥厂及铝厂排放
铅	0	作用浓度0.015TT[⑥]	婴儿和儿童：身体或智力发育迟缓；成年人肾脏出现问题，高血压	家庭管道腐蚀，天然矿藏侵蚀
无机汞	0.002	0.002	肾损伤	天然矿物的溶蚀，冶炼厂和工厂排放，废渣填埋场及耕地流出
硝酸盐（以N计）	10	10	"兰婴儿综合征"（6个月以下婴儿受到影响未能及时治疗），症状：婴儿身体发兰色，呼吸短促	化肥泄出，化粪池或污水渗漏，天然矿藏物溶蚀
亚硝酸盐（以N计）	1	1	"兰婴儿综合征"（6个月以下婴儿受到影响未能及时治疗），症状：婴儿身体发兰色，呼吸短促	化肥泄出，化粪池或污水渗漏，天然矿藏物溶蚀
硒	0.05	0.05	头发，指甲脱落，指甲或脚趾麻木，血液循环问题	炼油厂排放，天然矿物的腐蚀，矿场排放
铊	0.0005	0.0002	头发脱落，血液成分变化，对肾、肠或肝有影响	矿砂处理场溶出，电子、玻璃、制药厂排放
有机物				
丙烯酰胺	0	TT[⑦]	神经系统及血液问题，增加致癌风险	在污泥或废水处理过程中加入水中
草不绿	0	0.002	眼睛、肝、肾、脾发生问题，贫血症，增加致癌风险	庄稼除莠剂流出
阿特拉津	0.003	0.003	心血管系统发生问题，再生繁殖困难	庄稼除莠剂流出

附录3 水质标准及实验室基本知识表

续表

污染物	MCLG[①] (mg/L)[④]	MCL[②]、TT[③] (mg/L)[④]	从水中摄入后对健康的潜在影响	饮用水中污染物来源
有机物				
苯	0	0.005	贫血症,血小板减少,增加致癌风险	工厂排放,气体储罐及废渣回堆土淋溶
苯并[a]芘	0	0.0002	再生繁殖困难,增加致癌风险	储水槽及管道涂层淋溶
呋喃丹	0.04	0.04	血液及神经系统发生问题,再生繁殖困难	用于稻子与苜蓿的熏蒸剂的淋溶
四氯化碳	0	0.005	肝脏有问题,致癌风险增加	化工厂和其他企业排放
氯丹	0	0.002	肝脏与神经系统发生问题,致癌风险增加	禁止用的杀白蚁药剂的残留物
氯苯	0.1	0.1	肝、肾发生问题	化工厂及农药厂排放
2,4-滴	0.07	0.07	肾、肝、肾上腺发生问题	庄稼上除莠剂流出
茅草枯	0.2	0.2	肾有微弱变化	公路抗莠剂流出
1,2-二溴-3-氯丙烷	0	0.0002	再生繁殖困难,致癌风险增加	大豆,棉花,菠萝及果园土壤熏蒸剂流出或溶出
邻二氯苯	0.6	0.6	肝、肾或循环系统发生问题	化工厂排放
对二氯苯	0.075	0.075	贫血症,肝、肾或脾受损,血液变化	化工厂排放
1,2-二氯乙烷	0	0.005	致癌风险增加	化工厂排放
1,1-二氯乙烯	0.007	0.007	肝发生问题	化工厂排放
顺1,2-二氯乙烯	0.07	0.07	肝发生问题	化工厂排放
反1,2-二氯乙烯	0.1	0.1		化工厂排放
二氯甲烷	0	0.005	肝发生问题,致癌风险增加	化工厂排放和制药厂排放
1,2-二氯丙烷	0	0.005	致癌风险增加	化工厂排放
二乙基已基已二酸酯	0.4	0.4	一般毒性或再生繁殖困难	PVC管道系统溶出,化工厂排出
二乙基已基邻苯二甲酸酯	0	0.006	再生繁殖困难,肝发生问题,致癌风险增加	橡胶厂和化工厂排放
地乐酚	0.007	0.007	再生繁殖困难	大豆和蔬菜抗莠剂的流出
二噁英(2,3,7,8-四氯二苯并对二氧六环)	0	0.00000003	再生繁殖困难,致癌风险增加	废物焚烧或其他物质焚烧时散布,化工厂排放
敌草快	0.02	0.02	生白内障	施用抗莠剂的流出
草藻灭	0.1	0.1	胃、肠出问题	施用抗莠剂的流出
异狄氏剂	0.002	0.002	影响神经系统	禁用杀虫剂残留
熏杀环	0	TT[⑤]	胃出问题,再生繁殖困难,致癌风险增加	化工厂排出,水处理过程中加入
乙基苯	0.7	0.7	肝、肾出问题	炼油厂排放
二溴化乙烯	0	0.00005	胃出问题,再生繁殖困难	炼油厂排放

续表

污染物	MCLG[1] (mg/L)[4]	MCL[2]、TT[3] (mg/L)[4]	从水中摄入后对健康的潜在影响	饮用水中污染物来源
有机物				
草甘膦	0.7	0.7	胃出问题，再生繁殖困难	用抗莠剂时溶出
七氯	0	0.0004	肝损伤，致癌风险增加	禁用杀白蚁药残留
环氧七氯	0	0.0002	肝损伤，再生繁殖困难、致癌风险增加	七氯降解
六氯苯	0	0.001	肝、肾出问题，致癌风险增加	冶金厂，农药厂排放
六氧环戊二烯	0.05	0.05	肾、胃出问题	化工厂排出
林丹	0.0002	0.0002	肾、肝出问题	畜牧，木材，花园所使用杀虫剂流出或溶出
甲氧滴滴涕	0.04	0.04	再生繁殖困难	用于水果，蔬菜，苜蓿，家禽杀虫剂流出或溶出
草氨酰	0.2	0.2	对神经系统有轻微影响	用于苹果，土豆，番茄杀虫剂流出
多氯联苯	0	0.0005	皮肤起变化，胸腺出问题，免疫力降低，再生繁殖或神经系统困难，增加致癌风险	废渣回填土溶出，废弃化学药品的排放
五氯酚	0	0.001	肝、肾出问题，致癌风险增加	木材防腐工厂排出
毒莠定	0.5	0.5	肝出问题	除莠剂流出
西玛津	0.004	0.004	血液出问题	除莠剂流出
苯乙烯	0.1	0.1	肝、肾、血液循环出问题	橡胶、塑料厂排放，回填土溶出
四氯乙烯	0	0.005	肝出问题	从PVC管流出，工厂及干洗工厂排放
甲苯	1	1	神经系统、肾、肝出问题	炼油厂排放
总三卤甲烷 (TTHMs)	未规定[5]	0.1	肝、肾、神经中枢出问题，致癌风险增加	饮用水消毒副产品
毒杀芬	0	0.003	肾、肝、甲状腺出问题	棉花，牲畜杀虫剂的流出或溶出
2,4,5-涕丙酸	0.05	0.05	肝出问题	禁用抗莠剂的残留
1,2,4-三氯苯	0.07	0.07	肾上腺变化	纺织厂排放
1,1,1-三氯乙烷	0.2	0.2	肝、神经系统、血液循环系统出问题	金属除脂场地或其他工厂排放
1,1,2-三氯乙烷	0.003	0.005	肝、肾、免疫系统出问题	化工厂排放
三氯乙烯	0	0.005	肝脏出问题，致癌风险增加	炼油厂排出
氯乙烯	0	0.002	致癌风险增加	PVC管道溶出，塑料厂排放
二甲苯(总)	10	10	神经系统受损	石油厂，化工厂排出
核素				
β粒子和光子	未定[5]	4mrem/a	致癌风险增加	天然和人造矿物衰变
总α活性	未定[5]	15×10^{-12} Ci/L	致癌风险增加	天然矿物侵蚀

续表

污染物	MCLG[①] (mg/L)[④]	MCL[②]、TT[③] (mg/L)[④]	从水中摄入后对健康的潜在影响	饮用水中污染物来源
核素				
镭226,镭228	未定[⑤]	5×10^{-12} Ci/L	致癌风险增加	天然矿物侵蚀
微生物				
贾第氏虫	0	TT[⑧]	贾第氏虫病,肠胃疾病	人和动物粪便
异养菌总数	未定	TT[⑧]	对健康无害,用作批示水处理效率,控制微生物的指标	未定
军团菌	0	TT[⑧]	军团菌病,肺炎	水中常有发现,加热系统内会繁殖
总大肠杆菌(包括粪型及艾氏大肠菌)	0	5.0%[⑨]	用于指示其他潜在有害菌的存在	人和动物粪便
浊度	未定	TT[⑧]	对人体无害,但对消毒有影响,为细菌生长提供场所,用于指示微生物的存在[⑩]	土壤随水流出
病毒	0	TT[⑧]	肠胃疾病	人和动物粪便

注：① 污染物最高浓度目标 MCLG：对人体健康无影响或预期无不良影响的水中污染物浓度。它规定了确当的安全限量，MCLG 是非强制性公共健康目标。

② 污染物最高浓度 MCL：它是供给用户的水中污染物最高允许浓度，MCLG 是强制性标准，是安全限量，确保略微超过 MCL 限量时对公众健康不产生显著风险。

③ TT 处理技术：公共给水系统必须遵循的强制性步骤或技术水平以确保对污染物的控制。

④ 除非有特别注释，一般单位为 mg/L。

⑤ 1986 年《安全饮水法修正案》通过前，未建立 MCLG 指标，所以，此污染物无 MCLG 值。

⑥ 在水处理技术中规定，对用铅管或用铅焊的或由铅管送水的铜管现场取水龙头水样，如果所取自来水样品中超过铜的作用浓度 1.3mg/L，铅的作用浓度 0.015mg/L 的 10%，则需进行处理。

⑦ 如给水系统采用丙烯酰胺及熏杀环(1-氯-2,3-环氧丙烷)，它们必须向州政府提出书面形式证明(采用第三方或制造厂的证书)它们的使用剂量及单体浓度不超过下列规定：

丙烯酰胺=0.05%，剂量为 1mg/L(或相当量)；

熏杀环=0.01%，剂量为 20mg/L(或相当量)。

⑧ 地表水处理规则要求采用地表水或受地面水直接影响的地下水的给水系统，(1)进行水的消毒，并(2)为满足无须过滤的准则，要求进行水的过滤，以满足污染物能控制到下列浓度：

贾第氏虫，99.9%杀死或灭活；病毒 99.99%杀死或灭活；军团菌未列限值，EPA 认为，如果一旦贾第氏虫和病毒被灭活，则它就已得到控制；浊度，任何时候浊度不超过 5NTU，采用过滤的供水系统确保浊度不大于 3NTU(采用常规过滤或直接过滤则不大于 0.5NTU)，连续两个月内，每天的水样品中合格率至少大于 95%；HPC 每毫升不超过 500 细菌数。

⑨ 每月总大肠杆菌阳性水样不超过 5%，于每月例行检测总大肠杆菌的样品少于 40 只的给水系统，总大肠菌阳性水样不得超过 1 个。含有总大肠菌水样，要分析粪型大肠杆菌，粪型大肠杆菌不容许存在。

⑩ 粪型及艾氏大肠杆菌的存在表明水体受到人类和动物排泄物的污染，这些排泄物中的微生物可引起腹泻、痉挛、恶心、头痛或其他症状。

国家二级饮用水规程：

二级饮用水规程(NSDWRs 或二级标准)，为非强制性准则，用于控制水中对美容(皮肤，牙齿变色)，或对感官(如嗅，味，色度)有影响的污染物浓度。

美国环境保护署(EPA)为给水系统推荐二级标准但没有规定必须遵守，然而，各州可选择性采纳，作为强制性标准。

污染物	二级标准
铝	0.05～0.2mg/L
氯化物	250mg/L
色	15(色度单位)
铜	1.0mg/L
腐蚀性	无腐蚀性
氟化物	2.0mg/L
发泡剂	0.5mg/L
铁	0.3mg/L
锰	0.05mg/L
嗅	嗅阈值3
银	0.1mg/L
pH	6.5～8.5
硫酸盐	250mg/L
总溶固体	500mg/L
锌	5

附表五　常用试剂的配制

指　示　剂

序号	指示剂名称	配制方法
1	1%酚酞	称取酚酞1.0g溶于100mL 95%乙醇中
2	0.1%甲基橙	称取甲基橙0.1g溶于100 mL水中
3	0.1%甲基红	称取甲基红0.1g溶于100 mL 95%乙醇中
4	0.1%溴甲酚绿	称取溴甲酚绿粉末0.1g溶于100 mL 95%乙醇中
5	0.05%溴甲酚紫	称取溴甲酚紫粉末0.05g溶于100 mL 95%乙醇中
6	0.1%溴百里酚蓝	称取溴百里酚蓝粉末0.1g溶于100 mL 95%乙醇中
7	甲基红-溴甲酚绿	1份0.1%的甲基红与5份0.1%溴甲酚绿混合
8	1%甲烯蓝	称取甲烯蓝粉末1g溶于100 mL水中
9	0.1%酚红	称取酚红0.1g溶于100 mL 95%乙醇中
10	0.1%百里酚蓝	称取百里酚蓝粉末0.1g溶于100 mL 95%乙醇中
11	1%淀粉	称取1g可溶性淀粉溶于100 mL水中，煮沸(用1%氯化锌代替可长期保存)

缓 冲 溶 液

序号	pH	配制方法
1	0	1mol/L HCl
2	1	0.1mol/L HCl
3	2	0.01mol/L HCl
4	3.6	NaAc·3H$_2$O 16g,溶于水,加 6mol/L HAc 268mL,稀释至 1L
5	4	NaAc·3H$_2$O 40g,溶于水,加 6mol/L HAc 268mL,稀释至 1L
6	4.5	NaAc·3H$_2$O 64g,溶于水,加 6mol/L HAc 136mL,稀释至 1L
7	5	NaAc·3H$_2$O 100g,溶于水,加 6mol/L HAc 68mL,稀释至 1L
8	5.7	NaAc·3H$_2$O 200g,溶于水,加 6mol/L HAc 26mL,稀释至 1L
9	7	NH$_4$Ac 154g,溶于水,稀释至 1L
10	7.5	NH$_4$Cl 120g 溶于水,加 15mol/L 氨水 2.8mL,稀释至 1L
11	8	NH$_4$Cl 100g 溶于水,加 15mol/L 氨水 7mL,稀释至 1L
12	8.5	NH$_4$Cl 80g 溶于水,加 15mol/L 氨水 17.6mL,稀释至 1L
13	9	NH$_4$Cl 70g 溶于水,加 15mol/L 氨水 48mL,稀释至 1L
14	9.5	NH$_4$Cl 60g 溶于水,加 15mol/L 氨水 130mL,稀释至 1L
15	10	NH$_4$Cl 54g 溶于水,加 15mol/L 氨水 294mL,稀释至 1L
16	10.5	NH$_4$Cl 18g 溶于水,加 15mol/L 氨水 350mL,稀释至 1L
17	11	NH$_4$Cl 6g 溶于水,加 15mol/L 氨水 414mL,稀释至 1L
18	12	0.01mol/L NaOH
19	13	0.1mol/L NaOH

酸 溶 液

名称	浓度(mol/L)	配制方法
HCl	12	浓 HCl
	9	750mL 浓 HCl+250mL H$_2$O
	6	500mL 浓 HCl+500mL H$_2$O
	2	167mL 浓 HCl+833mL H$_2$O
	1	83mL 浓 HCl+917mL H$_2$O
	0.5	42mL 浓 HCl+958mL H$_2$O
HNO$_3$	16	浓 HNO$_3$
	6	380mL 浓 HNO$_3$+620mL H$_2$O
	3	188mL 浓 HNO$_3$+812mL H$_2$O
	2	126mL 浓 HNO$_3$+847mL H$_2$O
	1	63mL 浓 HNO$_3$+937mL H$_2$O

续表

名称	浓度(mol/L)	配制方法
H₂SO₄	18	浓 H_2SO_4
	2	111mL 浓 H_2SO_4 慢慢加到 500mL 水中，冷却后加水稀释到 1L
	1	55.4mL 浓 H_2SO_4 慢慢加到 800mL 水中，冷却后加水稀释到 1L
CH₃COOH	17	冰醋酸
	6	350mL 冰醋酸+650mL H_2O
	2	120mL 冰醋酸+880mL H_2O
	1	60mL 冰醋酸+940mL H_2O

碱 溶 液

名称	浓度(mol/L)	配制方法
NaOH	6	240g NaOH 溶于 400mL 水中，盖上表面皿，放冷，再用水稀释至 1L
	2	80g NaOH 溶于 150mL 水中，盖上表面皿，放冷，再用水稀释至 1L
KOH	0.5	28g KOH 溶于 50mL 水中，搅拌溶解，放冷，再用水稀释至 1L
NH₃·H₂O	15	浓氨水
	6	400mL 浓氨水与 600mL 水混合
	2	133mL 浓氨水与 867mL 水混合
Ba(OH)₂	饱和	取 72g $Ba(OH)_2·8H_2O$ 溶于 1L 水中，充分搅拌，放置 24h 后，吸取上层清液使用，注意防止吸收 CO_2
Ca(OH)₂	饱和	17g $Ca(OH)_2$ 溶于 1L 水中，使用前新配

盐 溶 液

名称	浓度	配制方法
AgNO₃	1mol/L	170g $AgNO_3$ 溶于水并稀释至 1L(储于棕色瓶中)
BaCl₂	0.5mol/L	122g $BaCl_2·2H_2O$ 溶于水中，并稀释至 1L
GuSO₄	1%	10g $GuSO_4·5H_2O$ 溶于水并稀释至 1L
	0.02%	取 2mL 1% $GuSO_4$ 溶液用水稀释至 100mL
FeCl₃	0.5mol/L	135g $FeCl_3·5H_2O$ 溶于水，稀释至 1L
FeSO₄	25%	25g $FeSO_4·7H_2O$ 溶于 50 mL 水及 5mL 1mol/L H_2SO_4 中，再用水稀释至 100mL
HgCl₂	0.2mol/L	55.6g $HgCl_2$ 溶于水，稀释至 1L
KBr	0.5mol/L	60g KBr 溶于水，稀释至 1L
K₂CrO₄	5%	50g K_2CrO_4 溶于水，稀释至 1L
K₃[Fe(CN)₆]	0.033mol/L	11g $K_3[Fe(CN)_6]$ 溶于水，稀释至 1L
K₄[Fe(CN)₆]	0.025mol/L	10.5g $K_4[Fe(CN)_6]·3H_2O$ 溶于水，稀释至 1L
KI	1mol/L	166g KI 溶于水，稀释至 1L(储于棕色瓶中)

续表

名称	浓度	配制方法
KMnO$_4$	0.01mol/L	1.6g KMnO$_4$ 溶于水，稀释至 1L
NaAc	3mol/L	408g NaAc·3H$_2$O 溶于水，稀释至 1L
	1mol/L	136g NaAc·3H$_2$O 溶于水，稀释至 1L
NaBrO		在小试管中加 3 滴溴水，逐滴加入 6mol/L NaOH 使红棕色褪去(或呈淡黄色)即成
Na$_2$CO$_3$	1mol/L	106g Na$_2$CO$_3$ 溶于水，稀释至 1L
Na$_3$Co(NO$_2$)$_6$ (亚硝酸钴钠)	15%或 0.1mol/L	15% Na$_3$Co(NO$_2$)$_6$ 溶于 100mL 水中(易分解，现配) 230g NaNO$_2$ 溶于 500mL 水中，加入 16.5mL 6 mol/L HAc 及 30g Co(NO$_3$)$_2$·6H$_2$O，静置过夜，过滤，滤液用水稀释至 1L，储于棕色瓶中。此液应为橙色，比较稳定，一般可使用 4 周。若溶液变红色，表示已分解，应重新配制
Na$_2$[Fe(CN)$_5$·NO]·2H$_2$O (亚硝酰铁氰化钠)	3%	3g Na$_2$[Fe(CN)$_5$·NO]·2H$_2$O 溶于水，稀释至 100mL
Na$_2$S	2mol/L	溶解 Na$_2$S·9H$_2$O 480 g 于适量水中，稀释至 1L，现配
NH$_4$Ac	3mol/L	235g NH$_4$Ac 溶于水，稀释至 1L
NH$_4$Cl	饱和	NH$_4$Cl 溶于水中直至饱和
	3mol/L	162g NH$_4$Cl 溶于水，稀释至 1L
	1mol/L	54g NH$_4$Cl 溶于水，稀释至 1L
(NH$_4$)$_2$CO$_3$	饱和或 12%	(NH$_4$)$_2$CO$_3$ 溶于水中直至饱和 120g (NH$_4$)$_2$CO$_3$ 溶于水，稀释至 1L
(NH$_4$)$_2$C$_2$O$_4$	0.5mol/L	71g (NH$_4$)$_2$C$_2$O$_4$·H$_2$O 溶于水，稀释至 1L
(NH$_4$)$_2$Hg(SCN)$_4$	0.3mol/L	溶 90g NH$_4$SCN 和 80g HgCl$_2$ 于水中并稀释至 1L
(NH$_4$)$_2$MoO$_4$	3%	2.5g (NH$_4$)$_2$MoO$_4$·4H$_2$O 细末加 20g NH$_4$NO$_3$ 拌匀，加入 80 mL 4.5 mol/L HNO$_3$ 中，搅拌溶解，放置 48h。如有沉淀，过滤后使用
NH$_4$NO$_3$	1%	1g NH$_4$NO$_3$ 溶于水中，稀释至 100mL
NH$_4$SCN	饱和	溶 NH$_4$SCN 于水中直至饱和
(NH$_4$)$_2$SO$_4$	饱和	溶(NH$_4$)$_2$SO$_4$ 于水中直至饱和
Pb(Ac)$_2$	0.25mol/L	95g Pb(Ac)$_2$·3H$_2$O 溶于 500mL 水及 10mL 冰醋酸中，再用水稀释至 1L
SnCl$_2$	0.25mol/L	溶 56.5 g SnCl$_2$·2H$_2$O 于 100mL 浓 HCl 及 80mL 水的溶液中，用水稀释至 1L 并加少许 Sn 粒防止 Sn^{2+} 被氧化
SrCl$_2$	0.2mol/L	32g SrCl$_2$ 溶于水并稀释至 1L
UO$_2$(Ac)$_2$ (醋酸铀酰)	0.1mol/L	溶 42.4g UO$_2$(Ac)$_2$·2H$_2$O 于 200mL 水及 30mL 冰醋酸的混合溶液中，然后用水稀释至 1L
醋酸铀酰锌	饱和	溶解醋酸铀酰锌于水中至不溶为止，储于棕色瓶中。或溶 10g UO$_2$(Ac)$_2$·2H$_2$O 于 5mL 水(溶液 a)。 溶 30g Zn(Ac)$_2$·2H$_2$O 于 5mL 冰醋酸及 20mL 水中，也稀释至 50mL(溶液 b)。 将溶液 a 与 b 加热至 70℃后混合，放置 24h 后，把析出的沉淀过滤除去

有机试剂溶液

名称	浓度	配制方法
硫代乙酰胺(TAA)	5%	5g CH_3CSNH_2 溶于水，稀释至 100mL
甲基紫	0.10%	水溶液，用时新配
溴百里酚蓝	0.10%	0.1g 溴百里酚蓝溶于 100mL 20%的乙醇中
硫脲	2.50%	2.5g 硫脲溶于 100mL 1mol/L HNO_3 中
邻二氮菲	0.50%	5g 邻二氮菲溶于适量水，加热溶解，冷却，稀释至 1L
茜素 S	0.10%	1g 茜素 S 溶于 1L 水中
丁二酮肟	1%	1g 丁二酮肟溶于乙醇中
二苯卡巴肼 (二苯基碳酰二肼)	0.25%	溶解 16g 邻苯二甲酸酐于热的 400mL 无水乙醇中，加入 1g 二苯卡巴肼，溶解后冷却至室温，储于棕色瓶中(不加邻苯二甲酸酐，必须隔周配制一次)
玫瑰红酸钠	0.50%	水溶液，用时新配
镁试剂 I	0.001%	0.001g 对硝基苯偶氮间苯二酚溶于 100mL 2 mol/L NaOH 溶液
淀粉溶液	1%	1g 淀粉用水调成糊状，倒入 100mL 沸水中，再煮沸数分钟
对氨基苯磺酸		0.5g 对氨基苯磺酸溶于 150mL 2 mol/L HAc 中
α-萘胺		0.3 g α-萘胺溶于 20mL 水中，煮沸，加 150mL 2 mol/L HAc
联苯胺	1%	1g 联苯胺溶于 100 mL 2 mol/L HAc 中
氨基乙酸(Gl)	5%	5g NH_2CH_2COOH 溶于水并稀释至 100mL
草酸	1%	1g 草酸溶于 100mL 水中

洗 涤 液

名称	配方	使用方法
铬酸洗液	研细的重铬酸钾 20g 溶于 40mL 水中，慢慢加入 360mL 浓硫酸	用于去除器壁残留油污，即用少量洗液涮洗或浸泡一夜，洗液可重复使用；洗涤废液经处理解毒方可排放
工业盐酸	浓或(1+1)	用于吸取碱性物质及某些有机物
纯酸洗液	(1+1)、(1+2)或(1+9)的盐酸或硝酸(除去 Hg、Pb 等重金属杂质)	用于除去微量的离子。 常法洗净的仪器浸泡于纯酸洗液中 24h
碱性洗液	氢氧化钠 10%水溶液	水溶液加热(可煮沸)使用，其去油效果较好。注意，煮的时间太长会腐蚀玻璃
氢氧化钠-乙醇(或异丙醇)洗液	120g NaOH 溶于 150mL 水中，用 95%乙醇稀释至 1L	用于洗去油污及某些有机物
碱性高锰酸钾洗液	30g/L 的高锰酸钾溶液和 1mol/L 的氢氧化钠的混合溶液	清洗油污或其他有机物质，洗后容器沾污处有褐色二氧化锰析出，再用浓盐酸或草酸洗液、硫酸亚铁、亚硫酸钠等还原剂去除
酸性草酸或酸性羟胺洗液	称取 10g 草酸或 1g 盐酸羟胺，溶于 100mL(1+4)盐酸溶液中	洗涤氧化性物质，如洗涤高锰酸钾洗涤液后产生的二氧化锰，必要时加热使用
硝酸-氢氟酸洗液	50mL 氢氟酸、100mL HNO_3、350mL 水混合，储于塑料瓶中盖紧	利用氢氟酸对玻璃的腐蚀作用有效地去除玻璃、石英器皿表面的金属离子；不可用于洗涤量器、玻璃砂芯滤器、吸收池及光学玻璃零件；使用时特别注意安全，必须戴防护手套

续表

名称	配方	使用方法
碘-碘化钾溶液	1g 碘和 2g 碘化钾溶于水中，用水稀释至 100mL	洗涤用过硝酸银滴定液后留下的黑褐色沾污物，也可用于擦洗沾过硝酸银的白瓷水槽
有机溶剂	汽油、二甲苯、乙醚、丙酮、二氯乙烷等	可洗去油污或可溶于该溶剂的有机物质，用时要注意其毒性及可燃性；用乙醇配制的指示剂溶液的干渣可用盐酸-乙醇(1+2)洗液洗涤
乙醇、浓硝酸	不可事先混合	用一般方法很难洗净的少量残留有机物可用此法：于容器内加入不多于 2mL 的乙醇，加入 4mL 浓硝酸，静默片刻，立即发生激烈反应，放出大量热及二氧化氮，反应停止后再用水冲洗，操作应在通风柜中进行，不可塞住容器，作好防护

附表六　常用酸、碱溶液的密度和浓度

酸或碱	分子式	密度(g/mL)	溶质的质量百分数(%)	浓度(mol/L)
浓盐酸	HCl	1.19	37	12
稀盐酸	HCl	1.10	20	6
浓硝酸	HNO_3	1.42	72	16
稀硝酸	HNO_3	1.20	32	6
浓硫酸	H_2SO_4	1.84	96	18
稀硫酸	H_2SO_4	1.18	25	3
冰醋酸	CH_3COOH	1.05	99.5	17
稀醋酸	CH_3COOH	1.04	34	6
高氯酸	$HClO_4$	1.75	72	12
磷酸	H_3PO_4	1.71	85	14.6
氢氟酸	HF	1.14	40	27.4
浓氨水	$NH_3·H_2O$	0.90	28～30	15
稀氨水	$NH_3·H_2O$	0.96	10	6
稀氢氧化钠	NaOH	1.22	20	6

附表七　常见金属及其化合物的溶解方法

名称	分子式	溶解方法
铝及其合金	Al	易溶于盐酸，在浓硝酸和稀硝酸及稀硫酸中溶解缓慢。易溶于浓苛性碱溶液(20%～40%)
三氧化二铝	Al_2O_3	将试样与过量 4～6 倍的无水碳酸钠和碳酸钾(1∶1)在镍或铁坩埚中熔融，冷却后，将熔块溶于水中，而不溶碳酸盐可用碳酸溶解，也可以用硫酸铵熔融，熔块用水浸取
硼	B	溶于氧化性酸，浓硫酸和浓硝酸中，甚至于加热至冒烟的高氯酸中，与苛性碱熔融生成偏硼酸盐

续表

名称	分子式	溶解方法
钒	V	溶于硝酸及硝酸和盐酸的混合酸中，加热溶于浓硫酸中，不溶于稀硫酸和盐酸。与碱一起熔融形成矾酸盐
钨	W	溶于氢氟酸和硝酸混合酸中，溶于含有碳酸的酸混合物中，在过氧化氢存在下溶于饱和草酸溶液中，粉状钨易溶于过氧化氢中，在氧化剂存在下（如 $KClO_3$），用碱或碳酸钠熔融形成钨酸盐
铁	Fe	易溶于稀硫酸、盐酸和硝酸中
三氧化二铁	Fe_2O_3	溶于硫酸、盐酸和硝酸，用 6 倍 $KHSO_4$ 熔融并浸出熔块于稀硫酸中
钇	Y	溶于硫酸、硝酸和盐酸溶液中
钴	Co	溶于稀硝酸、稀盐酸、稀硫酸中，浓硝酸和浓硫酸使钴"钝化"
镧(稀土金属)	La	易溶于盐酸、硝酸和硫酸溶液中
镁	Mg	溶于稀硫酸、盐酸和硝酸中，在浓硫酸中也溶解
铜	Cu	溶于硝酸中，加热至冒烟时浓硫酸溶解铜。在氧化剂[Fe(III)、H_2O_2、HNO_3 等]共存时盐酸也能溶解铜
钼	Mo	易溶于硝酸、硝酸和盐酸混合酸中，在强烈加热时浓硫酸也溶解钼，粉末的钼溶于过氧化氢溶解中
砷	As	溶于硝酸、盐酸和硝酸的混合酸中，用强热浓硫酸也能溶解砷
镍	Ni	溶于稀硝酸中及盐酸和硝酸混合酸溶解中
铌	Nb	溶于硝酸和氢氟酸中，溶于浓硫酸与硫酸铵或硫酸钾的混合物(加热至冒烟)中
锡	Sn	溶于盐酸、盐酸和硝酸的混合酸中，也溶于热的浓硫酸中
铂属元素或贵金属(钯、铂、钌、铑、铱、锇)	Pd、Pt、Ru、Rh、Ir、Os	钯是铂金属最活泼的一个元素，它溶于浓硝酸及热硫酸中，溶于王水中；铂溶于王水中；钌、铑、铱、锇不溶于一般无机酸和王水中，铂族金属在有氧化剂存在时与碱一起熔融，均可转变为可溶化合物
铼	Re	溶于硝酸而形成铼酸溶液，粉状铼易溶于过氧化氢溶液
铅	Pb	易溶于稀硝酸中，加热时溶于浓盐酸和浓硫酸中
银	Ag	易溶于硝酸，加热可溶于浓硫酸中
钽	Ta	溶于氢氟酸和硝酸中，与碱熔融生成钽酸盐，在加热浓硫酸时钽才能作用
三氧化二钽	Ta_2O_3	①可用碳酸钠和碳酸钾混合物熔融； ②可用苛性碱共熔
钛	Ti	溶于(1+1)盐酸和(1+1)硫酸，易溶于稀氢氟酸和它与硝酸混合酸中，硝酸"钝化"钛
二氧化钛	TiO_2	①在加热时溶于酸中； ②在加热至沸时溶于硫酸和硫酸钠混合物中
钍(二氧化钍)	$Th(ThO_2)$	易溶于浓盐酸、硝酸、盐酸和硝酸混合酸中
铬	Cr	溶于盐酸、高氯酸和稀硫酸中
铈	Ce	易溶于酸形成 Ce(III)盐
锌	Zn	易溶于酸及浓碱溶液中
二氧化锆	ZrO_2	溶于盐酸和硝酸混合酸及氢氟酸中，也可溶于氢氟酸和硝酸的混合酸中。加热溶于硫酸与硫酸钾混合物或与硫酸氢钾熔融

附表八　常用熔剂和坩埚

熔剂(混合熔剂)名称	所用熔剂量(对试样量而言)	熔融用坩埚材料						熔剂的性质和用途
		铂	铁	镍	磁	石英	银	
Na_2CO_3(无水)	6～8倍	+	+	+	−	−	−	碱性熔剂,用于分析酸性矿渣黏土,耐火材料,不溶于酸的残渣,难熔硫酸盐等
$NaHCO_3$	12～14倍	+	+	+	−	−	−	碱性熔剂,用于分析酸性矿渣黏土,耐火材料,不溶于酸的残渣,难熔硫酸盐等
Na_2CO_3-K_2CO_3 (1∶1)	6～8倍	+	+	+	−	−	−	碱性熔剂,用于分析酸性矿渣黏土,耐火材料,不溶于酸的残渣,难熔硫酸盐等
Na_2CO_3-KNO_3 (6∶0.5)	8～10倍	+	+	+	−	−	−	碱性氧化熔剂,用于测定矿石中的总S、As、Cr、V,分离V、Cr物中的Ti
$KNaCO_3$-$Na_2B_4O_7$ (3∶2)	10～12倍	+	−	−	+	+	−	碱性氧化熔剂,用于分解钛铁矿、铬铁矿等
Na_2CO_3-MgO (2∶1)	10～14倍	+	+	+	+	+	−	碱性氧化熔剂,用于分解铁合金、铬铁矿等
Na_2CO_3-ZnO (2∶1)	8～10倍	−	−	−	+	+	−	碱性氧化熔剂,用于测定矿石中的硫
Na_2O_2	6～8倍	−	+	+	−	−	−	碱性氧化熔剂,用于测定矿石和铁合金中的S、Cr、V、Mn、Si、P,辉钼矿中的Mo等
NaOH(KOH)	8～10倍	−	+	+	−	−	+	碱性熔剂,用于测定锡石中的Sn,分解硅酸盐等
$KHSO_4$($K_2S_2O_7$)	12～14倍(8～12倍)	+	−	−	+	+	−	酸性熔剂,用于分解硅酸盐、钨矿石、熔融Ti、Al、Fe、Cu等的氧化物
Na_2CO_3∶粉末结晶硫黄(1∶1)	8～12倍	−	−	−	−	+	−	碱性硫化熔剂,用于自铅、铜、银等中分离钼、锑、砷、锡;分解有色矿石烘烧后的产品,分离钛和钒等
硼酸酐(熔融、研细)	5～8倍	+	−	−	−	−	−	主要用于分解硅酸盐(当测定其中的碱金属时)

附表九　常用基准物质及其干燥条件和应用

基准物质		干燥后的组成	干燥温度及时间	标定对象
名称	分子式			
碳酸氢钠	$NaHCO_3$	Na_2CO_3	270～300℃干燥至恒重	酸
碳酸钠	$Na_2CO_3 \cdot 10H_2O$	Na_2CO_3	270～300℃干燥至恒重	酸
碳酸氢钾	$KHCO_3$	K_2CO_3	270～300℃干燥至恒重	酸
硼砂	$Na_2B_4O_7 \cdot 10H_2O$	$Na_2B_4O_7 \cdot 10H_2O$	NaCl-蔗糖饱和溶液干燥器中室温保存	酸
邻苯二甲酸氢钾	$KHC_6H_4(COO)_2$	$KHC_6H_4(COO)_2$	110～120℃干燥	碱

续表

基准物质 名称	分子式	干燥后的组成	干燥温度及时间	标定对象
草酸	$HC_2O_4·2H_2O$	$HC_2O_4·2H_2O$	室温空气干燥	碱或 $KMnO_4$
氨基磺酸	$HOSO_2NH_2$	$HOSO_2NH_2$	在真空 H_2SO_4 干燥中保存 48h	碱
重铬酸钾	$K_2Cr_2O_7$	$K_2Cr_2O_7$	140～150℃加热 0.5～1h	还原剂
溴酸钾	$KBrO_3$	$KBrO_3$	130℃干燥 1～2h	还原剂
碘酸钾	KIO_3	KIO_3	130℃干燥 1～2h	还原剂
铜	Cu	Cu	室温干燥器中保存	还原剂
草酸钠	$Na_2C_2O_4$	$Na_2C_2O_4$	130℃干燥 2h	氧化剂
三氧化二砷	As_2O_3	As_2O_3	室温干燥器中干燥	氧化剂
硫酸亚铁铵	$(NH_4)_2Fe(SO_4)_2·6H_2O$	$(NH_4)_2Fe(SO_4)_2·6H_2O$	室温空气干燥	氧化剂
氯化钠	NaCl	NaCl	500～600℃加热 1～2h	$AgNO_3$
氯化钾	KCl	KCl	500～600℃加热 1～2h	$AgNO_3$
硝酸银	$AgNO_3$	$AgNO_3$	120℃干燥 2h	氯化物
硫酸铜	$CuSO_4·5H_2O$	$CuSO_4·5H_2O$	室温空气干燥	EDTA
氧化锌	ZnO	ZnO	900～1000℃灼烧至恒重	EDTA
碳酸钙	$CaCO_3$	$CaCO_3$	105～110℃干燥	ETDA
锌	Zn	Zn	室温干燥器中保存	ETDA
硫酸氢钾	$KHSO_4$	K_2SO_4	750℃以上灼烧	
氟化钠	NaF	NaF	铂坩埚中 500～550℃下保存 40～50min 后，H_2SO_4 干燥器中冷却	

附表十　常用滤器及其使用

定量和定性分析滤纸的规格

项目	单位	定量滤纸			定性滤纸		
		快速（白带）	中速（蓝带）	慢速（红带）	快速	中速	慢速
质量	g/m²	75	75	80	75	75	80
过滤测定示例		氢氧化铁	碳酸锌	硫酸钡	氢氧化铁	碳酸锌	硫酸钡*
水分	不大于/%	7	7	7	7	7	7
灰分	不大于/%	0.01	0.01	0.01	0.15	0.15	0.15
含铁量	不大于/%	—	—	—	0.003	0.003	0.003
水溶性氯化物	不大于/%	—	—	—	0.02	0.02	0.02

*表示硫酸钡为热溶液。

砂芯漏斗规格及用途

国际标准	原标准	滤板孔径(μm)	一般用途
P250	C00	160~250	滤除大颗粒沉淀
P160	G0	100~160	滤除粗颗粒沉淀,收集和分布气体分子
P100	G1A	70~100	处理水
P70	G1	50~70	滤除大沉淀物及胶状沉淀物
P50	G2	30~50	滤除大沉淀物及气体洗涤用
P30	G3	16~30	滤除细沉淀物及水银过滤用
P16	G4A	7~16	滤除细颗粒沉淀,收集或分布细分子气体
P7	G4	4~7	滤除液体中微或极细沉淀物
P4	G5	2~4	滤除极细物质沉淀及较大杆菌
P2	G6	1.2~2.0	滤除大肠杆菌及葡萄球菌

注:新玻璃滤器使用前应先以热盐酸或铬酸洗液抽滤一次,并随即用水冲洗干净,使滤器中可能存在的灰尘杂质完全清除干净。每次用毕或经一定时间使用后,都必须进行有效的洗涤处理,以免沉淀物堵塞而影响过滤效果。

附表十一 元素相对原子质量表(2005年)

本相对原子质量表按照原子序数排列。

本表数据源自 2005 年 IUPAC 元素周期表(IUPAC 2005 standard atomic weights),以 $^{12}C=12$ 为标准。

本表方括号内的原子质量为放射性元素的半衰期最长的同位素质量数。相对原子质量末位数的不确定度加注在其后的括号内。112~118 号元素数据未被 IUPAC 确定。

原子序数	元素名称	元素符号	相对原子质量	原子序数	元素名称	元素符号	相对原子质量
1	氢	H	1.00794(7)	10	氖	Ne	20.1797(6)
2	氦	He	4.002602(2)	11	钠	Na	22.98976928(2)
3	锂	Li	6.941(2)	12	镁	Mg	24.3050(6)
4	铍	Be	9.012182(3)	13	铝	Al	26.9815386(8)
5	硼	B	10.811(7)	14	硅	Si	28.0855(3)
6	碳	C	12.017(8)	15	磷	P	30.973762(2)
7	氮	N	14.0067(2)	16	硫	S	32.065(5)
8	氧	O	15.9994(3)	17	氯	Cl	35.453(2)
9	氟	F	18.9984032(5)	18	氩	Ar	39.948(1)

续表

原子序数	元素名称	元素符号	相对原子质量	原子序数	元素名称	元素符号	相对原子质量
19	钾	K	39.0983(1)	53	碘	I	126.90447(3)
20	钙	Ca	40.078(4)	54	氙	Xe	131.293(6)
21	钪	Sc	44.955912(6)	55	铯	Cs	132.9054519(2)
22	钛	Ti	47.867(1)	56	钡	Ba	137.327(7)
23	钒	V	50.9415(1)	57	镧	La	138.90547(7)
24	铬	Cr	51.9961(6)	58	铈	Ce	140.116(1)
25	锰	Mn	54.938045(5)	59	镨	Pr	140.90765(2)
26	铁	Fe	55.845(2)	60	钕	Nd	144.242(3)
27	钴	Co	58.933195(5)	61	钷	Pm	[145]
28	镍	Ni	58.6934(2)	62	钐	Sm	150.36(2)
29	铜	Cu	63.546(3)	63	铕	Eu	151.964(1)
30	锌	Zn	65.409(4)	64	钆	Gd	157.25(3)
31	镓	Ga	69.723(1)	65	铽	Tb	158.92535(2)
32	锗	Ge	72.64(1)	66	镝	Dy	162.500(1)
33	砷	As	74.92160(2)	67	钬	Ho	164.93032(2)
34	硒	Se	78.96(3)	68	铒	Er	167.259(3)
35	溴	Br	79.904(1)	69	铥	Tm	168.93421(2)
36	氪	Kr	83.798(2)	70	镱	Yb	173.04(3)
37	铷	Rb	85.4678(3)	71	镥	Lu	174.967(1)
38	锶	Sr	87.62(1)	72	铪	Hf	178.49(2)
39	钇	Y	88.90585(2)	73	钽	Ta	180.94788(2)
40	锆	Zr	91.224(2)	74	钨	W	183.84(1)
41	铌	Nb	92.90638(2)	75	铼	Re	186.207(1)
42	钼	Mo	95.94(2)	76	锇	Os	190.23(3)
43	锝	Tc	[97.9072]	77	铱	Ir	192.217(3)
44	钌	Ru	101.07(2)	78	铂	Pt	195.084(9)
45	铑	Rh	102.90550(2)	79	金	Au	196.966569(4)
46	钯	Pd	106.42(1)	80	汞	Hg	200.59(2)
47	银	Ag	107.8682(2)	81	铊	Tl	204.3833(2)
48	镉	Cd	112.411(8)	82	铅	Pb	207.2(1)
49	铟	In	114.818(3)	83	铋	Bi	208.98040(1)
50	锡	Sn	118.710(7)	84	钋	Po	[208.9824]
51	锑	Sb	121.760(1)	85	砹	At	[209.9871]
52	碲	Te	127.60(3)	86	氡	Rn	[222.0176]

续表

原子序数	元素名称	元素符号	相对原子质量	原子序数	元素名称	元素符号	相对原子质量
87	钫	Fr	[223]	103	铹	Lr	[262]
88	镭	Ra	[226]	104	𬬻	Rf	[261]
89	锕	Ac	[227]	105	𬭊	Db	[262]
90	钍	Th	232.03806(2)	106	𬭳	Sg	[266]
91	镤	Pa	231.03588(2)	107	𬭛	Bh	[264]
92	铀	U	238.02891(3)	108	𬭶	Hs	[277]
93	镎	Np	[237]	109	鿏	Mt	[268]
94	钚	Pu	[244]	110	𫟼	Ds	[271]
95	镅	Am	[243]	111	𬬭	Rg	[272]
96	锔	Cm	[247]	112		Uub	[285]
97	锫	Bk	[247]	113		Uut	[284]
98	锎	Cf	[251]	114		Uuq	[289]
99	锿	Es	[252]	115		Uup	[288]
100	镄	Fm	[257]	116		Uuh	[292]
101	钔	Md	[258]	117		Uus	[291]
102	锘	No	[259]	118		Uuo	[293]

附表十二 常用化合物的相对分子质量表

化合物	M(g/mol)	化合物	M(g/mol)	化合物	M(g/mol)
Ag_3AsO_4	462.52	$Al(OH)_3$	78.00	$BaSO_4$	233.39
$AgBr$	187.77	$Al_2(SO_4)_3$	342.14	$BiCl_3$	315.34
$AgCl$	143.32	$Al_2(SO_4)_3 \cdot 18H_2O$	666.41	$BiOCl$	260.43
$AgCN$	133.89	As_2O_3	197.84	CO_2	44.01
$AgSCN$	165.95	As_2O_5	229.84	CaO	56.08
$AlCl_3$	133.34	As_2S_3	246.03	$CaCO_3$	100.09
Ag_2CrO_4	331.73	$BaCO_3$	197.34	CaC_2O_4	128.10
AgI	234.77	BaC_2O_4	225.35	$CaCl_2$	110.99
$AgNO_3$	169.87	$BaCl_2$	208.24	$CaCl_2 \cdot 6H_2O$	219.08
$AlCl_3 \cdot 6H_2O$	241.43	$BaCl_2 \cdot 2H_2O$	244.27	$Ca(NO_3)_2 \cdot 4H_2O$	236.15
$Al(NO_3)_3$	213.00	$BaCrO_4$	253.32	$Ca(OH)_2$	74.09
$Al(NO_3)_3 \cdot 9H_2O$	375.13	BaO	153.33	$Ca_3(PO_4)_2$	310.18
Al_2O_3	101.96	$Ba(OH)_2$	171.34	$CaSO_4$	136.14

续表

化合物	M(g/mol)	化合物	M(g/mol)	化合物	M(g/mol)
$CdCO_3$	172.42	$Fe(NO_3)_3 \cdot 9H_2O$	404.00	H_2SO_4	98.07
$CdCl_2$	183.82	FeO	71.85	$Hg(CN)_2$	252.63
CdS	144.47	Fe_2O_3	159.69	$HgCl_2$	271.50
$Ce(SO_4)_2$	332.24	Fe_3O_4	231.54	Hg_2Cl_2	472.09
$Ce(SO_4)_2 \cdot 4H_2O$	404.30	$Fe(OH)_3$	106.87	HgI_2	454.40
$CoCl_2$	129.84	FeS	87.91	$Hg_2(NO_3)_2$	525.19
$CoCl_2 \cdot 6H_2O$	237.93	Fe_2S_3	207.87	$Hg_2(NO_3)_2 \cdot 2H_2O$	561.22
$Co(NO_3)_2$	182.94	$FeSO_4$	151.91	$Hg(NO_3)_2$	324.60
$Co(NO_3)_2 \cdot 6H_2O$	291.03	$FeSO_4 \cdot 7H_2O$	278.01	HgO	216.59
CoS	90.99	$Fe(NH_4)_2(SO_4)_2 \cdot 6H_2O$	392.13	HgS	232.65
$CoSO_4$	154.99	H_3AsO_3	125.94	$HgSO_4$	296.65
$CoSO_4 \cdot 7H_2O$	281.10	H_3AsO_4	141.94	Hg_2SO_4	497.24
$CrCl_3$	158.36	H_3BO_3	61.83	$KAl(SO_4)_2 \cdot 12H_2O$	474.38
$CrCl_3 \cdot 6H_2O$	266.45	HBr	80.91	KBr	119.00
$Cr(NO_3)_3$	238.01	HCN	27.03	$KBrO_3$	167.00
Cr_2O_3	151.99	$HCOOH$	46.03	KCl	74.55
$CuCl$	99.00	CH_3COOH	60.05	$KClO_3$	122.55
$CuCl_2$	134.45	H_2CO_3	62.02	$KClO_4$	138.55
$CuCl_2 \cdot 2H_2O$	170.48	$H_2C_2O_4$	90.04	KCN	65.12
$CuSCN$	121.62	$H_2C_2O_4 \cdot 2H_2O$	126.07	$KSCN$	97.18
CuI	190.45	$H_2C_4H_4O_4$	118.09	K_2CO_3	138.21
$Cu(NO_3)_2$	187.56	$H_2C_4H_4O_6$	150.09	K_2CrO_4	194.19
$Cu(NO_3)_2 \cdot 3H_2O$	241.60	$H_3C_6H_5O_7 \cdot H_2O$	210.14	$K_2Cr_2O_7$	294.18
CuO	79.54	HCl	36.46	$K_3Fe(CN)_6$	329.25
Cu_2O	143.09	HF	20.01	$K_4Fe(CN)_6$	368.35
CuS	95.61	HI	127.91	$KFe(SO_4)_2 \cdot 12H_2O$	503.24
$CuSO_4$	159.06	HIO_3	175.91	$KHC_2O_4 \cdot H_2O$	146.14
$CuSO_4 \cdot 5H_2O$	249.68	HNO_2	47.01	$KHC_2O_4 \cdot H_2C_2O_4 \cdot H_2O$	254.19
$FeCl_2$	126.75	HNO_3	63.01	$KHC_4H_4O_6$	188.18
$FeCl_2 \cdot 4H_2O$	198.81	H_2O	18.015	$KHC_8H_4O_4$	204.22
$FeCl_3$	162.21	H_2O_2	34.02	$KHSO_4$	136.16
$FeCl_3 \cdot 6H_2O$	270.30	H_3PO_4	98.00	KI	166.00
$FeNH_4(SO_4)_2 \cdot 12H_2O$	482.18	H_2S	34.08	KIO_3	214.00
$Fe(NO_3)_3$	241.86	H_2SO_3	82.07	$KIO_3 \cdot HIO_3$	389.91

续表

化合物	M(g/mol)	化合物	M(g/mol)	化合物	M(g/mol)
$KMnO_4$	158.03	NH_4SCN	76.12	$Na_2S \cdot 9H_2O$	240.18
$KNaC_4H_4O_6 \cdot 4H_2O$	282.22	NH_4HCO_3	79.06	Na_2SO_3	126.04
KNO_3	101.10	$(NH_4)_2MoO_4$	196.01	Na_2SO_4	142.04
KNO_2	85.10	NH_4NO_3	80.04	$Na_2S_2O_3$	158.10
K_2O	94.20	$(NH_4)_2HPO_4$	132.06	$Na_2S_2O_3 \cdot 5H_2O$	248.17
KOH	56.11	$(NH_4)_2S$	68.14	$NiCl_2 \cdot 6H_2O$	237.70
K_2SO_4	174.25	$(NH_4)_2SO_4$	132.13	NiO	74.70
$MgCO_3$	84.31	NH_4VO_3	116.98	$Ni(NO_3)_2 \cdot 6H_2O$	290.80
$MgCl_2$	95.21	Na_3AsO_3	191.89	NiS	90.76
$MgCl_2 \cdot 6H_2O$	203.30	$Na_2B_4O_7$	201.22	$NiSO_4 \cdot 7H_2O$	280.86
MgC_2O_4	112.33	$Na_2B_4O_7 \cdot 10H_2O$	381.37	$Ni(C_4H_7N_2O_2)_2$	288.91
$Mg(NO_3)_2 \cdot 6H_2O$	256.41	$NaBiO_3$	279.97	P_2O_5	141.95
$MgNH_4PO_4$	137.32	$NaCN$	49.01	$PbCO_3$	267.21
MgO	40.30	$NaSCN$	81.07	PbC_2O_4	295.22
$Mg(OH)_2$	58.32	Na_2CO_3	105.99	$PbCl_2$	278.10
$Mg_2P_2O_7$	222.55	$Na_2CO_3 \cdot 10H_2O$	286.14	$PbCrO_4$	323.19
$MgSO_4 \cdot 7H_2O$	246.47	$Na_2C_2O_4$	134.00	$Pb(CH_3COO)_2 \cdot 3H_2O$	379.30
$MnCO_3$	114.95	CH_3COONa	82.03	$Pb(CH_3COO)_2$	325.29
$MnCl_2 \cdot 4H_2O$	197.91	$CH_3COONa \cdot 3H_2O$	136.08	PbI_2	461.01
$Mn(NO_3)_2 \cdot 6H_2O$	287.04	$Na_3C_6H_5O_7$	258.07	$Pb(NO_3)_2$	331.21
MnO	70.94	$NaC_5H_8NO_4 \cdot H_2O$	187.13	PbO	223.20
MnO_2	86.94	$NaCl$	58.44	PbO_2	239.20
MnS	87.00	$NaClO$	74.44	$Pb_3(PO_4)_2$	811.54
$MnSO_4$	151.00	$NaHCO_3$	84.01	PbS	239.30
$MnSO_4 \cdot 4H_2O$	223.06	$Na_2HPO_4 \cdot 12H_2O$	358.14	$PbSO_4$	303.30
NO	30.01	$Na_2H_2C_{10}H_{12}O_8N_2$	336.21	SO_3	80.06
NO_2	46.01	$Na_2H_2C_{10}H_{12}O_8N_2 \cdot 2H_2O$	372.24	SO_2	64.06
NH_3	17.03	$NaNO_2$	69.00	$SbCl_3$	228.11
CH_3COONH_4	77.08	$NaNO_3$	85.00	$SbCl_5$	299.02
$NH_2OH \cdot HCl$	69.49	Na_2O	61.98	Sb_2O_3	291.50
NH_4Cl	53.49	Na_2O_2	77.98	Sb_2S_3	339.68
$(NH_4)_2CO_3$	96.09	$NaOH$	40.00	SiF_4	104.08
$(NH_4)_2C_2O_4$	124.10	Na_3PO_4	163.94	SiO_2	60.08
$(NH_4)_2C_2O_4 \cdot H_2O$	142.11	Na_2S	78.04	$SnCl_2$	189.60

化合物	M(g/mol)	化合物	M(g/mol)	化合物	M(g/mol)
$SnCl_2 \cdot 2H_2O$	225.63	$Sr(NO_3)_2$	211.63	$Zn(CH_3COO)_2 \cdot 2H_2O$	219.50
$SnCl_4$	260.50	$Sr(NO_3)_2 \cdot 4H_2O$	283.69	$Zn(NO_3)_2$	189.39
$SnCl_4 \cdot 5H_2O$	350.58	$SrSO_4$	183.69	$Zn(NO_3)_2 \cdot 6H_2O$	297.48
SnO_2	150.69	$ZnCO_3$	125.39	ZnO	81.38
SnS_2	150.75	$UO_2(CH_3COO)_2 \cdot 2H_2O$	424.15	ZnS	97.44
$SrCO_3$	147.63	ZnC_2O_4	153.40	$ZnSO_4$	161.54
SrC_2O_4	175.64	$ZnCl_2$	136.29	$ZnSO_4 \cdot 7H_2O$	287.55
$SrCrO_4$	203.61	$Zn(CH_3COO)_2$	183.47		

附表十三　基本单位换算表

长度换算
1 千米(km)=0.621 英里(mile)
1 厘米(cm)=0.394 英寸(in)
1 米(m)=3.281 英尺(ft)=1.094 码(yd)
1 英寻(fm)=1.829(m)
1 英寸(in)=2.54 厘米(cm)
1 英尺(ft)=12 英寸(in)=0.3048 米(m)
1 英里(mile)=5280 英尺(ft)=1.609 千米(km)
1 杆(rod)=16.5 英尺(ft)
1 码(yd)=3 英尺(ft)=0.9144 米(m)
1 海里(n mile)=1.852 千米(km)
1 海里(n mile)=1.1516 英里(mile)
压力换算
1 千帕(kPa)=0.145 磅力/英寸^2(psi)=0.0102 千克力/厘米^2(kgf/cm^2)
1 磅力/英寸^2(psi)=6.895 千帕(kPa)=0.0703 千克力/厘米^2(kg/cm^2)
1 物理大气压(atm)=101.325 千帕(kPa)=14.696 磅/英寸^2(psi)=1.0333 巴(bar)
1 毫米水柱(mmH$_2$O)=9.80665 帕(Pa)
1 毫米汞柱(mmHg)=133.322 帕(Pa)
1 巴(bar)=10^5 帕(Pa)
1 托(Torr)=133.322 帕(Pa)
1 工程大气压=98.0665 千帕(kPa)
1 达因/厘米^2(dyn/cm^2)=0.1 帕(Pa)
重量换算
1 吨(t)=1000 千克(kg)=2205 磅(lb)=1.102 短吨(sh ton)=0.984 长吨(long ton)
1 短吨(sh.ton)=0.907 吨(t)=2000 磅(lb)
1 长吨(long ton)=1.016 吨(t)
1 千克(kg)=2.205 磅(lb)
1 磅(lb)=0.454 千克(kg)
1 盎司(oz)=28.350 克(g)

参 考 文 献

蔡明招. 分析化学实验. 北京：化学工业出版社, 2004
曹李靖, 潘欢迎. 水分析实验教程. 武汉：中国地质大学出版社, 2013
陈焕光, 李焕然, 张大经, 谢天尧, 黄滨. 分析化学实验. 第二版. 广州：中山大学出版社, 1998
戴竹青. 水分析化学实验. 第二版. 北京：中国石化出版社, 2013
国家环境保护总局《水和废水监测分析方法》编委会. 水和废水监测分析方法. 第四版. 北京：
　　中国环境科学出版社, 2002
黄君礼. 水分析化学. 第三版. 北京：中国建筑工业出版社, 2008
李桂柱. 给水排水工程水处理实验技术. 北京：化学工业出版社, 2004
马伟文, 宋小飞. 给排水科学与工程实验技术. 广州：华南理工大学出版社, 2015
邱文芳. 环境微生物学技术手册. 北京：学苑出版社, 1990
孙成. 环境监测实验. 北京：科学出版社, 2003
奚旦立, 孙裕生, 刘秀英. 环境监测. 修订版. 北京：高等教育出版社, 1995
谢协忠. 水分析化学. 第二版. 北京：中国电力出版社, 2014
杨安钢, 刘新平, 药立波. 生物化学与分子生物学实验技术. 北京：高等教育出版社, 2006
银玉容, 朱能武. 环境工程实验. 广州：华南理工大学出版社, 2014
章非娟, 徐竞成. 环境工程实验. 北京：高等教育出版社, 2006